粮食安全保障法
一本通

法规应用研究中心　编

中国法制出版社

CHINA LEGAL PUBLISHING HOUSE

编 辑 说 明

"法律一本通"系列丛书自 2005 年出版以来，以其科学的体系、实用的内容，深受广大读者的喜爱。 2007 年、2011 年、2014 年、2016 年、2018 年、2019 年、2021 年我们对其进行了改版，丰富了其内容，增强了其实用性，博得了广大读者的赞誉。

我们秉承"以法释法"的宗旨，在保持原有的体例之上，今年再次对"法律一本通"系列丛书进行改版，以达到"应办案所需，适学习所用"的目标。新版丛书具有以下特点：

1. 丛书以主体法的条文为序，逐条穿插关联的现行有效的法律、行政法规、部门规章、司法解释、请示答复和部分地方规范性文件，以方便读者理解和适用。

2. 丛书紧扣实践和学习两个主题，在目录上标注了重点法条，并在某些重点法条的相关规定之前，对收录的相关文件进行分类，再按分类归纳核心要点，以便读者最便捷地查找使用。

3. 丛书紧扣法律条文，在主法条的相关规定之后附上案例指引，收录最高人民法院、最高人民检察院指导性案例、公报案例以及相关机构公布的典型案例的裁判摘要、案例要旨或案情摘要等。通过相关案例，可以进一步领会和把握法律条文的适用，从而作为解决实际问题的参考。并对案例指引制作索引目录，方便读者查找。

4. 丛书以脚注的形式，对各类法律文件之间或者同一法律文件不同条文之间的适用关系、重点法条疑难之处进行说明，以便读者系统地理解我国现行各个法律部门的规则体系，从而更好地为教学科研和司法实践服务。

5. 丛书结合二维码技术的应用为广大读者提供增值服务，扫描前勒口二维码，即可免费部分使用中国法制出版社推出的 【法融】 数据库。【法融】 数据库中"国家法律法规"栏目便于读者查阅法律文件准确全文及效力的同时，更有部分法律文件权威英文译本等独家资源分享。"最高法指导案例"和"最高检指导案例"两个栏目提供最高人民法院和最高人民检察院指导性案例的全文，为读者提供更多增值服务。

目 录

第三章 粮食生产

第四章 粮食储备

第五章 粮食流通

第九章 监督管理

第十章 法律责任

第十一章 附　则

附　录

案例索引目录

中华人民共和国粮食安全保障法

（2023 年 12 月 29 日第十四届全国人民代表大会常务委员会第七次会议通过　2023 年 12 月 29 日中华人民共和国主席令第 70 号公布　自 2024 年 6 月 1 日起施行）

目　　录

第一章　总　　则

第一条　立法目的①

为了保障粮食有效供给，确保国家粮食安全，提高防范和抵御粮食安全风险能力，维护经济社会稳定和国家安全，根据宪法，制定本法。

---

① 条文主旨为编者所加，下同。

1

第二条 工作原则

国家粮食安全工作坚持中国共产党的领导，贯彻总体国家安全观，统筹发展和安全，实施以我为主、立足国内、确保产能、适度进口、科技支撑的国家粮食安全战略，坚持藏粮于地、藏粮于技，提高粮食生产、储备、流通、加工能力，确保谷物基本自给、口粮绝对安全。

保障国家粮食安全应当树立大食物观，构建多元化食物供给体系，全方位、多途径开发食物资源，满足人民群众对食物品种丰富多样、品质营养健康的消费需求。

第三条 党的领导与政府职责

国家建立粮食安全责任制，实行粮食安全党政同责。县级以上地方人民政府应当承担保障本行政区域粮食安全的具体责任。

县级以上人民政府发展改革、自然资源、农业农村、粮食和储备等主管部门依照本法和规定的职责，协同配合，做好粮食安全保障工作。

第四条 粮食宏观调控和国际粮食安全合作

国家加强粮食宏观调控，优化粮食品种结构和区域布局，统筹利用国内、国际的市场和资源，构建科学合理、安全高效的粮食供给保障体系，提升粮食供给能力和质量安全。

国家加强国际粮食安全合作，发挥粮食国际贸易作用。

● 行政法规及文件

《粮食流通管理条例》（2021 年 2 月 15 日）

第 26 条 国家采取政策性粮食购销、粮食进出口等多种经

2

济手段和必要的行政手段，加强对粮食市场的调控，保持全国粮食供求总量基本平衡和市场基本稳定。

第五条　将粮食安全保障纳入国民经济和社会发展规划

县级以上人民政府应当将粮食安全保障纳入国民经济和社会发展规划。县级以上人民政府有关部门应当根据粮食安全保障目标、任务等，编制粮食安全保障相关专项规划，按照程序批准后实施。

第六条　粮食安全保障投入机制

国家建立健全粮食安全保障投入机制，采取财政、金融等支持政策加强粮食安全保障，完善粮食生产、收购、储存、运输、加工、销售协同保障机制，建设国家粮食安全产业带，调动粮食生产者和地方人民政府保护耕地、种粮、做好粮食安全保障工作的积极性，全面推进乡村振兴，促进粮食产业高质量发展，增强国家粮食安全保障能力。

国家引导社会资本投入粮食生产、储备、流通、加工等领域，并保障其合法权益。

国家引导金融机构合理推出金融产品和服务，为粮食生产、储备、流通、加工等提供支持。国家完善政策性农业保险制度，鼓励开展商业性保险业务。

● 行政法规及文件

1. 《粮食流通管理条例》（2021 年 2 月 15 日）

第 36 条　国家鼓励发展粮食产业经济，提高优质粮食供给水平，鼓励粮食产业化龙头企业提供安全优质的粮食产品。

● 部门规章及文件

2.《粮油安全储存守则》(2016 年 10 月 20 日)

第一章　粮食入仓与质量控制

1. 入仓作业准备

粮食入仓前，仓储管理部门要检查仓房，确认仓房无破损、渗漏、返潮等现象，门窗和照明灯等能正常使用；要清洁仓房，有活虫时进行空仓杀虫，采用国家允许使用的杀虫剂进行杀虫处理，制定空仓杀虫方案，经批准后实施，做好隔离工作。空仓杀虫药剂及用量见表1。

设备管理部门要清洁和调试设备，确保作业期间输送清理和仓储工艺等设备正常运行。

表1　空仓杀虫药剂及用量

种类	食品级惰性粉	磷化铝	敌敌畏	溴氰菊酯
用量	$3\sim5$ g/m²	$3\sim6$ g/m³	$0.1\sim0.2$ g/m³	$0.1\sim2$ g/m³

注：敌敌畏仅用于空仓和环境杀虫，严禁喷施或落入储粮中；溴氰菊酯应以烟雾剂形式用于空仓杀虫。

2. 入仓粮食质量要求

入粮时，按批量扦取样品，检测粮食水分和杂质含量。入仓粮食水分含量宜控制在当地安全水分以下，杂质含量应严格控制在1.0%以内。对于水分、杂质含量超标的粮食，应经过干燥、清理，达到要求后，方可入仓。

入仓粮食应按种类、等级、收获年度分开储藏。已感染害虫的粮食应单独存放，并根据虫粮等级按规定处理。

3. 入仓作业要求

入仓作业流程主要包括质检扦样、检斤称重、布设通风地上笼（横向通风无需布设）、卸粮清杂、质量抽检、输送入仓。

入仓过程中，提高机械化进仓水平，采取有效措施减少自动分级（浅圆仓、立筒仓入仓时采用布料器、减压管等）和防止测温电缆移位。做好防虫、防鼠、防雀工作，加强对全流程的除尘防尘工作，保护环境。

入满粮后，应进行平整粮堆粮面、铺设粮面走道板、布置粮情测控系统、通风均温均湿、防虫防霉、密闭压盖等作业。

粮库管理人员要对入仓全过程进行跟踪检查，保证入仓粮食符合储存要求，并在入仓粮食质量控制单上签字确认。

第二章　环境巡查与鼠雀防治

4. 环境巡查

应检查库区内有无残粮、垃圾、污水、杂草等，并及时清理干净；应安排人员巡更，检查仓顶、仓壁、门窗、挡水墙等是否完好，特别是在大风、雨雪等恶劣条件下，及时检查仓房设施、通风设备、熏蒸器具、气调系统、挡鼠板、防雀防虫网等，确保各项设施性状完好、使用正常。

5. 防鼠措施

清洁并保持库区环境卫生；硬化仓库四周地坪，封堵鼠洞；密实仓库（囤基）地坪、墙角、檐口孔洞缝隙；在仓门处安装防鼠板。

6. 灭鼠措施

（1）诱捕：将装有诱饵的捕鼠器械（鼠夹、鼠笼、粘鼠板等）放置在老鼠活动线路上，诱杀老鼠。

（2）毒杀：将鼠药掺入老鼠喜食的食物中，或采购毒鼠诱饵放置在老鼠经常出没处，毒杀老鼠。

（3）熏杀：将器材库、运输工具（轮船、车皮等）密封后，按要求投放磷化铝、氯化苦、敌敌畏等熏蒸剂，熏杀老鼠。

7. 防雀措施

仓门悬挂防雀帘；在仓窗、排风扇口、环流风机罩、简易仓囤檐口及顶部通风口等位置安装防雀网；所有穿墙管道、配电间电缆管两端应密实处理；配电箱门要密实无缝隙。

3. 《粮库安全生产守则》（2016 年 10 月 20 日）

第一章　粮食进出仓

1. 安全检查

粮仓必须由相应资质单位设计。粮仓应制作和安装粮仓设计说明标牌，标明粮仓的设计单位、年份、储粮品种、储存形式、装粮高度、仓容、使用年限等，用于指导和检查储粮，严禁超限装粮。粮仓第一次装粮应按设计要求进行压仓实验。非经相应资质单位设计的粮仓，必须委托相应资质设计单位论证是否符合结构安全和储粮工艺的要求，严禁不经论证直接储粮。超过设计结构使用年限的粮仓，必须委托相应资质的房屋鉴定机构进行鉴定，根据鉴定结论确定能否继续装粮。

粮仓装粮前或日常检查，应检查仓顶有无漏水，仓房墙壁、地面有无裂缝，地面有无沉降，门窗有无损坏，扶梯等附属设施是否完好；应检查钢板仓防锈漆是否剥落，检查螺栓、垫片等是否松动，检查与土建相连的支座部位有无异常，地面有无沉降。如有异常，须进行有效处置。

油罐装油前或日常检查，应检查油罐焊缝是否完好，罐顶盖、人孔、测量孔、通气孔等是否正常，罐底螺栓有无松动，垫片是否完好，罐区、管线阀门施封情况是否牢靠。如有异常，须进行有效处置。

2. 作业机动车辆

粮库应按要求设置交通指示标识，驾驶员应严格按库内交通指示标识行驶，严禁携带火柴、打火机等火种入库；机动车在粮库道路行驶限速 10 公里/小时，车辆上下地磅、生产作业区行驶、倒车限速 5 公里/小时，严禁超速行驶；严禁剐蹭仓储设施；车辆行驶时，严禁作业人员在车上作业；严禁铲车、叉车载人。

驾驶员应听从粮库管理人员的指挥，严格按照指定路线行驶，严禁驶入粮库非指定区域自行装卸，严禁驾驶员进入，禁止驾驶员赤脚、赤身、穿拖鞋、穿凉鞋等不安全行为。

人工扦样或接发油时，应配安全扶梯，穿防滑鞋，防止跌落。同时，严禁作业车辆移动。

机动车辆过磅时，应直线行驶并停在秤台中心，缓刹车停稳后并制动手刹，发动机必须熄火。

机动车辆装、卸车前，应放好车轮停位器，以防车辆移动伤人。作业人员应检查作业空间、车辆、设备、设施状况，确认无安全隐患后方可作业；液压翻板周围应设置警戒线，严禁非作业人员进入警戒区。卸粮时，应有专人指挥，严禁卸粮坑、车辆及液压翻板上站人。严禁车辆偏载或超载。自卸车应在车斗完全复位后，方可移动车辆。

机动车辆倒车时，必须有人指挥，指挥人员必须站在车辆的侧后方并与车辆保持安全距离，严禁站立在车辆可能行驶的轨迹上。

铲车作业时，严禁人员站在驾驶室外的踏板处指挥作业。

作业区域内，严禁非作业停车和无关人员逗留。

粮库仅在库区使用的自备车必须定期检验，保证车辆安全合格；驾驶员必须持有相应的机动车驾驶合格证。

3. 粮仓清理

清理平房仓时，作业人员应开启仓房门窗或排风扇；清理浅圆仓、立筒仓前，作业人员应检查并确认通风换气系统运转正常，并在运行 10 分钟后开始清扫。清理浅圆仓、立筒仓的上下通廊和工作塔时，严禁使用压缩空气吹扫灰尘。

清扫仓房时，作业人员应佩戴防尘口罩。灰尘较多时，应采取负压或湿式作业等措施，防止粉尘飞扬及二次扬尘；灰尘较少时，可采用普通清扫方式。

4. 粮食烘干

作业人员应佩戴安全帽。在烘干塔及露天堆场周围应设置安全警示周界，严禁非作业人员进入现场。现场必须配备消防器材及设施。烘干机周围严禁堆放各类易燃品。

初始烘干时，应保持烘干机内粮食流动，严禁长时间闷塔。突然断电时，应打开紧急排粮门排粮，防止塔内糊粮和着火。

燃油、燃气炉在不同季节使用的燃料，必须按说明书的规定执行，严禁使用非雾化燃油；燃烧器燃烧时，严禁往油箱加油。

烘干机进出粮的水分监测装置、进出风温度监测及调节装置、料位控制等完整有效，烘前仓（烘后仓）上下料位完整有效。

粮食入烘前仓前应进行清理，烘前仓入粮应与烘干作业同步，随进随烘。禁止烘前仓进完粮后再烘干，以防烘前仓结拱；烘干作业期间，严禁人员进入烘前仓和烘后仓。

应每月检查换热器，防止换热器破损将火种随热风管进入烘干塔内；使用燃煤或生物质热风炉时，应每半月或每周清理燃烧炉的沉降室和换热器中烟气侧的灰尘；烘干机使用 30 天内必须清理烘干塔一次。

5. 卸粮

烘干系统卸粮、工作塔卸粮坑卸粮、铁路专用线卸粮坑卸粮，生产部门应在卸粮作业区设置警戒线和标识。

烘干系统地沟卸粮时，严禁非作业人员进入作业区，严禁作业人员擅自进入粮堆。作业人员处理板结的粮堆时，应做好监护，防止人员跌落进粮口被粮食掩埋。夜间作业时，作业人员工作服上应设置反光警示标识。

工作塔卸粮坑（液压翻板卸粮、汽车自卸）卸粮时，严禁非作业人员进入卸粮作业区域；牵引火车时，严禁人员进入专用线卸粮坑作业区域；所有进粮口必须安装合格的钢格栅，并设置安全警示标识。

6. 平整粮面

平整粮面前，粮库带班负责人应对作业人员进行岗前培训和安全交底，并提出平整粮面作业要求；作业人员应先开启仓房排风扇或窗户。

平整粮面时，应安排不少于 2 人同时作业，并在仓门或进人口安排专人监护。作业人员应佩戴防尘口罩，必须从粮堆顶部自上而下摊平粮食，严禁站在粮堆低凹处摊平粮食。

平整粮面时，应在粮食入仓达到预定数量后平仓。粮面高差较大时，作业人员应防止跌落粮堆被粮食掩埋。

7. 出粮口排堵

出仓过程中，出粮口堵塞或出粮不畅时，应执行出粮口排堵作业应急预案，严禁擅自入仓排堵。

出粮口排堵应优先采用仓外作业排堵方式，作业人员开大闸门，利用长杆通过出料闸门、扦样孔、排堵孔等扰动粮堆，实施排堵。对于有多个出粮口的粮仓，应先从未堵塞出粮口出粮，但应严防不对称出粮。

对于立筒仓和浅圆仓，可在仓底设计安装空气炮清堵器用于排堵。

8. 粮食结拱（挂壁）处置

必须严格执行粮食结拱（挂壁）处置作业分级审批制度，严禁擅自进行处置作业。

粮食出仓前，仓储部门应先检查粮面是否结顶，如有，应进行处理；出仓中，发现仓内粮食结拱（挂壁）时，作业人员应先报告出仓作业现场负责人。

对于粮食有结块现象的立筒仓或浅圆仓，严禁一出到底。作业人员应在粮面每下降 1 米左右时，先关闭出仓闸门，后进入仓内检修平台观察粮面，如发现明显挂壁或结块露出粮面，在保证安全前提下，入仓清理露出粮面的结块或壁挂，防止结块粮形成高耸柱状，或挂在仓壁高处，甚至形成大规模结拱。作业人员及作业工具全部出仓后，再开启闸门出粮。

平房仓挂壁时，作业人员利用长杆或高空作业车处置；立筒仓挂壁时，作业人员必须通过仓顶吊篮入仓利用长杆等措施处置；浅圆仓挂壁位置较低时使用装载机处置，较高时通过高空作业车处置。严禁作业人员位于挂壁下方作业，以防挂壁坍塌砸伤或掩埋作业人员。

立筒仓结拱时，应通过向立筒仓入粮，或作业人员通过仓顶吊篮入仓利用长杆等措施进行处置，还可通过向烘前立筒仓吹热风进行处置；浅圆仓结拱时，应通过向浅圆仓入粮，或开启浅圆仓挡粮门等方式进行处置。严禁作业人员站立粮面进行处置。

处置作业结束后，作业人员必须全部撤出仓外，移出全部工具和设备。

9. 平房仓挡粮板拆卸

仓储部门应研究和制订平房仓挡粮板拆卸方案，严禁作业人员擅自入仓拆卸挡粮板。

拆卸挡粮板时，应优先采用仓外作业方式。作业人员应不少于 2 人，且应将安全带有效系在系留装置上，通过移动升降机或扶梯拆卸挡粮板。

出仓作业时，作业人员应先关闭挡粮板上出粮口闸门，在粮面稳定的前提下，逐一拆除粮堆以上的挡粮板，严禁拆除粮堆以下的挡粮板。作业人员出仓并带出全部工器具后，方可开启闸门继续出粮。

作业过程中，如发现粮面流动，作业人员应立即停止作业并迅速撤离至安全地点。

粮食出仓作业过程中，如出现粮堆埋人，作业人员应立即关闭出粮闸门并报告现场负责人，现场负责人立即组织紧急救援。

4. 《粮油储存安全责任暂行规定》（2016 年 6 月 30 日）

第二章　粮油仓储单位的责任

第 4 条　粮油仓储单位是安全储粮第一责任主体，对本单位安全储粮工作负主体责任，应当认真执行国家和地方关于安全储粮的各项规定、政策和标准，建立健全仓储管理与安全储粮规章制度、隐患台账和应急预案。明确岗位责任分工，任务到岗、责任到人。按照要求检测储藏粮情、排查处置隐患，及时向所在地粮食行政管理部门报送相关情况，并自觉接受监督管理。

第5条　粮油仓储单位法定代表人或者主要负责人是本单位安全储粮第一责任人，对本单位安全储粮工作（含外租仓储粮，下同）全面负责。具体职责如下：

（一）建立健全本单位安全储粮岗位责任制；

（二）组织制定本单位安全储粮规章制度和操作规程；

（三）组织制定并实施本单位安全储粮培训计划；

（四）保证安全储粮设施和设备齐全完好，保证安全储粮必要的资金投入；

（五）督促和检查本单位安全储粮工作，落实经常性储藏粮情监测分析制度，全面准确掌握储粮的安全状况，及时消除储粮安全隐患；

（六）组织制定并实施本单位异常粮情处置方案；

（七）按照《粮油仓储管理办法》的相关规定报告粮油储存事故，并指挥本单位事故处置。

第6条　粮油仓储单位分管仓储工作负责人对本单位安全储粮工作负直接领导责任。具体职责如下：

（一）组织建立健全粮油仓储管理制度，督促和检查各项仓储管理制度的落实；

（二）结合本单位实际情况，组织制订粮油仓储管理具体工作方案，经主要负责人批准后组织实施；

（三）定期组织开展储粮安全检查和储藏粮情分析，研究制订异常情况干预处置措施并组织实施；

（四）督促、协调整治储粮安全隐患；

（五）组织检查粮油出入库质量和管理情况，对出入库粮油的质量和工作的规范性负责；

（六）审批通风、熏蒸等重要仓储作业方案，对通风、熏蒸等作业方案的合理性和用药的安全性负责；

（七）组织制定科学储粮计划和实施方案，积极应用先进适用的粮油储藏技术；

（八）及时向主要负责人报告粮油储存事故，协调促进事故的处置和调查。

第7条 粮油仓储单位的仓储管理机构及其负责人对本单位安全储粮工作负直接管理责任。具体职责如下：

（一）严格执行粮油仓储管理制度，开展经常性储粮安全检查和储藏粮情分析，建立储粮安全隐患台账并跟踪整治；

（二）提出储粮安全隐患处置方案，及时报分管仓储工作负责人审批；

（三）对库存粮油储存的安全性和仓储管理基础工作的规范性负责；

（四）对出入库组织的周密性、各环节工作的合规性、任务完成的实效性负责；

（五）对通风、熏蒸等工作布置及报告单审批的及时性和合理性负责，对通风、熏蒸工作指导和督促的及时性和合理性负责；

（六）对发现的储粮安全隐患和发生的粮油储存事故要及时报告分管仓储工作负责人协调解决，及时处置储粮安全隐患和粮油储存事故，并查明原因；

（七）积极组织保管人员进行或者参加教育培训，努力提高其专业知识和职业技能水平；

（八）提出科学储粮计划和实施方案，积极应用先进适用的粮油储藏技术。

第 8 条　粮油仓储单位的粮油保管员是所管仓廒（罐）粮油储存安全的直接责任人，负责做好所管仓廒（罐）的粮油保管工作。具体职责如下：

（一）粮油入仓（罐）前，检验责任仓廒（罐）及相关设施设备是否完好、可用；

（二）粮油入仓（罐）时，配合入粮（油）作业及时进行整理，使入仓（罐）粮油达到储存安全的要求；

（三）粮油入仓（罐）后，及时建立粮油保管账，准确填写责任仓廒（罐）的账、卡、簿，并对其完整性、真实性、准确性负责；

（四）粮油储存期间，严格按照要求进行日常检查，密切关注储藏粮情变化，发现储粮安全隐患及时上报、处置，隐患处置方案经批准后配合落实；

（五）每次检查和作业完成后，及时、如实填写"工作日志"；

（六）积极参与储粮技术研究及应用相关活动。

第 9 条　粮油质量检验结果关系储粮安全状况，粮油仓储单位的质量检验机构和人员应当对粮油入库、储存期间的质量检验结果负责。

第 10 条　仓储设施、机械设备及电气设备等对储粮安全有直接或者间接影响，粮油仓储单位的相关机构和人员应当对确保仓储设施和机械、电气设备功能完好及日常维护负责。

第 11 条　粮油仓储单位应当在本单位的规章制度中细化安全储粮责任，并对内部相关岗位人员履行安全储粮具体工作职责的情况进行考评，形成和落实奖惩激励机制。

第三章　政策执行主体的责任

第 12 条　中国储备粮管理总公司对国家政策性粮食储存安全承担主体责任。包括对其直属企业和租赁库点安全储粮工作的直接管理责任，对代储、委托库点存储国家政策性粮食储存安全的监督管理责任。具体职责如下：

（一）认真执行国家关于安全储粮的政策、制度和标准，健全本公司仓储业务管理制度，建立国家政策性粮食的储存安全监测预警机制；

（二）对其直属企业和租赁库点的安全储粮工作进行直接管理；

（三）通过其分支机构或者直属企业依照委托保管合同对代储、委托库点的国家政策性粮食储存安全进行监督管理；

（四）确保承储库点满足安全储粮条件，保证安全储粮必要投入；

（五）及时对直属企业、租赁库点和代储、委托库点提供安全储粮技术指导；

（六）及时处置国家政策性粮食重大储存安全隐患和险情，并按照要求汇总情况向国家粮食行政管理部门报告。

第13条　受中国储备粮管理总公司委托承担最低收购价和临时收储粮食储存任务的中粮集团有限公司、中国中纺集团公司、中航工业集团公司和黑龙江省农垦总局，对其受委托储存的上述国家政策性粮食储存安全承担直接管理责任。具体职责如下：

（一）认真执行国家关于安全储粮的相关政策、制度和标准及有关仓储业务管理制度；

（二）定期检查所属企业和租赁库点承储的国家政策性粮食，对储藏粮情作出分析研判；

（三）督促所属企业和租赁库点及时排查整治储粮安全隐患，及时向所在地粮食行政管理部门和中国储备粮管理总公司分支机构或者直属企业报告情况；

（四）及时处置重大储粮安全隐患和险情，并向国家粮食行政管理部门和中国储备粮管理总公司报告。

第 14 条　地方储备粮油收储政策执行主体对地方储备粮油储存安全承担主体责任。具体职责如下：

（一）严格执行国家和地方相关政策、制度和标准，建立和完善地方储备粮油储存安全监测预警机制；

（二）直接管理直属企业和租赁库点的安全储粮工作；

（三）对代储、委托库点的地方储备粮油储存安全进行监督管理；

（四）确保承储库点满足地方储备粮油安全储存的条件，保证安全储粮必要投入；

（五）及时对直属企业、租赁库点和代储、委托库点提供安全储粮技术指导；

（六）及时处置地方储备粮油重大储存安全隐患和险情，并按照要求汇总情况向本级地方人民政府粮食行政管理部门报告。

5.《粮食收购资金筹集和兑付管理暂行办法》（2015 年 11 月 25 日）

第二章　粮食收购资金筹集

第 4 条　地方各级粮食行政管理部门要加强行业管理，指导粮食收购者及时、足额筹集粮食收购资金，确保粮食收购工作顺利进行。

第 5 条　对启动最低收购价和临时收储等政策性粮食收购预案的地区和粮食品种，各级粮食行政管理部门及收储企业要主动加强与当地农业发展银行、中储粮分公司及其直属企业等单位的沟通协调，严格按照预案规定，切实保障政策性粮食收购资金及时足额到位。

第 6 条　对没有启动政策性粮食收购预案的地区和粮食品种，各地粮食行政管理部门要指导辖区内粮食企业科学研判市场形势，多渠道筹集粮食收购资金，积极入市收购。

第 7 条　积极探索发展粮食融资担保等业务，努力破解基层粮食企业融资困难问题，支持企业增强活力、搞活经营，为保障粮食收购、促进种粮农民增收奠定基础。

<h2 style="text-align:center">第三章　政策性粮食收购资金兑付</h2>

第 8 条　严格按照最低收购价和临时收储粮食执行预案等政策规定，合理确定政策性粮食委托收储库点，并根据企业不同情况，落实履约保证金、抵押或担保等风险防控措施，从源头上防范粮食收购资金兑付风险。

第 9 条　租赁社会仓容要按照《国家发展和改革委员会、国家粮食局、财政部、中国农业发展银行关于印发〈租赁社会粮食仓储设施收储国家政策性粮食的指导意见（试行）〉的通知》（国粮检〔2015〕51 号）等有关规定，严格租赁库点的审核和确认。对纳入当年政策性粮食收购库点的租赁企业，要在收购工作开始前向社会公布。

第 10 条　在政策性粮食收购活动中，承租企业必须派人直接收购、保管，并承担粮食质量、等级验收和收购资金兑付等责任。

第 11 条　严禁假租仓实委托，承租企业不得将政策性粮食收购资金拨付给租赁企业，由其代为支付售粮款。对因假租仓实委托出现挤占挪用、"打白条"等问题的，应追究承租企业主要负责人和相关人员的责任。

第 12 条　按照最低收购价和临时收储粮食执行预案和政策性粮食信贷等政策规定，积极主动协调当地农业发展银行及时足额发放贷款。对统一承贷的中储粮直属企业等实行"一次审批、分次发放"，并由其根据收购情况和入库进度及时预付给委托收储库点，保证收购资金供应，保证农民售粮时企业随收随付。

第 13 条　对于没有中储粮直属企业等的市（地）区域，可指定合规的委托收储企业承贷，防止出现农民"卖粮难"和"打白条"。逢节假日或特殊情况，企业要提前与农业发展银行开户行沟通协调，做好信贷资金安排，确保粮食收购资金供应不断档。

第 14 条　政策性粮食收购资金要封闭运行，专款专用，严禁挪作他用。

第 15 条　执行政策性粮食收购任务的收储库点，要在收购场所显著位置张榜公布政策性粮食收购有关质价政策等信息。当场如实填写统一规范的收购凭证，凭证所列重量、等级、水分、杂质、单价等内容必须填写齐全，不得二次填写收购凭证。

第 16 条　收储库点根据收购发票和结算单等凭证，及时、足额、当场向售粮农民直接兑付粮款，"一手粮、一手钱、现款结算"，严禁"打白条"，严禁代扣、代缴税、费和其他款项。

第 17 条　在具备条件的地方可根据农民要求通过网银等方式结算。中储粮直属企业直接对农民网银结算的，应当提高工作效率，缩短网络审核、支付时间，确保农民在交售粮食当日足额收到售粮款。

第四章　市场自主收购粮食资金兑付

第 18 条　规范粮食收储企业和粮食经纪人的自主收购粮食行为，督促粮食买卖双方按照"自愿、平等、公平、诚信"的市场原则进行交易。

第 19 条　粮食收储企业和粮食经纪人要及时向售粮者支付售粮款，"一手粮，一手钱，不打白条"，防止发生拖欠农民售粮款、以"高息"为诱饵骗取农民售粮款等违规违法行为。

第 20 条　按照《国家粮食局关于积极稳妥推进"粮食银行"健康发展的意见》（国粮财〔2014〕128 号），进一步加强对"粮食银行"等新型粮食经营业态的指导，强化经营管理，完善风险防控措施，杜绝发生坑农害农等问题。

第七条　粮食安全科技创新能力和信息化建设

国家加强粮食安全科技创新能力和信息化建设，支持粮食领域基础研究、关键技术研发和标准化工作，完善科技人才培养、评价和激励等机制，促进科技创新成果转化和先进技术、设备的推广使用，提高粮食生产、储备、流通、加工的科技支撑能力和应用水平。

● 部门规章及文件

《全国粮食和物资储备高水平人才选拔培养管理办法》（2021 年 10 月 9 日）

第一章　总　　则

第 2 条　全国粮食和物资储备高水平人才（以下简称"高水平人才"）主要包括：

（一）全国粮食和物资储备领军人才（以下简称"领军人才"），指在国家粮食和物资储备自然科学、工程技术和社会科学等领域，主持重大项目（课题）、领衔高层次创新团队、领导重点学科建设的专业技术人才，其研究工作具有重大创新、重要影响和发展前景。

（二）全国粮食和物资储备青年拔尖人才（以下简称"青年拔尖人才"），指具有特别优秀的科学研究和技术创新潜能的专业技术人才，其研究方向符合国家粮食和物资储备发展急需，具有取得重大原始创新的潜力。

（三）全国粮食和物资储备技能大师（以下简称"技能大师"），指长期在粮食和物资储备基层一线工作，具有精湛技艺、突出的创新创造能力和传技带徒贡献的优秀高技能人才。

第 3 条　高水平人才的选拔培养应坚持以下原则：爱国奉献、求实创新；高端引领、服务发展；科学规范、公平公正；以用为本、激发活力。

第 4 条　国家粮食和物资储备局负责组织选拔各类高水平人才，指导有关单位加强管理，优化支持服务措施，共同推动建设粮食和物资储备高水平人才队伍。

第 5 条　各类高水平人才选拔工作一般每两年开展一次。

领军人才、青年拔尖人才选拔工作同步进行，每次产生不超过 3 名领军人才、不超过 10 名青年拔尖人才。

技能大师由选拔和直接确定两种方式产生。每次选拔产生不超过 20 名；全国粮食和物资储备职业技能竞赛决赛各职业组一、二等奖获得者，符合技能大师申报资格条件的，经国家粮食和物资储备局党组批准同意，可直接确定为技能大师。

第二章　资格条件

第 6 条　高水平人才应坚决拥护中国共产党领导，热爱祖国，长期奋战在粮食和物资储备科研和生产第一线，热爱粮食和物资储备事业，品行端正、遵纪守法，自觉践行科学家精神和工匠精神，恪守学术道德、坚守诚信底线，身体健康。

第 7 条　领军人才一般不超过 55 周岁（含），具有相关专业博士学位或正高级职称，在粮食和物资储备相关领域取得下列业绩之一：

（一）主持完成国家级科研或工程项目（课题），成果达到国内领先、国际先进水平；

（二）拥有重大原始理论创新或发明创造，能够突破关键核心技术，推动现代粮食产业和国家储备事业高质量发展，为提升国家粮食和物资储备安全保障能力作出重要贡献；

（三）在国家粮食和物资储备宏观政策、经济理论研究方面有显著成果，被党中央、国务院采纳；

（四）主持研发的原创性新产品、新装备、新工艺、新材料得到广泛应用，取得显著的经济和社会效益；

（五）作为主要完成人获国家级科学技术或社会科学奖励，

或省部级科学技术或社会科学一等奖。

第 8 条　青年拔尖人才一般不超过 40 周岁（含），具有相关专业博士学位或高级职称，在粮食和物资储备相关领域取得下列业绩之一：

（一）主持完成省部级及以上科研或工程项目（课题），成果达到国内先进水平；

（二）取得一定的原始理论创新或发明创造，有助于突破关键核心技术；

（三）主持或作为主要完成人，研发的新产品、新装备、新工艺、新材料取得较大的经济和社会效益；

（四）相关政策、理论研究成果被国家粮食和物资储备局采纳；

（五）作为主要完成人获省部级及以上科学技术或社会科学奖励。

第 9 条　技能大师应从事本职业（岗位）工作 5 年以上，具备相应职业（工种）技师及以上国家职业技能等级，所在单位支持其牵头成立工作室，并在工作中取得下列业绩之一：

（一）刻苦钻研本职业（岗位）技术技能，具备同行公认的绝技绝活；

（二）积极开展技术革新、技能创造，"小发明""小创造""小改革"取得了明显的经济和社会效益；

（三）能够有效解决关键生产技术问题、较快地熟悉掌握新技术、新装备、新工艺，有效提升工作效率；

（四）在排除重大安全生产隐患，消除产品质量通病等方面作出突出贡献；

（五）在传授技艺、培养人才方面发挥积极作用，具有广泛的影响力。

工作室的基本要求：

（一）能够由入选人员牵头，组建不少于 3 人的技术技能创新团队；

（二）具有明确的技术攻关、技能创新和高技能人才培养任务，预期能取得明显的经济和社会效益；

（三）本单位能够为工作室提供必要的场所、设备条件，以及相应的资金支持；

（四）本单位高度重视技能人才队伍建设，具备完善的技能人才管理制度和培养措施。

第 10 条　对于创新能力、业绩和贡献特别突出，长期扎根艰苦边远地区的高水平人才，可以适当放宽学历、资历和年龄等条件要求。

第三章　选拔程序

第 11 条　高水平人才一般应自下而上、择优推荐选拔产生。选拔高水平人才要突出品德、能力和业绩导向，克服唯论文、唯职称、唯学历、唯奖项倾向。坚持把高水平人才的创新能力、质量、实效、贡献，前瞻性判断力、跨学科理解能力，作为评价人才的重要依据。

第 12 条　各省级粮食和物资储备行政管理部门，有关中央企业，各直属单位、垂直管理局和有关高校作为归口推荐单位，分别负责本地区、本单位高水平人才的推荐申报工作。中国粮油学会会员单位也可通过学会进行申报。

每家单位只能从单个归口推荐单位申报，不得多头申报或重复申报。

第 13 条　符合条件的人员向本人所在单位提出申请，经审核同意，并在本单位范围内公示无异议后，向归口推荐单位申报。

申报人员及其所在单位应对其思想政治表现，业绩、成果和贡献的真实性负责。

第 14 条　归口推荐单位受理申报后，应严格审核申报人员的资格条件。组织同行专家初评，并在本地区本单位公示无异议后，按照推荐名额和程序要求，择优向国家粮食和物资储备局推荐。

第 15 条　国家粮食和物资储备局聘请行业知名专家，组建相应的高水平人才专家评审委员会，组织同行评议和综合评审，产生建议人选。

同行评议一般采取审阅材料、个人述职、面试答辩等方式进行。好中选优、优中选强，推荐合适人选参加综合评审。

综合评审以无记名投票表决产生建议人选。出席综合评审的专家应不少于该评审委员会专家总数的 2/3，同意票数达到出席综合评审专家人数的 2/3 以上，视为入选建议名单。未出席综合评审的专家不得委托他人投票或补充投票。

第 16 条　建议人选名单报经国家粮食和物资储备局党组核审同意，并经公示无异议后，由国家粮食和物资储备局公开发布。

第八条　粮食安全宣传教育

各级人民政府及有关部门应当采取多种形式加强粮食安全宣传教育，提升全社会粮食安全意识，引导形成爱惜粮食、节约粮食的良好风尚。

● 部门规章及文件

《全国粮食安全宣传教育基地管理办法》（2020 年 6 月 16 日）

第四章　运行与管理

第 14 条　全国粮食安全宣传教育基地应按照国家粮食和物资储备局、农业农村部、教育部、科技部、全国妇联统一安排，积极承接开展粮食安全宣传教育有关社会实践、合作交流、主题宣讲等工作任务。

第15条 全国粮食安全宣传教育基地应根据本单位地域、行业、职能等特色优势，创新载体、丰富内容，面向家庭、学生、职工等不同群体，自主开展形式多样的粮食安全宣传教育活动。

第16条 全国粮食安全宣传教育基地应每年年底向所在地省级粮食和物资储备部门报送当年工作总结报告及相关材料，各省级粮食和物资储备部门汇总后报送国家粮食和物资储备局办公室。

国家粮食和物资储备局、农业农村部、教育部、科技部、全国妇联等的直属单位、所属单位被命名为全国粮食安全宣传教育基地的，应每年年底直接向国家粮食和物资储备局办公室报送相关材料。

第17条 国家有关部门单位鼓励全国粮食安全宣传教育基地加强能力建设、积极发挥职责作用。

第18条 国家粮食和物资储备局办公室定期对全国粮食安全宣传教育基地运行情况进行综合考评。考评优秀的，鼓励其进一步发挥示范作用。考评合格的，保留全国粮食安全宣传教育基地称号。考评不合格的，提出整改要求。

第19条 全国粮食安全宣传教育基地有下列行为之一的，由国家粮食和物资储备局、农业农村部、教育部、科技部、全国妇联撤销其称号。

（一）申报时提供虚假材料或采取其他手段骗取基地称号的。

（二）考评不合格，经整改后仍不达标的。

（三）不按照本办法规定开展相关活动的，不按时提交年度总结材料的。

（四）有违法违规行为的。

（五）其他对社会造成不良影响的行为。

表彰和奖励

对在国家粮食安全保障工作中做出突出贡献的单位和个人，按照国家有关规定给予表彰和奖励。

第二章 耕地保护

第十条 **国土空间用途管制**

国家实施国土空间规划下的国土空间用途管制，统筹布局农业、生态、城镇等功能空间，划定落实耕地和永久基本农田保护红线、生态保护红线和城镇开发边界，严格保护耕地。

国务院确定省、自治区、直辖市人民政府耕地和永久基本农田保护任务。县级以上地方人民政府应当确保本行政区域内耕地和永久基本农田总量不减少、质量有提高。

国家建立耕地保护补偿制度，调动耕地保护责任主体保护耕地的积极性。

● 法 律

1. 《土地管理法》（2019 年 8 月 26 日）

第 33 条 国家实行永久基本农田保护制度。下列耕地应当根据土地利用总体规划划为永久基本农田，实行严格保护：

（一）经国务院农业农村主管部门或者县级以上地方人民政府批准确定的粮、棉、油、糖等重要农产品生产基地内的耕地；

（二）有良好的水利与水土保持设施的耕地，正在实施改造计划以及可以改造的中、低产田和已建成的高标准农田；

（三）蔬菜生产基地；

（四）农业科研、教学试验田；

（五）国务院规定应当划为永久基本农田的其他耕地。

各省、自治区、直辖市划定的永久基本农田一般应当占本行政区域内耕地的百分之八十以上，具体比例由国务院根据各省、自治区、直辖市耕地实际情况规定。

第34条　永久基本农田划定以乡（镇）为单位进行，由县级人民政府自然资源主管部门会同同级农业农村主管部门组织实施。永久基本农田应当落实到地块，纳入国家永久基本农田数据库严格管理。

乡（镇）人民政府应当将永久基本农田的位置、范围向社会公告，并设立保护标志。

第35条　永久基本农田经依法划定后，任何单位和个人不得擅自占用或者改变其用途。国家能源、交通、水利、军事设施等重点建设项目选址确实难以避让永久基本农田，涉及农用地转用或者土地征收的，必须经国务院批准。

禁止通过擅自调整县级土地利用总体规划、乡（镇）土地利用总体规划等方式规避永久基本农田农用地转用或者土地征收的审批。

● **行政法规及文件**

2. **《基本农田保护条例》**（2011 年 1 月 8 日）

第2条　国家实行基本农田保护制度。

本条例所称基本农田，是指按照一定时期人口和社会经济发展对农产品的需求，依据土地利用总体规划确定的不得占用的耕地。

本条例所称基本农田保护区，是指为对基本农田实行特殊保护而依据土地利用总体规划和依照法定程序确定的特定保护区域。

第8条　各级人民政府在编制土地利用总体规划时，应当将基本农田保护作为规划的一项内容，明确基本农田保护的布局安排、数量指标和质量要求。

县级和乡（镇）土地利用总体规划应当确定基本农田保护区。

第9条 省、自治区、直辖市划定的基本农田应当占本行政区域内耕地总面积的80%以上，具体数量指标根据全国土地利用总体规划逐级分解下达。

第10条 下列耕地应当划入基本农田保护区，严格管理：

（一）经国务院有关主管部门或者县级以上地方人民政府批准确定的粮、棉、油生产基地内的耕地；

（二）有良好的水利与水土保持设施的耕地，正在实施改造计划以及可以改造的中、低产田；

（三）蔬菜生产基地；

（四）农业科研、教学试验田。

根据土地利用总体规划，铁路、公路等交通沿线，城市和村庄、集镇建设用地区周边的耕地，应当优先划入基本农田保护区；需要退耕还林、还牧、还湖的耕地，不应当划入基本农田保护区。

第11条 基本农田保护区以乡（镇）为单位划区定界，由县级人民政府土地行政主管部门会同同级农业行政主管部门组织实施。

划定的基本农田保护区，由县级人民政府设立保护标志，予以公告，由县级人民政府土地行政主管部门建立档案，并抄送同级农业行政主管部门。任何单位和个人不得破坏或者擅自改变基本农田保护区的保护标志。

基本农田划区定界后，由省、自治区、直辖市人民政府组织土地行政主管部门和农业行政主管部门验收确认，或者由省、自治区人民政府授权设区的市、自治州人民政府组织土地行政主管部门和农业行政主管部门验收确认。

● 案例指引

1. 孙某诉某市国土资源局土地行政处罚案（最高人民法院发布 8 起耕地保护典型行政案例①之一）

　　裁判摘要：《土地管理法》和《基本农田保护条例》明确规定，国家实行永久基本农田保护制度。永久基本农田经依法划定后，任何单位和个人不得擅自占用或者改变其用途。禁止占用永久基本农田发展林果业和挖塘养鱼。

2. 袁某某诉某市综合执法局撤销行政处罚案（最高人民法院发布 8 起耕地保护典型行政案例②之五）

　　裁判摘要：与普通农业用地不同，基本农田是国家重点保护的耕地种类，未经批准，在基本农田保护区内修建属于农业设施的养殖用房同样是违反《基本农田保护条例》规定的行为，应按照《基本农田保护条例》第 33 条予以处理。本案对于农业生产设施用地的选择，具有很好的警示引导作用，有利于促进基本农田的保护。

3. 任某某诉某市自然资源局行政处罚案——全方位夯实粮食安全根基，严守基本农田保护红线（吉林省高级人民法院发布第二批 6 起黑土地司法保护典型案例③之一）

　　裁判要点：《基本农田保护条例》第十七条第一款规定，禁止任何单位和个人在基本农田保护区内建窑、建房、建坟、挖沙、采石、采矿、取土、堆放固体废弃物或者进行其他破坏基本农田的活动。任某某在基本农田保护区内建设固定设施，应当认定为被严格禁止

---

　　① 《耕地保护典型行政案例》，载最高人民法院网站，https：//www.court. gov.cn/zixun-xiangqing-279511.html，2024 年 1 月 1 日访问。

　　② 《耕地保护典型行政案例》，载最高人民法院网站，https：//www.court. gov.cn/zixun-xiangqing-279511.html，2024 年 1 月 1 日访问。

　　③ 《吉林法院黑土地司法保护典型案例（第二批）》，载吉林省高级人民法院司法公开网，http：//www.jlsfy.gov.cn/zxdxal/478532.jhtml，2024 年 1 月 1 日访问。

的情形。村委会无划定和确定基本农田保护区的权限，亦无对土地利用总体规划调整和解释的权限。

第十一条　占用耕地补偿制度

国家实行占用耕地补偿制度，严格控制各类占用耕地行为；确需占用耕地的，应当依法落实补充耕地责任，补充与所占用耕地数量相等、质量相当的耕地。

省、自治区、直辖市人民政府应当组织本级人民政府自然资源主管部门、农业农村主管部门对补充耕地的数量进行认定、对补充耕地的质量进行验收，并加强耕地质量跟踪评价。

● 法　律

1.《民法典》（2020 年 5 月 28 日）

第 244 条　国家对耕地实行特殊保护，严格限制农用地转为建设用地，控制建设用地总量。不得违反法律规定的权限和程序征收集体所有的土地。

第 331 条　土地承包经营权人依法对其承包经营的耕地、林地、草地等享有占有、使用和收益的权利，有权从事种植业、林业、畜牧业等农业生产。

第 334 条　土地承包经营权人依照法律规定，有权将土地承包经营权互换、转让。未经依法批准，不得将承包地用于非农建设。

2.《土地管理法》（2019 年 8 月 26 日）

第 30 条　国家保护耕地，严格控制耕地转为非耕地。

国家实行占用耕地补偿制度。非农业建设经批准占用耕地的，按照"占多少，垦多少"的原则，由占用耕地的单位负责开垦与所占用耕地的数量和质量相当的耕地；没有条件开垦或者开垦的耕地不符合要求的，应当按照省、自治区、直辖市的规定缴纳耕地开垦费，专款用于开垦新的耕地。

省、自治区、直辖市人民政府应当制定开垦耕地计划，监督占用耕地的单位按照计划开垦耕地或者按照计划组织开垦耕地，并进行验收。

● **行政法规及文件**

3.《国务院关于深化改革严格土地管理的决定》（2004 年 10 月 21 日）

三、完善征地补偿和安置制度

（十二）完善征地补偿办法。县级以上地方人民政府要采取切实措施，使被征地农民生活水平不因征地而降低。要保证依法足额和及时支付土地补偿费、安置补助费以及地上附着物和青苗补偿费。依照现行法律规定支付土地补偿费和安置补助费，尚不能使被征地农民保持原有生活水平的，不足以支付因征地而导致无地农民社会保障费用的，省、自治区、直辖市人民政府应当批准增加安置补助费。土地补偿费和安置补助费的总和达到法定上限，尚不足以使被征地农民保持原有生活水平的，当地人民政府可以用国有土地有偿使用收入予以补贴。省、自治区、直辖市人民政府要制订并公布各市县征地的统一年产值标准或区片综合地价，征地补偿做到同地同价，国家重点建设项目必须将征地费用足额列入概算。大中型水利、水电工程建设征地的补偿费标准和移民安置办法，由国务院另行规定。

（十三）妥善安置被征地农民。县级以上地方人民政府应当制定具体办法，使被征地农民的长远生计有保障。对有稳定收益的项目，农民可以经依法批准的建设用地土地使用权入股。在城市规划区内，当地人民政府应当将因征地而导致无地的农民，纳入城镇就业体系，并建立社会保障制度；在城市规划区外，征收农民集体所有土地时，当地人民政府要在本行政区域内为被征地农民留有必要的耕作土地或安排相应的工作岗位；对不具备基本生产生活条件的无地农民，应当异地移民安置。劳动和社会保障部门要会同有关部门尽快提出建立被征地农民的就业培训和社会保障制度的指导性意见。

（十四）健全征地程序。在征地过程中，要维护农民集体土地所有权和农民土地承包经营权的权益。在征地依法报批前，要将拟征地的用途、位置、补偿标准、安置途径告知被征地农民；对拟征土地现状的调查结果须经被征地农村集体经济组织和农户确认；确有必要的，国土资源部门应当依照有关规定组织听证。要将被征地农民知情、确认的有关材料作为征地报批的必备材料。要加快建立和完善征地补偿安置争议的协调和裁决机制，维护被征地农民和用地者的合法权益。经批准的征地事项，除特殊情况外，应予以公示。

（十五）加强对征地实施过程监管。征地补偿安置不落实的，不得强行使用被征土地。省、自治区、直辖市人民政府应当根据土地补偿费主要用于被征地农户的原则，制订土地补偿费在农村集体经济组织内部的分配办法。被征地的农村集体经济组织应当将征地补偿费用的收支和分配情况，向本集体经济组织成员公布，接受监督。农业、民政等部门要加强对农村集体经济组织内部征地补偿费用分配和使用的监督。

4. 《土地管理法实施条例》（2021 年 7 月 2 日）

第 8 条　国家实行占用耕地补偿制度。在国土空间规划确定的城市和村庄、集镇建设用地范围内经依法批准占用耕地，以及在国土空间规划确定的城市和村庄、集镇建设用地范围外的能源、交通、水利、矿山、军事设施等建设项目经依法批准占用耕地的，分别由县级人民政府、农村集体经济组织和建设单位负责开垦与所占用耕地的数量和质量相当的耕地；没有条件开垦或者开垦的耕地不符合要求的，应当按照省、自治区、直辖市的规定缴纳耕地开垦费，专款用于开垦新的耕地。

省、自治区、直辖市人民政府应当组织自然资源主管部门、农业农村主管部门对开垦的耕地进行验收，确保开垦的耕地落实到地块。划入永久基本农田的还应当纳入国家永久基本农田数据库严格管理。占用耕地补充情况应当按照国家有关规定向社会公布。

个别省、直辖市需要易地开垦耕地的，依照《土地管理法》第三十二条的规定执行。

第12条　国家对耕地实行特殊保护，严守耕地保护红线，严格控制耕地转为林地、草地、园地等其他农用地，并建立耕地保护补偿制度，具体办法和耕地保护补偿实施步骤由国务院自然资源主管部门会同有关部门规定。

非农业建设必须节约使用土地，可以利用荒地的，不得占用耕地；可以利用劣地的，不得占用好地。禁止占用耕地建窑、建坟或者擅自在耕地上建房、挖砂、采石、采矿、取土等。禁止占用永久基本农田发展林果业和挖塘养鱼。

耕地应当优先用于粮食和棉、油、糖、蔬菜等农产品生产。按照国家有关规定需要将耕地转为林地、草地、园地等其他农用地的，应当优先使用难以长期稳定利用的耕地。

第十二条　**严格控制耕地转为其他农用地**

国家严格控制耕地转为林地、草地、园地等其他农用地。禁止违规占用耕地绿化造林、挖湖造景等行为。禁止在国家批准的退耕还林还草计划外擅自扩大退耕范围。

● **法　律**

1.《**土地管理法**》（2019 年 8 月 26 日）

第 37 条　非农业建设必须节约使用土地，可以利用荒地的，不得占用耕地；可以利用劣地的，不得占用好地。

禁止占用耕地建窑、建坟或者擅自在耕地上建房、挖砂、采石、采矿、取土等。

禁止占用永久基本农田发展林果业和挖塘养鱼。

第40条 开垦未利用的土地，必须经过科学论证和评估，在土地利用总体规划划定的可开垦的区域内，经依法批准后进行。禁止毁坏森林、草原开垦耕地，禁止围湖造田和侵占江河滩地。

根据土地利用总体规划，对破坏生态环境开垦、围垦的土地，有计划有步骤地退耕还林、还牧、还湖。

● 行政法规及文件

2.《基本农田保护条例》（2011年1月8日）

第33条 违反本条例规定，占用基本农田建窑、建房、建坟、挖砂、采石、采矿、取土、堆放固体废弃物或者从事其他活动破坏基本农田，毁坏种植条件的，由县级以上人民政府土地行政主管部门责令改正或者治理，恢复原种植条件，处占用基本农田的耕地开垦费1倍以上2倍以下的罚款；构成犯罪的，依法追究刑事责任。

3.《土地管理法实施条例》（2021年7月2日）

第51条 违反《土地管理法》第三十七条的规定，非法占用永久基本农田发展林果业或者挖塘养鱼的，由县级以上人民政府自然资源主管部门责令限期改正；逾期不改正的，按占用面积处耕地开垦费2倍以上5倍以下的罚款；破坏种植条件的，依照《土地管理法》第七十五条的规定处罚。

第十三条　严格耕地种植用途管控

耕地应当主要用于粮食和棉、油、糖、蔬菜等农产品及饲草饲料生产。县级以上地方人民政府应当根据粮食和重要农产品保供目标任务，加强耕地种植用途管控，落实耕地利用优先序，调整优化种植结构。具体办法由国务院农业农村主管部门制定。

县级以上地方人民政府农业农村主管部门应当加强耕地种植用途管控日常监督。村民委员会、农村集体经济组织发现违反耕地种植用途管控要求行为的，应当及时向乡镇人民政府或者县级人民政府农业农村主管部门报告。

第十四条　严格耕地质量保护制度

国家建立严格的耕地质量保护制度，加强高标准农田建设，按照量质并重、系统推进、永续利用的要求，坚持政府主导与社会参与、统筹规划与分步实施、用养结合与建管并重的原则，健全完善多元投入保障机制，提高建设标准和质量。

● 法　律

1.《土地管理法》（2019 年 8 月 26 日）

第 32 条　省、自治区、直辖市人民政府应当严格执行土地利用总体规划和土地利用年度计划，采取措施，确保本行政区域内耕地总量不减少、质量不降低。耕地总量减少的，由国务院责令在规定期限内组织开垦与所减少耕地的数量与质量相当的耕地；耕地质量降低的，由国务院责令在规定期限内组织整治。新开垦和整治的耕地由国务院自然资源主管部门会同农业农村主管部门验收。

个别省、直辖市确因土地后备资源匮乏，新增建设用地后，新开垦耕地的数量不足以补偿所占用耕地的数量的，必须报经国务院批准减免本行政区域内开垦耕地的数量，易地开垦数量和质量相当的耕地。

● 行政法规及文件

2.《土地管理法实施条例》（2021年7月2日）

第13条　省、自治区、直辖市人民政府对本行政区域耕地保护负总责，其主要负责人是本行政区域耕地保护的第一责任人。

省、自治区、直辖市人民政府应当将国务院确定的耕地保有量和永久基本农田保护任务分解下达，落实到具体地块。

国务院对省、自治区、直辖市人民政府耕地保护责任目标落实情况进行考核。

| 第十五条 | 耕地质量和种植用途监测网络、黑土地保护制度及全耕地轮作休耕制度 |

县级以上人民政府应当建立耕地质量和种植用途监测网络，开展耕地质量调查和监测评价，采取土壤改良、地力培肥、治理修复等措施，提高中低产田产能，治理退化耕地，加强大中型灌区建设与改造，提升耕地质量。

国家建立黑土地保护制度，保护黑土地的优良生产能力。

国家建立健全耕地轮作休耕制度，鼓励农作物秸秆科学还田，加强农田防护林建设；支持推广绿色、高效粮食生产技术，促进生态环境改善和资源永续利用。

● 法　律

1.《土地管理法》（2019年8月26日）

第36条　各级人民政府应当采取措施，引导因地制宜轮作休耕，改良土壤，提高地力，维护排灌工程设施，防止土地荒漠化、盐渍化、水土流失和土壤污染。

2. 《黑土地保护法》（2022 年 6 月 24 日）

第 1 条　为了保护黑土地资源，稳步恢复提升黑土地基础地力，促进资源可持续利用，维护生态平衡，保障国家粮食安全，制定本法。

第 2 条　从事黑土地保护、利用和相关治理、修复等活动，适用本法。本法没有规定的，适用土地管理等有关法律的规定。

本法所称黑土地，是指黑龙江省、吉林省、辽宁省、内蒙古自治区（以下简称四省区）的相关区域范围内具有黑色或者暗黑色腐殖质表土层，性状好、肥力高的耕地。

第 3 条　国家实行科学、有效的黑土地保护政策，保障黑土地保护财政投入，综合采取工程、农艺、农机、生物等措施，保护黑土地的优良生产能力，确保黑土地总量不减少、功能不退化、质量有提升、产能可持续。

第 4 条　黑土地保护应当坚持统筹规划、因地制宜、用养结合、近期目标与远期目标结合、突出重点、综合施策的原则，建立健全政府主导、农业生产经营者实施、社会参与的保护机制。

国务院农业农村主管部门会同自然资源、水行政等有关部门，综合考虑黑土地开垦历史和利用现状，以及黑土层厚度、土壤性状、土壤类型等，按照最有利于全面保护、综合治理和系统修复的原则，科学合理确定黑土地保护范围并适时调整，有计划、分步骤、分类别地推进黑土地保护工作。历史上属黑土地的，除确无法修复的外，原则上都应列入黑土地保护范围进行修恢复。

第 5 条　黑土地应当用于粮食和油料作物、糖料作物、蔬菜等农产品生产。

黑土层深厚、土壤性状良好的黑土地应当按照规定的标准划入永久基本农田，重点用于粮食生产，实行严格保护，确保数量和质量长期稳定。

第6条　国务院和四省区人民政府加强对黑土地保护工作的领导、组织、协调、监督管理，统筹制定黑土地保护政策。四省区人民政府对本行政区域内的黑土地数量、质量、生态环境负责。

县级以上地方人民政府应当建立农业农村、自然资源、水行政、发展改革、财政、生态环境等有关部门组成的黑土地保护协调机制，加强协调指导，明确工作责任，推动黑土地保护工作落实。

乡镇人民政府应当协助组织实施黑土地保护工作，向农业生产经营者推广适宜其所经营耕地的保护、治理、修复和利用措施，督促农业生产经营者履行黑土地保护义务。

第7条　各级人民政府应当加强黑土地保护宣传教育，提高全社会的黑土地保护意识。

对在黑土地保护工作中做出突出贡献的单位和个人，按照国家有关规定给予表彰和奖励。

第8条　国务院标准化主管部门和农业农村、自然资源、水行政等主管部门按照职责分工，制定和完善黑土地质量和其他保护标准。

第9条　国家建立健全黑土地调查和监测制度。

县级以上人民政府自然资源主管部门会同有关部门开展土地调查时，同步开展黑土地类型、分布、数量、质量、保护和利用状况等情况的调查，建立黑土地档案。

国务院农业农村、水行政等主管部门会同四省区人民政府建立健全黑土地质量监测网络，加强对黑土地土壤性状、黑土层厚度、水蚀、风蚀等情况的常态化监测，建立黑土地质量动态变化数据库，并做好信息共享工作。

第10条　县级以上人民政府应当将黑土地保护工作纳入国

民经济和社会发展规划。

国土空间规划应当充分考虑保护黑土地及其周边生态环境，合理布局各类用途土地，以利于黑土地水蚀、风蚀等的预防和治理。

县级以上人民政府农业农村主管部门会同有关部门以调查和监测为基础、体现整体集中连片治理，编制黑土地保护规划，明确保护范围、目标任务、技术模式、保障措施等，遏制黑土地退化趋势，提升黑土地质量，改善黑土地生态环境。县级黑土地保护规划应当与国土空间规划相衔接，落实到黑土地具体地块，并向社会公布。

第 11 条 国家采取措施加强黑土地保护的科技支撑能力建设，将黑土地保护、治理、修复和利用的科技创新作为重点支持领域；鼓励高等学校、科研机构和农业技术推广机构等协同开展科技攻关。县级以上人民政府应当鼓励和支持水土保持、防风固沙、土壤改良、地力培肥、生态保护等科学研究和科研成果推广应用。

有关耕地质量监测保护和农业技术推广机构应当对农业生产经营者保护黑土地进行技术培训、提供指导服务。

国家鼓励企业、高等学校、职业学校、科研机构、科学技术社会团体、农民专业合作社、农业社会化服务组织、农业科技人员等开展黑土地保护相关技术服务。

国家支持开展黑土地保护国际合作与交流。

第 12 条 县级以上人民政府应当采取以下措施加强黑土地农田基础设施建设：

（一）加强农田水利工程建设，完善水田、旱地灌排体系；

（二）加强田块整治，修复沟毁耕地，合理划分适宜耕作田块；

（三）加强坡耕地、侵蚀沟水土保持工程建设；

（四）合理规划修建机耕路、生产路；

（五）建设农田防护林网；

（六）其他黑土地保护措施。

第13条　县级以上人民政府应当推广科学的耕作制度，采取以下措施提高黑土地质量：

（一）因地制宜实行轮作等用地养地相结合的种植制度，按照国家有关规定推广适度休耕；

（二）因地制宜推广免（少）耕、深松等保护性耕作技术，推广适宜的农业机械；

（三）因地制宜推广秸秆覆盖、粉碎深（翻）埋、过腹转化等还田方式；

（四）组织实施测土配方施肥，科学减少化肥施用量，鼓励增施有机肥料，推广土壤生物改良等技术；

（五）推广生物技术或者生物制剂防治病虫害等绿色防控技术，科学减少化学农药、除草剂使用量，合理使用农用薄膜等农业生产资料；

（六）其他黑土地质量提升措施。

第14条　国家鼓励采取综合性措施，预防和治理水土流失，防止黑土地土壤侵蚀、土地沙化和盐渍化，改善和修复农田生态环境。

县级以上人民政府应当开展侵蚀沟治理，实施沟头沟坡沟底加固防护，因地制宜组织在侵蚀沟的沟坡和沟岸、黑土地周边河流两岸、湖泊和水库周边等区域营造植物保护带或者采取其他措施，防止侵蚀沟变宽变深变长。

县级以上人民政府应当按照因害设防、合理管护、科学布局的原则，制定农田防护林建设计划，组织沿农田道路、沟渠等种植农田防护林，防止违背自然规律造林绿化。农田防护林只能进行抚育、更新性质的采伐，确保防护林功能不减退。

县级以上人民政府应当组织开展防沙治沙，加强黑土地周边的沙漠和沙化土地治理，防止黑土地沙化。

第 15 条　县级以上人民政府应当加强黑土地生态保护和黑土地周边林地、草原、湿地的保护修复，推动荒山荒坡治理，提升自然生态系统涵养水源、保持水土、防风固沙、维护生物多样性等生态功能，维持有利于黑土地保护的自然生态环境。

第 16 条　县级人民政府应当依据黑土地调查和监测数据，并结合土壤类型和质量等级、气候特点、环境状况等实际情况，对本行政区域内的黑土地进行科学分区，制定并组织实施黑土地质量提升计划，因地制宜合理采取保护、治理、修复和利用的精细化措施。

第 17 条　国有农场应当对其经营管理范围内的黑土地加强保护，充分发挥示范作用，并依法接受监督检查。

农村集体经济组织、村民委员会和村民小组应当依法发包农村土地，监督承包方依照承包合同约定的用途合理利用和保护黑土地，制止承包方损害黑土地等行为。

农村集体经济组织、农业企业、农民专业合作社、农户等应当十分珍惜和合理利用黑土地，加强农田基础设施建设，因地制宜应用保护性耕作等技术，积极采取提升黑土地质量和改善农田生态环境的养护措施，依法保护黑土地。

第 18 条　农业投入品生产者、经营者和使用者应当依法对农药、肥料、农用薄膜等农业投入品的包装物、废弃物进行回收以及资源化利用或者无害化处理，不得随意丢弃，防止黑土地污染。

县级人民政府应当采取措施，支持农药、肥料、农用薄膜等农业投入品包装物、废弃物的回收以及资源化利用或者无害化处理。

第 19 条　从事畜禽养殖的单位和个人，应当科学开展畜禽粪污无害化处理和资源化利用，以畜禽粪污就地就近还田利用为重点，促进黑土地绿色种养循环农业发展。

县级以上人民政府应当支持开展畜禽粪污无害化处理和资源化利用。

第20条　任何组织和个人不得破坏黑土地资源和生态环境。禁止盗挖、滥挖和非法买卖黑土。国务院自然资源主管部门会同农业农村、水行政、公安、交通运输、市场监督管理等部门应当建立健全保护黑土地资源监督管理制度，提高对盗挖、滥挖、非法买卖黑土和其他破坏黑土地资源、生态环境行为的综合治理能力。

第21条　建设项目不得占用黑土地；确需占用的，应当依法严格审批，并补充数量和质量相当的耕地。

建设项目占用黑土地的，应当按照规定的标准对耕作层的土壤进行剥离。剥离的黑土应当就近用于新开垦耕地和劣质耕地改良、被污染耕地的治理、高标准农田建设、土地复垦等。建设项目主体应当制定剥离黑土的再利用方案，报自然资源主管部门备案。具体办法由四省区人民政府分别制定。

第22条　国家建立健全黑土地保护财政投入保障制度。县级以上人民政府应当将黑土地保护资金纳入本级预算。

国家加大对黑土地保护措施奖补资金的倾斜力度，建立长期稳定的奖励补助机制。

县级以上地方人民政府应当将黑土地保护作为土地使用权出让收入用于农业农村投入的重点领域，并加大投入力度。

国家组织开展高标准农田、农田水利、水土保持、防沙治沙、农田防护林、土地复垦等建设活动，在项目资金安排上积极支持黑土地保护需要。县级人民政府可以按照国家有关规定统筹使用涉农资金用于黑土地保护，提高财政资金使用效益。

第23条　国家实行用养结合、保护效果导向的激励政策，对采取黑土地保护和治理修复措施的农业生产经营者按照国家有关规定给予奖励补助。

第24条　国家鼓励粮食主销区通过资金支持、与四省区建立稳定粮食购销关系等经济合作方式参与黑土地保护，建立健全黑土地跨区域投入保护机制。

第25条　国家按照政策支持、社会参与、市场化运作的原则，鼓励社会资本投入黑土地保护活动，并保护投资者的合法权益。

国家鼓励保险机构开展黑土地保护相关保险业务。

国家支持农民专业合作社、企业等以多种方式与农户建立利益联结机制和社会化服务机制，发展适度规模经营，推动农产品品质提升、品牌打造和标准化生产，提高黑土地产出效益。

第26条　国务院对四省区人民政府黑土地保护责任落实情况进行考核，将黑土地保护情况纳入耕地保护责任目标。

第27条　县级以上人民政府自然资源、农业农村、水行政等有关部门按照职责，依法对黑土地保护和质量建设情况联合开展监督检查。

第28条　县级以上人民政府应当向本级人民代表大会或者其常务委员会报告黑土地保护情况，依法接受监督。

第29条　违反本法规定，国务院农业农村、自然资源等有关部门、县级以上地方人民政府及其有关部门有下列行为之一的，对直接负责的主管人员和其他直接责任人员给予警告、记过或者记大过处分；情节较重的，给予降级或者撤职处分；情节严重的，给予开除处分：

（一）截留、挪用或者未按照规定使用黑土地保护资金；

（二）对破坏黑土地的行为，发现或者接到举报未及时查处；

（三）其他不依法履行黑土地保护职责导致黑土地资源和生态环境遭受破坏的行为。

第30条 非法占用或者损毁黑土地农田基础设施的，由县级以上地方人民政府农业农村、水行政等部门责令停止违法行为，限期恢复原状，处恢复费用一倍以上三倍以下罚款。

第31条 违法将黑土地用于非农建设的，依照土地管理等有关法律法规的规定从重处罚。

违反法律法规规定，造成黑土地面积减少、质量下降、功能退化或者生态环境损害的，应当依法治理修复、赔偿损失。

农业生产经营者未尽到黑土地保护义务，经批评教育仍不改正的，可以不予发放耕地保护相关补贴。

第32条 违反本法第二十条规定，盗挖、滥挖黑土的，依照土地管理等有关法律法规的规定从重处罚。

非法出售黑土的，由县级以上地方人民政府市场监督管理、农业农村、自然资源等部门按照职责分工没收非法出售的黑土和违法所得，并处每立方米五百元以上五千元以下罚款；明知是非法出售的黑土而购买的，没收非法购买的黑土，并处货值金额一倍以上三倍以下罚款。

第33条 违反本法第二十一条规定，建设项目占用黑土地未对耕作层的土壤实施剥离的，由县级以上地方人民政府自然资源主管部门处每平方米一百元以上二百元以下罚款；未按照规定的标准对耕作层的土壤实施剥离的，处每平方米五十元以上一百元以下罚款。

第34条 拒绝、阻碍对黑土地保护情况依法进行监督检查的，由县级以上地方人民政府有关部门责令改正；拒不改正的，处二千元以上二万元以下罚款。

第35条 造成黑土地污染、水土流失的，分别依照污染防治、水土保持等有关法律法规的规定从重处罚。

第36条 违反本法规定，构成犯罪的，依法追究刑事责任。

第37条 林地、草原、湿地、河湖等范围内黑土的保护，适用《中华人民共和国森林法》、《中华人民共和国草原法》、《中华人民共和国湿地保护法》、《中华人民共和国水法》等有关法律；有关法律对盗挖、滥挖、非法买卖黑土未作规定的，参照本法第三十二条的规定处罚。

第38条 本法自 2022 年 8 月 1 日起施行。

● 行政法规及文件

3.《基本农田保护条例》（2011 年 1 月 8 日）

第3条 基本农田保护实行全面规划、合理利用、用养结合、严格保护的方针。

第19条 国家提倡和鼓励农业生产者对其经营的基本农田施用有机肥料，合理施用化肥和农药。利用基本农田从事农业生产的单位和个人应当保持和培肥地力。

第22条 县级以上地方各级人民政府农业行政主管部门应当逐步建立基本农田地力与施肥效益长期定位监测网点，定期向本级人民政府提出基本农田地力变化状况报告以及相应的地力保护措施，并为农业生产者提供施肥指导服务。

第23条 县级以上人民政府农业行政主管部门应当会同同级环境保护行政主管部门对基本农田环境污染进行监测和评价，并定期向本级人民政府提出环境质量与发展趋势的报告。

第24条 经国务院批准占用基本农田兴建国家重点建设项目的，必须遵守国家有关建设项目环境保护管理的规定。在建设项目环境影响报告书中，应当有基本农田环境保护方案。

第29条 县级以上地方人民政府土地行政主管部门、农业行政主管部门对本行政区域内发生的破坏基本农田的行为，有权责令纠正。

4.《土地管理法实施条例》（2021 年 7 月 2 日）

第11条 县级以上地方人民政府应当采取措施，预防和治理耕地土壤流失、污染，有计划地改造中低产田，建设高标准农田，提高耕地质量，保护黑土地等优质耕地，并依法对建设所占用耕地耕作层的土壤利用作出合理安排。

非农业建设依法占用永久基本农田的，建设单位应当按照省、自治区、直辖市的规定，将所占用耕地耕作层的土壤用于新开垦耕地、劣质地或者其他耕地的土壤改良。

县级以上地方人民政府应当加强对农业结构调整的引导和管理，防止破坏耕地耕作层；设施农业用地不再使用的，应当及时组织恢复种植条件。

● 案例指引

1. 某省人民检察院农垦分院督促农业农村部门依法履行休耕补贴资金保护职责案（最高人民检察院发布 4 件检察机关依法保护黑土地典型案例①之二）

裁判摘要：实行耕地轮作休耕制度，对于提高土壤有机质含量、提升地力，实现用养结合具有重要意义。近年来，国家出台一系列惠农政策，不断加大对东北黑土地保护利用的支持力度，推进东北黑土区轮作休耕制度化常态化实施。检察机关在环境资源和国有财产保护领域公益诉讼检察工作中，要把轮作休耕制度落实情况与相关政策性补贴、补助和专项资金保护作为切入点和着力点，通过诉前磋商、检察建议等方式督促行政机关依法履行监管职责，增强行政机关依法行政的主动性、积极性，保障"真休耕、真补贴"，为促进黑土地资源永续利用和农业可持续发展凝聚公益保护合力。

---

① 《最高检发布检察机关依法保护黑土地典型案例》，载最高人民检察院网站，https://www.spp.gov.cn/spp/xwfbh/wsfbt/202205/t20220524_ 557698. shtml#2，2024 年 1 月 1 日访问。

2. 王某等人非法采矿、李某非法采矿掩饰、隐瞒犯罪所得案（检察机关依法保护黑土地典型案例①之一）

对于行为人违反法律规定，采挖泥炭土资源、破坏耕地种植条件，同时构成非法占用农用地罪和非法采矿罪的，应当按照想象竞合犯从一重罪处断的原则，依照处罚较重的规定定罪处罚。对于行为人对泥炭土属于矿产资源的主观明知，应当结合当地对泥炭土的禁采政策、行为人的职业、经历、犯罪手段、销售渠道的隐蔽性、是否受过行政处罚等情况综合认定。对于行为人明知泥炭土是犯罪所得，仍实施窝藏、转移、收购、代为销售等行为的，依法以掩饰、隐瞒犯罪所得、犯罪所得收益罪论处；事前通谋的，以共犯论处。办案过程中，要全面审查案件事实证据，依法追诉漏罪漏犯，强化对非法采挖、贩卖泥炭土黑灰产业链的"全链条"打击。

3. 某村民委员会诉常某春黑土区荒山治理承包合同纠纷案（最高人民法院发布森林资源民事纠纷典型案例②之六）

黑土高产丰产且稀有，被誉为"耕地中的大熊猫"。黑龙江拥有广袤的黑土地，是我国重要农业生产基地。案涉低山丘陵区黑土层厚度薄、土质疏松、抗蚀能力差，水土流失对耕地有机质含量、地力、粮食产量有较大影响。被告虽然交纳了承包费，但未履行防治水土流失、加快荒山绿化等主要合同义务，未能实现改善农业生态环境的合同目的。《农村土地承包法》明确，对于擅自改变土地的农业用途、弃耕抛荒连续两年以上、给土地造成严重损害或者严重破坏土地生态环境等严重违约行为，承包方有权解除土地经营权流转合同。人民法院依法判令解除合同，由被告返还承包地及违法侵占土地并赔偿损失，有效避免了生态环境损害进一步扩大。

---

① 《检察机关依法保护黑土地典型案例》，载最高人民检察院网站，https：//www.spp.gov.cn/xwfbh/wsfbt/202205/t20220524_557698.shtml#2，2024年1月1日访问。

② 《森林资源民事纠纷典型案例》，载最高人民法院网站，https：//www.court.gov.cn/zixun/xiangqing/362321.html，2024年1月1日访问。

第十六条 撂荒地治理和复耕

县级以上地方人民政府应当因地制宜、分类推进撂荒地治理，采取措施引导复耕。家庭承包的发包方可以依法通过组织代耕代种等形式将撂荒地用于农业生产。

● **法 律**

1. 《土地管理法》（2019 年 8 月 26 日）

第 38 条 禁止任何单位和个人闲置、荒芜耕地。已经办理审批手续的非农业建设占用耕地，一年内不用而又可以耕种并收获的，应当由原耕种该幅耕地的集体或者个人恢复耕种，也可以由用地单位组织耕种；一年以上未动工建设的，应当按照省、自治区、直辖市的规定缴纳闲置费；连续二年未使用的，经原批准机关批准，由县级以上人民政府无偿收回用地单位的土地使用权；该幅土地原为农民集体所有的，应当交由原农村集体经济组织恢复耕种。

在城市规划区范围内，以出让方式取得土地使用权进行房地产开发的闲置土地，依照《中华人民共和国城市房地产管理法》的有关规定办理。

第 39 条 国家鼓励单位和个人按照土地利用总体规划，在保护和改善生态环境、防止水土流失和土地荒漠化的前提下，开发未利用的土地；适宜开发为农用地的，应当优先开发成农用地。

国家依法保护开发者的合法权益。

2. 《农村土地承包法》（2018 年 12 月 29 日）

第 40 条 土地经营权流转，当事人双方应当签订书面流转合同。

土地经营权流转合同一般包括以下条款：

（一）双方当事人的姓名、住所；

（二）流转土地的名称、坐落、面积、质量等级；

（三）流转期限和起止日期；

（四）流转土地的用途；

（五）双方当事人的权利和义务；

（六）流转价款及支付方式；

（七）土地被依法征收、征用、占用时有关补偿费的归属；

（八）违约责任。

承包方将土地交由他人代耕不超过一年的，可以不签订书面合同。

● 部门规章及文件

3.《闲置土地处置办法》（2012年6月1日）

第2条　本办法所称闲置土地，是指国有建设用地使用权人超过国有建设用地使用权有偿使用合同或者划拨决定书约定、规定的动工开发日期满一年未动工开发的国有建设用地。

已动工开发但开发建设用地面积占应动工开发建设用地总面积不足三分之一或者已投资额占总投资额不足百分之二十五，中止开发建设满一年的国有建设用地，也可以认定为闲置土地。

第3条　闲置土地处置应当符合土地利用总体规划和城乡规划，遵循依法依规、促进利用、保障权益、信息公开的原则。

第5条　市、县国土资源主管部门发现有涉嫌构成本办法第二条规定的闲置土地的，应当在三十日内开展调查核实，向国有建设用地使用权人发出《闲置土地调查通知书》。

国有建设用地使用权人应当在接到《闲置土地调查通知书》之日起三十日内，按照要求提供土地开发利用情况、闲置原因以及相关说明等材料。

第6条　《闲置土地调查通知书》应当包括下列内容：

（一）国有建设用地使用权人的姓名或者名称、地址；

（二）涉嫌闲置土地的基本情况；

（三）涉嫌闲置土地的事实和依据；

（四）调查的主要内容及提交材料的期限；

（五）国有建设用地使用权人的权利和义务；

（六）其他需要调查的事项。

第7条 市、县国土资源主管部门履行闲置土地调查职责，可以采取下列措施：

（一）询问当事人及其他证人；

（二）现场勘测、拍照、摄像；

（三）查阅、复制与被调查人有关的土地资料；

（四）要求被调查人就有关土地权利及使用问题作出说明。

第8条 有下列情形之一，属于政府、政府有关部门的行为造成动工开发延迟的，国有建设用地使用权人应当向市、县国土资源主管部门提供土地闲置原因说明材料，经审核属实的，依照本办法第十二条和第十三条规定处置：

（一）因未按照国有建设用地使用权有偿使用合同或者划拨决定书约定、规定的期限、条件将土地交付给国有建设用地使用权人，致使项目不具备动工开发条件的；

（二）因土地利用总体规划、城乡规划依法修改，造成国有建设用地使用权人不能按照国有建设用地使用权有偿使用合同或者划拨决定书约定、规定的用途、规划和建设条件开发的；

（三）因国家出台相关政策，需要对约定、规定的规划和建设条件进行修改的；

（四）因处置土地上相关群众信访事项等无法动工开发的；

（五）因军事管制、文物保护等无法动工开发的；

（六）政府、政府有关部门的其他行为。

因自然灾害等不可抗力导致土地闲置的，依照前款规定办理。

第9条 经调查核实，符合本办法第二条规定条件，构成闲置土地的，市、县国土资源主管部门应当向国有建设用地使用权人下达《闲置土地认定书》。

第10条 《闲置土地认定书》应当载明下列事项：

（一）国有建设用地使用权人的姓名或者名称、地址；

（二）闲置土地的基本情况；

（三）认定土地闲置的事实、依据；

（四）闲置原因及认定结论；

（五）其他需要说明的事项。

第11条 《闲置土地认定书》下达后，市、县国土资源主管部门应当通过门户网站等形式向社会公开闲置土地的位置、国有建设用地使用权人名称、闲置时间等信息；属于政府或者政府有关部门的行为导致土地闲置的，应当同时公开闲置原因，并书面告知有关政府或者政府部门。

上级国土资源主管部门应当及时汇总下级国土资源主管部门上报的闲置土地信息，并在门户网站上公开。

闲置土地在没有处置完毕前，相关信息应当长期公开。闲置土地处置完毕后，应当及时撤销相关信息。

第三章 处置和利用

第12条 因本办法第八条规定情形造成土地闲置的，市、县国土资源主管部门应当与国有建设用地使用权人协商，选择下列方式处置：

（一）延长动工开发期限。签订补充协议，重新约定动工开发、竣工期限和违约责任。从补充协议约定的动工开发日期起，延长动工开发期限最长不得超过一年。

（二）调整土地用途、规划条件。按照新用途或者新规划条件重新办理相关用地手续，并按照新用途或者新规划条件核算、收缴或者退还土地价款。改变用途后的土地利用必须符合土地利用总体规划和城乡规划。

（三）由政府安排临时使用。待原项目具备开发建设条件，国有建设用地使用权人重新开发建设。从安排临时使用之日起，临时使用期限最长不得超过两年。

（四）协议有偿收回国有建设用地使用权。

（五）置换土地。对已缴清土地价款、落实项目资金，且因规划依法修改造成闲置的，可以为国有建设用地使用权人置换其他价值相当、用途相同的国有建设用地进行开发建设。涉及出让土地的，应当重新签订土地出让合同，并在合同中注明为置换土地。

（六）市、县国土资源主管部门还可以根据实际情况规定其他处置方式。

除前款第四项规定外，动工开发时间按照新约定、规定的时间重新起算。

符合本办法第二条第二款规定情形的闲置土地，依照本条规定的方式处置。

第13条　市、县国土资源主管部门与国有建设用地使用权人协商一致后，应当拟订闲置土地处置方案，报本级人民政府批准后实施。

闲置土地设有抵押权的，市、县国土资源主管部门在拟订闲置土地处置方案时，应当书面通知相关抵押权人。

第14条　除本办法第八条规定情形外，闲置土地按照下列方式处理：

（一）未动工开发满一年的，由市、县国土资源主管部门报经本级人民政府批准后，向国有建设用地使用权人下达《征缴土地闲置费决定书》，按照土地出让或者划拨价款的百分之二十征缴土地闲置费。土地闲置费不得列入生产成本。

（二）未动工开发满两年的，由市、县国土资源主管部门按照《中华人民共和国土地管理法》第三十七条和《中华人民共和国城市房地产管理法》第二十六条的规定，报经有批准权的人民政府批准后，向国有建设用地使用权人下达《收回国有建设用地使用权决定书》，无偿收回国有建设用地使用权。闲置土地设有抵押权的，同时抄送相关土地抵押权人。

第 15 条　市、县国土资源主管部门在依照本办法第十四条规定作出征缴土地闲置费、收回国有建设用地使用权决定前，应当书面告知国有建设用地使用权人有申请听证的权利。国有建设用地使用权人要求举行听证的，市、县国土资源主管部门应当依照《国土资源听证规定》依法组织听证。

第 16 条　《征缴土地闲置费决定书》和《收回国有建设用地使用权决定书》应当包括下列内容：

（一）国有建设用地使用权人的姓名或者名称、地址；

（二）违反法律、法规或者规章的事实和证据；

（三）决定的种类和依据；

（四）决定的履行方式和期限；

（五）申请行政复议或者提起行政诉讼的途径和期限；

（六）作出决定的行政机关名称和作出决定的日期；

（七）其他需要说明的事项。

第 17 条　国有建设用地使用权人应当自《征缴土地闲置费决定书》送达之日起三十日内，按照规定缴纳土地闲置费；自《收回国有建设用地使用权决定书》送达之日起三十日内，到市、县国土资源主管部门办理国有建设用地使用权注销登记，交回土地权利证书。

国有建设用地使用权人对《征缴土地闲置费决定书》和《收回国有建设用地使用权决定书》不服的，可以依法申请行政复议或者提起行政诉讼。

第 18 条　国有建设用地使用权人逾期不申请行政复议、不提起行政诉讼，也不履行相关义务的，市、县国土资源主管部门可以采取下列措施：

（一）逾期不办理国有建设用地使用权注销登记，不交回土地权利证书的，直接公告注销国有建设用地使用权登记和土地权利证书；

（二）申请人民法院强制执行。

第19条　对依法收回的闲置土地，市、县国土资源主管部门可以采取下列方式利用：

（一）依据国家土地供应政策，确定新的国有建设用地使用权人开发利用；

（二）纳入政府土地储备；

（三）对耕作条件未被破坏且近期无法安排建设项目的，由市、县国土资源主管部门委托有关农村集体经济组织、单位或者个人组织恢复耕种。

第20条　闲置土地依法处置后土地权属和土地用途发生变化的，应当依据实地现状在当年土地变更调查中进行变更，并依照有关规定办理土地变更登记。

第十七条　盐碱地综合利用

国家推动盐碱地综合利用，制定相关规划和支持政策，鼓励和引导社会资本投入，挖掘盐碱地开发利用潜力，分区分类开展盐碱耕地治理改良，加快选育耐盐碱特色品种，推广改良盐碱地有效做法，遏制耕地盐碱化趋势。

● 法　律

1.《民法典》（2020 年 5 月 28 日）

第 244 条　国家对耕地实行特殊保护，严格限制农用地转为建设用地，控制建设用地总量。不得违反法律规定的权限和程序征收集体所有的土地。

2. 《刑法》（2023 年 12 月 29 日）

第 342 条　违反土地管理法规，非法占用耕地、林地等农用地，改变被占用土地用途，数量较大，造成耕地、林地等农用地大量毁坏的，处 5 年以下有期徒刑或者拘役，并处或者单处罚金。

3. 《土地管理法》（2019 年 8 月 26 日）

第 36 条　各级人民政府应当采取措施，引导因地制宜轮作休耕，改良土壤，提高地力，维护排灌工程设施，防止土地荒漠化、盐渍化、水土流失和土壤污染。

第 75 条　违反本法规定，占用耕地建窑、建坟或者擅自在耕地上建房、挖砂、采石、采矿、取土等，破坏种植条件的，或者因开发土地造成土地荒漠化、盐渍化的，由县级以上人民政府自然资源主管部门、农业农村主管部门等按照职责责令限期改正或者治理，可以并处罚款；构成犯罪的，依法追究刑事责任。

● 行政法规及文件

4. 《土地管理法实施条例》（2021 年 7 月 2 日）

第 55 条　依照《土地管理法》第七十五条的规定处以罚款的，罚款额为耕地开垦费的 5 倍以上 10 倍以下；破坏黑土地等优质耕地的，从重处罚。

● 司法解释及文件

5. 《最高人民法院关于审理破坏土地资源刑事案件具体应用法律若干问题的解释》（2000 年 6 月 19 日）

第 3 条　违反土地管理法规，非法占用耕地改作他用，数量较大，造成耕地大量毁坏的，依照刑法第三百四十二条的规定，以非法占用耕地罪定罪处罚：

（一）非法占用耕地"数量较大"，是指非法占用基本农田 5亩以上或者非法占用基本农田以外的耕地 10 亩以上。

（二）非法占用耕地"造成耕地大量毁坏"，是指行为人非法占用耕地建窑、建坟、建房、挖沙、采石、采矿、取土、堆放固体废弃物或者进行其他非农业建设，造成基本农田5亩以上或者基本农田以外的耕地10亩以上种植条件严重毁坏或者严重污染。

第三章　粮食生产

第十八条　种业保护

国家推进种业振兴，维护种业安全，推动种业高质量发展。

国家加强粮食作物种质资源保护开发利用，建设国家农业种质资源库，健全国家良种繁育体系，推进粮食作物种质资源保护与管理信息化建设，提升供种保障能力。

国家加强植物新品种权保护，支持育种基础性、前沿性研究和应用技术研究，鼓励粮食作物种子科技创新和产业化应用，支持开展育种联合攻关，培育具有自主知识产权的优良品种。

● **法　律**

1.《种子法》（2021年12月24日）

第一章　总　　则

第1条　为了保护和合理利用种质资源，规范品种选育、种子生产经营和管理行为，加强种业科学技术研究，鼓励育种创新，保护植物新品种权，维护种子生产经营者、使用者的合法权益，提高种子质量，发展现代种业，保障国家粮食安全，促进农业和林业的发展，制定本法。

第2条　在中华人民共和国境内从事品种选育、种子生产经营和管理等活动，适用本法。

本法所称种子，是指农作物和林木的种植材料或者繁殖材料，包括籽粒、果实、根、茎、苗、芽、叶、花等。

第3条　国务院农业农村、林业草原主管部门分别主管全国农作物种子和林木种子工作；县级以上地方人民政府农业农村、林业草原主管部门分别主管本行政区域内农作物种子和林木种子工作。

各级人民政府及其有关部门应当采取措施，加强种子执法和监督，依法惩处侵害农民权益的种子违法行为。

第4条　国家扶持种质资源保护工作和选育、生产、更新、推广使用良种，鼓励品种选育和种子生产经营相结合，奖励在种质资源保护工作和良种选育、推广等工作中成绩显著的单位和个人。

第5条　省级以上人民政府应当根据科教兴农方针和农业、林业发展的需要制定种业发展规划并组织实施。

第6条　省级以上人民政府建立种子储备制度，主要用于发生灾害时的生产需要及余缺调剂，保障农业和林业生产安全。对储备的种子应当定期检验和更新。种子储备的具体办法由国务院规定。

第7条　转基因植物品种的选育、试验、审定和推广应当进行安全性评价，并采取严格的安全控制措施。国务院农业农村、林业草原主管部门应当加强跟踪监管并及时公告有关转基因植物品种审定和推广的信息。具体办法由国务院规定。

第二章　种质资源保护

第8条　国家依法保护种质资源，任何单位和个人不得侵占和破坏种质资源。

禁止采集或者采伐国家重点保护的天然种质资源。因科研等特殊情况需要采集或者采伐的，应当经国务院或者省、自治区、直辖市人民政府的农业农村、林业草原主管部门批准。

第9条　国家有计划地普查、收集、整理、鉴定、登记、保存、交流和利用种质资源，重点收集珍稀、濒危、特有资源和特色地方品种，定期公布可供利用的种质资源目录。具体办法由国务院农业农村、林业草原主管部门规定。

第10条　国务院农业农村、林业草原主管部门应当建立种质资源库、种质资源保护区或者种质资源保护地。省、自治区、直辖市人民政府农业农村、林业草原主管部门可以根据需要建立种质资源库、种质资源保护区、种质资源保护地。种质资源库、种质资源保护区、种质资源保护地的种质资源属公共资源，依法开放利用。

占用种质资源库、种质资源保护区或者种质资源保护地的，需经原设立机关同意。

第11条　国家对种质资源享有主权。任何单位和个人向境外提供种质资源，或者与境外机构、个人开展合作研究利用种质资源的，应当报国务院农业农村、林业草原主管部门批准，并同时提交国家共享惠益的方案。国务院农业农村、林业草原主管部门可以委托省、自治区、直辖市人民政府农业农村、林业草原主管部门接收申请材料。国务院农业农村、林业草原主管部门应当将批准情况通报国务院生态环境主管部门。

从境外引进种质资源的，依照国务院农业农村、林业草原主管部门的有关规定办理。

第四章　新品种保护

第25条　国家实行植物新品种保护制度。对国家植物品种保护名录内经过人工选育或者发现的野生植物加以改良，具备新颖性、特异性、一致性、稳定性和适当命名的植物品种，由国务院农业农村、林业草原主管部门授予植物新品种权，保护植物新品种权所有人的合法权益。植物新品种权的内容和归属、授予条件、申请和受理、审查与批准，以及期限、终止和无效等依照本法、有关法律和行政法规规定执行。

国家鼓励和支持种业科技创新、植物新品种培育及成果转化。取得植物新品种权的品种得到推广应用的，育种者依法获得相应的经济利益。

第26条 一个植物新品种只能授予一项植物新品种权。两个以上的申请人分别就同一个品种申请植物新品种权的，植物新品种权授予最先申请的人；同时申请的，植物新品种权授予最先完成该品种育种的人。

对违反法律，危害社会公共利益、生态环境的植物新品种，不授予植物新品种权。

第27条 授予植物新品种权的植物新品种名称，应当与相同或者相近的植物属或者种中已知品种的名称相区别。该名称经授权后即为该植物新品种的通用名称。

下列名称不得用于授权品种的命名：

（一）仅以数字表示的；

（二）违反社会公德的；

（三）对植物新品种的特征、特性或者育种者身份等容易引起误解的。

同一植物品种在申请新品种保护、品种审定、品种登记、推广、销售时只能使用同一个名称。生产推广、销售的种子应当与申请植物新品种保护、品种审定、品种登记时提供的样品相符。

第28条 植物新品种权所有人对其授权品种享有排他的独占权。植物新品种权所有人可以将植物新品种权许可他人实施，并按照合同约定收取许可使用费；许可使用费可以采取固定价款、从推广收益中提成等方式收取。

任何单位或者个人未经植物新品种权所有人许可，不得生产、繁殖和为繁殖而进行处理、许诺销售、销售、进口、出口以及为实施上述行为储存该授权品种的繁殖材料，不得为商业目的将该授权品种的繁殖材料重复使用于生产另一品种的繁殖材料。

本法、有关法律、行政法规另有规定的除外。

实施前款规定的行为，涉及由未经许可使用授权品种的繁殖材料而获得的收获材料的，应当得到植物新品种权所有人的许可；但是，植物新品种权所有人对繁殖材料已有合理机会行使其权利的除外。

对实质性派生品种实施第二款、第三款规定行为的，应当征得原始品种的植物新品种权所有人的同意。

实质性派生品种制度的实施步骤和办法由国务院规定。

第29条　在下列情况下使用授权品种的，可以不经植物新品种权所有人许可，不向其支付使用费，但不得侵犯植物新品种权所有人依照本法、有关法律、行政法规享有的其他权利：

（一）利用授权品种进行育种及其他科研活动；

（二）农民自繁自用授权品种的繁殖材料。

第30条　为了国家利益或者社会公共利益，国务院农业农村、林业草原主管部门可以作出实施植物新品种权强制许可的决定，并予以登记和公告。

取得实施强制许可的单位或者个人不享有独占的实施权，并且无权允许他人实施。

● **行政法规及文件**

2. 《植物新品种保护条例》（2014年7月29日）

第一章　总　　则

第1条　为了保护植物新品种权，鼓励培育和使用植物新品种，促进农业、林业的发展，制定本条例。

第2条　本条例所称植物新品种，是指经过人工培育的或者对发现的野生植物加以开发，具备新颖性、特异性、一致性和稳定性并有适当命名的植物品种。

第3条　国务院农业、林业行政部门（以下统称审批机关）

按照职责分工共同负责植物新品种权申请的受理和审查并对符合本条例规定的植物新品种授予植物新品种权（以下称品种权）。

第4条　完成关系国家利益或者公共利益并有重大应用价值的植物新品种育种的单位或者个人，由县级以上人民政府或者有关部门给予奖励。

第5条　生产、销售和推广被授予品种权的植物新品种（以下称授权品种），应当按照国家有关种子的法律、法规的规定审定。

第二章　品种权的内容和归属

第6条　完成育种的单位或者个人对其授权品种，享有排他的独占权。任何单位或者个人未经品种权所有人（以下称品种权人）许可，不得为商业目的生产或者销售该授权品种的繁殖材料，不得为商业目的将该授权品种的繁殖材料重复使用于生产另一品种的繁殖材料；但是，本条例另有规定的除外。

第7条　执行本单位的任务或者主要是利用本单位的物质条件所完成的职务育种，植物新品种的申请权属于该单位；非职务育种，植物新品种的申请权属于完成育种的个人。申请被批准后，品种权属于申请人。

委托育种或者合作育种，品种权的归属由当事人在合同中约定；没有合同约定的，品种权属于受委托完成或者共同完成育种的单位或者个人。

第8条　一个植物新品种只能授予一项品种权。两个以上的申请人分别就同一个植物新品种申请品种权的，品种权授予最先申请的人；同时申请的，品种权授予最先完成该植物新品种育种的人。

第9条　植物新品种的申请权和品种权可以依法转让。

中国的单位或者个人就其在国内培育的植物新品种向外国人转让申请权或者品种权的，应当经审批机关批准。

国有单位在国内转让申请权或者品种权的，应当按照国家有关规定报经有关行政主管部门批准。

转让申请权或者品种权的，当事人应当订立书面合同，并向审批机关登记，由审批机关予以公告。

第10条　在下列情况下使用授权品种的，可以不经品种权人许可，不向其支付使用费，但是不得侵犯品种权人依照本条例享有的其他权利：

（一）利用授权品种进行育种及其他科研活动；

（二）农民自繁自用授权品种的繁殖材料。

第11条　为了国家利益或者公共利益，审批机关可以作出实施植物新品种强制许可的决定，并予以登记和公告。

取得实施强制许可的单位或者个人应当付给品种权人合理的使用费，其数额由双方商定；双方不能达成协议的，由审批机关裁决。

品种权人对强制许可决定或者强制许可使用费的裁决不服的，可以自收到通知之日起3个月内向人民法院提起诉讼。

第12条　不论授权品种的保护期是否届满，销售该授权品种应当使用其注册登记的名称。

第三章　授予品种权的条件

第13条　申请品种权的植物新品种应当属于国家植物品种保护名录中列举的植物的属或者种。植物品种保护名录由审批机关确定和公布。

第14条　授予品种权的植物新品种应当具备新颖性。新颖性，是指申请品种权的植物新品种在申请日前该品种繁殖材料未被销售，或者经育种者许可，在中国境内销售该品种繁殖材料未超过1年；在中国境外销售藤本植物、林木、果树和观赏树木品种繁殖材料未超过6年，销售其他植物品种繁殖材料未超过4年。

第15条　授予品种权的植物新品种应当具备特异性。特异性，是指申请品种权的植物新品种应当明显区别于在递交申请以前已知的植物品种。

第16条　授予品种权的植物新品种应当具备一致性。一致性，是指申请品种权的植物新品种经过繁殖，除可以预见的变异外，其相关的特征或者特性一致。

第17条　授予品种权的植物新品种应当具备稳定性。稳定性，是指申请品种权的植物新品种经过反复繁殖后或者在特定繁殖周期结束时，其相关的特征或者特性保持不变。

第18条　授予品种权的植物新品种应当具备适当的名称，并与相同或者相近的植物属或者种中已知品种的名称相区别。该名称经注册登记后即为该植物新品种的通用名称。

下列名称不得用于品种命名：

（一）仅以数字组成的；

（二）违反社会公德的；

（三）对植物新品种的特征、特性或者育种者的身份等容易引起误解的。

第四章　品种权的申请和受理

第19条　中国的单位和个人申请品种权的，可以直接或者委托代理机构向审批机关提出申请。

中国的单位和个人申请品种权的植物新品种涉及国家安全或者重大利益需要保密的，应当按照国家有关规定办理。

第20条　外国人、外国企业或者外国其他组织在中国申请品种权的，应当按其所属国和中华人民共和国签订的协议或者共同参加的国际条约办理，或者根据互惠原则，依照本条例办理。

第21条　申请品种权的，应当向审批机关提交符合规定格式要求的请求书、说明书和该品种的照片。

申请文件应当使用中文书写。

第22条　审批机关收到品种权申请文件之日为申请日；申请文件是邮寄的，以寄出的邮戳日为申请日。

第23条　申请人自在外国第一次提出品种权申请之日起12个月内，又在中国就该植物新品种提出品种权申请的，依照该外国同中华人民共和国签订的协议或者共同参加的国际条约，或者根据相互承认优先权的原则，可以享有优先权。

申请人要求优先权的，应当在申请时提出书面说明，并在3个月内提交经原受理机关确认的第一次提出的品种权申请文件的副本；未依照本条例规定提出书面说明或者提交申请文件副本的，视为未要求优先权。

第24条　对符合本条例第二十一条规定的品种权申请，审批机关应当予以受理，明确申请日、给予申请号，并自收到申请之日起1个月内通知申请人缴纳申请费。

对不符合或者经修改仍不符合本条例第二十一条规定的品种权申请，审批机关不予受理，并通知申请人。

第25条　申请人可以在品种权授予前修改或者撤回品种权申请。

第26条　中国的单位或者个人将国内培育的植物新品种向国外申请品种权的，应当按照职责分工向省级人民政府农业、林业行政部门登记。

第五章　品种权的审查与批准

第27条　申请人缴纳申请费后，审批机关对品种权申请的下列内容进行初步审查：

（一）是否属于植物品种保护名录列举的植物属或者种的范围；

（二）是否符合本条例第二十条的规定；

（三）是否符合新颖性的规定；

（四）植物新品种的命名是否适当。

第28条　审批机关应当自受理品种权申请之日起6个月内完成初步审查。对经初步审查合格的品种权申请，审批机关予以公告，并通知申请人在 3 个月内缴纳审查费。

对经初步审查不合格的品种权申请，审批机关应当通知申请人在 3 个月内陈述意见或者予以修正；逾期未答复或者修正后仍然不合格的，驳回申请。

第 29 条　申请人按照规定缴纳审查费后，审批机关对品种权申请的特异性、一致性和稳定性进行实质审查。

申请人未按照规定缴纳审查费的，品种权申请视为撤回。

第 30 条　审批机关主要依据申请文件和其他有关书面材料进行实质审查。审批机关认为必要时，可以委托指定的测试机构进行测试或者考察业已完成的种植或者其他试验的结果。

因审查需要，申请人应当根据审批机关的要求提供必要的资料和该植物新品种的繁殖材料。

第 31 条　对经实质审查符合本条例规定的品种权申请，审批机关应当作出授予品种权的决定，颁发品种权证书，并予以登记和公告。

对经实质审查不符合本条例规定的品种权申请，审批机关予以驳回，并通知申请人。

第 32 条　审批机关设立植物新品种复审委员会。

对审批机关驳回品种权申请的决定不服的，申请人可以自收到通知之日起 3 个月内，向植物新品种复审委员会请求复审。植物新品种复审委员会应当自收到复审请求书之日起 6 个月内作出决定，并通知申请人。

申请人对植物新品种复审委员会的决定不服的，可以自接到通知之日起 15 日内向人民法院提起诉讼。

第 33 条　品种权被授予后，在自初步审查合格公告之日起至被授予品种权之日止的期间，对未经申请人许可，为商业目的生产或者销售该授权品种的繁殖材料的单位和个人，品种权人享有追偿的权利。

第六章 期限、终止和无效

第 34 条 品种权的保护期限，自授权之日起，藤本植物、林木、果树和观赏树木为 20 年，其他植物为 15 年。

第 35 条 品种权人应当自被授予品种权的当年开始缴纳年费，并且按照审批机关的要求提供用于检测的该授权品种的繁殖材料。

第 36 条 有下列情形之一的，品种权在其保护期限届满前终止：

（一）品种权人以书面声明放弃品种权的；

（二）品种权人未按照规定缴纳年费的；

（三）品种权人未按照审批机关的要求提供检测所需的该授权品种的繁殖材料的；

（四）经检测该授权品种不再符合被授予品种权时的特征和特性的。

品种权的终止，由审批机关登记和公告。

第 37 条 自审批机关公告授予品种权之日起，植物新品种复审委员会可以依据职权或者依据任何单位或者个人的书面请求，对不符合本条例第十四条、第十五条、第十六条和第十七条规定的，宣告品种权无效；对不符合本条例第十八条规定的，予以更名。宣告品种权无效或者更名的决定，由审批机关登记和公告，并通知当事人。

对植物新品种复审委员会的决定不服的，可以自收到通知之日起 3 个月内向人民法院提起诉讼。

第 38 条 被宣告无效的品种权视为自始不存在。

宣告品种权无效的决定，对在宣告前人民法院作出并已执行的植物新品种侵权的判决、裁定，省级以上人民政府农业、林业行政部门作出并已执行的植物新品种侵权处理决定，以及已经履行的植物新品种实施许可合同和植物新品种权转让合同，不具有追溯力；但是，因品种权人的恶意给他人造成损失的，应当给予合理赔偿。

依照前款规定，品种权人或者品种权转让人不向被许可实施人或者受让人返还使用费或者转让费，明显违反公平原则的，品种权人或者品种权转让人应当向被许可实施人或者受让人返还全部或者部分使用费或者转让费。

第七章 罚 则

第 39 条 未经品种权人许可，以商业目的生产或者销售授权品种的繁殖材料的，品种权人或者利害关系人可以请求省级以上人民政府农业、林业行政部门依据各自的职权进行处理，也可以直接向人民法院提起诉讼。

省级以上人民政府农业、林业行政部门依据各自的职权，根据当事人自愿的原则，对侵权所造成的损害赔偿可以进行调解。调解达成协议的，当事人应当履行；调解未达成协议的，品种权人或者利害关系人可以依照民事诉讼程序向人民法院提起诉讼。

省级以上人民政府农业、林业行政部门依据各自的职权处理品种权侵权案件时，为维护社会公共利益，可以责令侵权人停止侵权行为，没收违法所得和植物品种繁殖材料；货值金额 5 万元以上的，可处货值金额 1 倍以上 5 倍以下的罚款；没有货值金额或者货值金额 5 万元以下的，根据情节轻重，可处 25 万元以下的罚款。

第 40 条 假冒授权品种的，由县级以上人民政府农业、林业行政部门依据各自的职权责令停止假冒行为，没收违法所得和植物品种繁殖材料；货值金额 5 万元以上的，处货值金额 1 倍以上 5 倍以下的罚款；没有货值金额或者货值金额 5 万元以下的，根据情节轻重，处 25 万元以下的罚款；情节严重，构成犯罪的，依法追究刑事责任。

第 41 条　省级以上人民政府农业、林业行政部门依据各自的职权在查处品种权侵权案件和县级以上人民政府农业、林业行政部门依据各自的职权在查处假冒授权品种案件时，根据需要，可以封存或者扣押与案件有关的植物品种的繁殖材料，查阅、复制或者封存与案件有关的合同、账册及有关文件。

第 42 条　销售授权品种未使用其注册登记的名称的，由县级以上人民政府农业、林业行政部门依据各自的职权责令限期改正，可以处 1000 元以下的罚款。

第 43 条　当事人就植物新品种的申请权和品种权的权属发生争议的，可以向人民法院提起诉讼。

第 44 条　县级以上人民政府农业、林业行政部门的及有关部门的工作人员滥用职权、玩忽职守、徇私舞弊、索贿受贿，构成犯罪的，依法追究刑事责任；尚不构成犯罪的，依法给予行政处分。

第八章　附　　则

第 45 条　审批机关可以对本条例施行前首批列入植物品种保护名录的和本条例施行后新列入植物品种保护名录的植物属或者种的新颖性要求作出变通性规定。

第 46 条　本条例自 1997 年 10 月 1 日起施行。

● 案例指引

1. 甲种业科技公司与乙种业科技公司侵害植物新品种权纠纷案
（最高人民法院指导案例 86 号）

裁判要点：分别持有植物新品种父本与母本的双方当事人，因不能达成相互授权许可协议，导致植物新品种不能继续生产，损害双方各自利益，也不符合合作育种的目的。为维护社会公共利益，保障国家粮食安全，促进植物新品种转化实施，确保已广为种植的新品种继续生产，在衡量父本与母本对植物新品种生产具有基本相同价值基础上，人民法院可以直接判令双方当事人相互授权许可并相互免除相应的许可费。

2. 某种业科技公司诉某农业产业发展公司侵害植物新品种权纠纷案［最高人民法院发布人民法院贯彻实施民法典典型案例（第一批）① 之十二］

种子是农业的"芯片"，种业知识产权保护事关国家粮食安全，事关农业科技自立自强。《民法典》侵权责任编新增规定了知识产权侵权惩罚性赔偿制度，为各类知识产权纠纷适用惩罚性赔偿提供了一般规则，对于建设知识产权强国，保障经济社会高质量发展具有重要作用。本案中，审理法院秉持强化植物新品种权保护的司法理念，在侵权人拒不提供交易记录、相关账簿的情况下，依法适用举证妨碍制度，参考其宣传的交易额合理推定侵权获利达到 100 万元以上，并依法适用《民法典》及《种子法》（2021 年 12 月 24 日）规定的惩罚性赔偿制度，按照计算基数的二倍确定惩罚性赔偿金额为 200 万元，实际赔偿总额为基数的三倍。本案判决对于切实解决知识产权侵权维权难度大、赔偿数额低的问题，形成对恶意侵权行为的强有力威慑，彰显种业知识产权司法保护力度，具有积极示范作用。

| 第十九条 | 种子储备制度 |

省级以上人民政府应当建立种子储备制度，主要用于发生灾害时的粮食生产需要及余缺调剂。

● **法　律**

《种子法》（2021 年 12 月 24 日）

第 6 条　省级以上人民政府建立种子储备制度，主要用于发

---

① 《最高人民法院发布人民法院贯彻实施民法典典型案例（第一批）》，载最高人民法院网站，https：//www.court.gov.cn/zixun/xiangqing/347191.html，2024 年 1 月 1 日访问。

生灾害时的生产需要及余缺调剂，保障农业和林业生产安全。对储备的种子应当定期检验和更新。种子储备的具体办法由国务院规定。

第二十条　农业生产资料稳定供应工作

县级以上人民政府应当统筹做好肥料、农药、农用薄膜等农业生产资料稳定供应工作，引导粮食生产者科学施用化肥、农药，合理使用农用薄膜，增施有机肥料。

第二十一条　水资源管理和水利基础设施建设

国家加强水资源管理和水利基础设施建设，优化水资源配置，保障粮食生产合理用水需求。各级人民政府应当组织做好农田水利建设和运行维护，保护和完善农田灌溉排水体系，因地制宜发展高效节水农业。

县级以上人民政府应当组织开展水土流失综合治理、土壤污染防治和地下水超采治理。

● 法　律

1.《土壤污染防治法》（2018 年 8 月 31 日）

第 3 条　土壤污染防治应当坚持预防为主、保护优先、分类管理、风险管控、污染担责、公众参与的原则。

第 4 条　任何组织和个人都有保护土壤、防止土壤污染的义务。

土地使用权人从事土地开发利用活动，企业事业单位和其他生产经营者从事生产经营活动，应当采取有效措施，防止、减少土壤污染，对所造成的土壤污染依法承担责任。

第 5 条　地方各级人民政府应当对本行政区域土壤污染防治和安全利用负责。

国家实行土壤污染防治目标责任制和考核评价制度,将土壤污染防治目标完成情况作为考核评价地方各级人民政府及其负责人、县级以上人民政府负有土壤污染防治监督管理职责的部门及其负责人的内容。

第6条 各级人民政府应当加强对土壤污染防治工作的领导,组织、协调、督促有关部门依法履行土壤污染防治监督管理职责。

第7条 国务院生态环境主管部门对全国土壤污染防治工作实施统一监督管理;国务院农业农村、自然资源、住房城乡建设、林业草原等主管部门在各自职责范围内对土壤污染防治工作实施监督管理。

地方人民政府生态环境主管部门对本行政区域土壤污染防治工作实施统一监督管理;地方人民政府农业农村、自然资源、住房城乡建设、林业草原等主管部门在各自职责范围内对土壤污染防治工作实施监督管理。

2.《水法》(2016年7月2日)

第2条 在中华人民共和国领域内开发、利用、节约、保护、管理水资源,防治水害,适用本法。

本法所称水资源,包括地表水和地下水。

第20条 开发、利用水资源,应当坚持兴利与除害相结合,兼顾上下游、左右岸和有关地区之间的利益,充分发挥水资源的综合效益,并服从防洪的总体安排。

3.《水污染防治法》(2017年6月27日)

第2条 本法适用于中华人民共和国领域内的江河、湖泊、运河、渠道、水库等地表水体以及地下水体的污染防治。

海洋污染防治适用《中华人民共和国海洋环境保护法》。

第3条 水污染防治应当坚持预防为主、防治结合、综合治理的原则,优先保护饮用水水源,严格控制工业污染、城镇生活污染，防治农业面源污染，积极推进生态治理工程建设，预防、控制和减少水环境污染和生态破坏。

第4条　县级以上人民政府应当将水环境保护工作纳入国民经济和社会发展规划。

地方各级人民政府对本行政区域的水环境质量负责，应当及时采取措施防治水污染。

第5条　省、市、县、乡建立河长制，分级分段组织领导本行政区域内江河、湖泊的水资源保护、水域岸线管理、水污染防治、水环境治理等工作。

第6条　国家实行水环境保护目标责任制和考核评价制度，将水环境保护目标完成情况作为对地方人民政府及其负责人考核评价的内容。

第7条　国家鼓励、支持水污染防治的科学技术研究和先进适用技术的推广应用，加强水环境保护的宣传教育。

第8条　国家通过财政转移支付等方式，建立健全对位于饮用水水源保护区区域和江河、湖泊、水库上游地区的水环境生态保护补偿机制。

第9条　县级以上人民政府环境保护主管部门对水污染防治实施统一监督管理。

交通主管部门的海事管理机构对船舶污染水域的防治实施监督管理。

县级以上人民政府水行政、国土资源、卫生、建设、农业、渔业等部门以及重要江河、湖泊的流域水资源保护机构，在各自的职责范围内，对有关水污染防治实施监督管理。

第10条　排放水污染物，不得超过国家或者地方规定的水污染物排放标准和重点水污染物排放总量控制指标。

第11条　任何单位和个人都有义务保护水环境，并有权对污染损害水环境的行为进行检举。

县级以上人民政府及其有关主管部门对在水污染防治工作中做出显著成绩的单位和个人给予表彰和奖励。

第 12 条　国务院环境保护主管部门制定国家水环境质量标准。

省、自治区、直辖市人民政府可以对国家水环境质量标准中未作规定的项目，制定地方标准，并报国务院环境保护主管部门备案。

第 13 条　国务院环境保护主管部门会同国务院水行政主管部门和有关省、自治区、直辖市人民政府，可以根据国家确定的重要江河、湖泊流域水体的使用功能以及有关地区的经济、技术条件，确定该重要江河、湖泊流域的省界水体适用的水环境质量标准，报国务院批准后施行。

第 14 条　国务院环境保护主管部门根据国家水环境质量标准和国家经济、技术条件，制定国家水污染物排放标准。

省、自治区、直辖市人民政府对国家水污染物排放标准中未作规定的项目，可以制定地方水污染物排放标准；对国家水污染物排放标准中已作规定的项目，可以制定严于国家水污染物排放标准的地方水污染物排放标准。地方水污染物排放标准须报国务院环境保护主管部门备案。

向已有地方水污染物排放标准的水体排放污染物的，应当执行地方水污染物排放标准。

第 15 条　国务院环境保护主管部门和省、自治区、直辖市人民政府，应当根据水污染防治的要求和国家或者地方的经济、技术条件，适时修订水环境质量标准和水污染物排放标准。

第 16 条　防治水污染应当按流域或者按区域进行统一规划。国家确定的重要江河、湖泊的流域水污染防治规划，由国务院环境保护主管部门会同国务院经济综合宏观调控、水行政等部门和有关省、自治区、直辖市人民政府编制，报国务院批准。

前款规定外的其他跨省、自治区、直辖市江河、湖泊的流域水污染防治规划，根据国家确定的重要江河、湖泊的流域水污染防治规划和本地实际情况，由有关省、自治区、直辖市人民政府环境保护主管部门会同同级水行政等部门和有关市、县人民政府编制，经有关省、自治区、直辖市人民政府审核，报国务院批准。

省、自治区、直辖市内跨县江河、湖泊的流域水污染防治规划，根据国家确定的重要江河、湖泊的流域水污染防治规划和本地实际情况，由省、自治区、直辖市人民政府环境保护主管部门会同同级水行政等部门编制，报省、自治区、直辖市人民政府批准，并报国务院备案。

经批准的水污染防治规划是防治水污染的基本依据，规划的修订须经原批准机关批准。

县级以上地方人民政府应当根据依法批准的江河、湖泊的流域水污染防治规划，组织制定本行政区域的水污染防治规划。

第 17 条　有关市、县级人民政府应当按照水污染防治规划确定的水环境质量改善目标的要求，制定限期达标规划，采取措施按期达标。

有关市、县级人民政府应当将限期达标规划报上一级人民政府备案，并向社会公开。

第 18 条　市、县级人民政府每年在向本级人民代表大会或者其常务委员会报告环境状况和环境保护目标完成情况时，应当报告水环境质量限期达标规划执行情况，并向社会公开。

第 76 条　各级人民政府及其有关部门，可能发生水污染事故的企业事业单位，应当依照《中华人民共和国突发事件应对法》的规定，做好突发水污染事故的应急准备、应急处置和事后恢复等工作。

第 77 条　可能发生水污染事故的企业事业单位，应当制定有关水污染事故的应急方案，做好应急准备，并定期进行演练。

生产、储存危险化学品的企业事业单位，应当采取措施，防止在处理安全生产事故过程中产生的可能严重污染水体的消防废水、废液直接排入水体。

第78条　企业事业单位发生事故或者其他突发性事件，造成或者可能造成水污染事故的，应当立即启动本单位的应急方案，采取隔离等应急措施，防止水污染物进入水体，并向事故发生地的县级以上地方人民政府或者环境保护主管部门报告。环境保护主管部门接到报告后，应当及时向本级人民政府报告，并抄送有关部门。

造成渔业污染事故或者渔业船舶造成水污染事故的，应当向事故发生地的渔业主管部门报告，接受调查处理。其他船舶造成水污染事故的，应当向事故发生地的海事管理机构报告，接受调查处理；给渔业造成损害的，海事管理机构应当通知渔业主管部门参与调查处理。

第79条　市、县级人民政府应当组织编制饮用水安全突发事件应急预案。

饮用水供水单位应当根据所在地饮用水安全突发事件应急预案，制定相应的突发事件应急方案，报所在地市、县级人民政府备案，并定期进行演练。

饮用水水源发生水污染事故，或者发生其他可能影响饮用水安全的突发性事件，饮用水供水单位应当采取应急处理措施，向所在地市、县级人民政府报告，并向社会公开。有关人民政府应当根据情况及时启动应急预案，采取有效措施，保障供水安全。

4.《水土保持法》（2010年12月25日）

第2条　在中华人民共和国境内从事水土保持活动，应当遵守本法。

本法所称水土保持，是指对自然因素和人为活动造成水土流失所采取的预防和治理措施。

第3条　水土保持工作实行预防为主、保护优先、全面规划、综合治理、因地制宜、突出重点、科学管理、注重效益的方针。

第4条　县级以上人民政府应当加强对水土保持工作的统一领导，将水土保持工作纳入本级国民经济和社会发展规划，对水土保持规划确定的任务，安排专项资金，并组织实施。

国家在水土流失重点预防区和重点治理区，实行地方各级人民政府水土保持目标责任制和考核奖惩制度。

第5条　国务院水行政主管部门主管全国的水土保持工作。

国务院水行政主管部门在国家确定的重要江河、湖泊设立的流域管理机构（以下简称流域管理机构），在所管辖范围内依法承担水土保持监督管理职责。

县级以上地方人民政府水行政主管部门主管本行政区域的水土保持工作。

县级以上人民政府林业、农业、国土资源等有关部门按照各自职责，做好有关的水土流失预防和治理工作。

第6条　各级人民政府及其有关部门应当加强水土保持宣传和教育工作，普及水土保持科学知识，增强公众的水土保持意识。

第7条　国家鼓励和支持水土保持科学技术研究，提高水土保持科学技术水平，推广先进的水土保持技术，培养水土保持科学技术人才。

第8条　任何单位和个人都有保护水土资源、预防和治理水土流失的义务，并有权对破坏水土资源、造成水土流失的行为进行举报。

第9条　国家鼓励和支持社会力量参与水土保持工作。

对水土保持工作中成绩显著的单位和个人，由县级以上人民政府给予表彰和奖励。

第 10 条　水土保持规划应当在水土流失调查结果及水土流失重点预防区和重点治理区划定的基础上，遵循统筹协调、分类指导的原则编制。

第 11 条　国务院水行政主管部门应当定期组织全国水土流失调查并公告调查结果。

省、自治区、直辖市人民政府水行政主管部门负责本行政区域的水土流失调查并公告调查结果，公告前应当将调查结果报国务院水行政主管部门备案。

第 12 条　县级以上人民政府应当依据水土流失调查结果划定并公告水土流失重点预防区和重点治理区。

对水土流失潜在危险较大的区域，应当划定为水土流失重点预防区；对水土流失严重的区域，应当划定为水土流失重点治理区。

第 13 条　水土保持规划的内容应当包括水土流失状况、水土流失类型区划分、水土流失防治目标、任务和措施等。

水土保持规划包括对流域或者区域预防和治理水土流失、保护和合理利用水土资源作出的整体部署，以及根据整体部署对水土保持专项工作或者特定区域预防和治理水土流失作出的专项部署。

水土保持规划应当与土地利用总体规划、水资源规划、城乡规划和环境保护规划等相协调。

编制水土保持规划，应当征求专家和公众的意见。

第 14 条　县级以上人民政府水行政主管部门会同同级人民政府有关部门编制水土保持规划，报本级人民政府或者其授权的部门批准后，由水行政主管部门组织实施。

水土保持规划一经批准，应当严格执行；经批准的规划根据实际情况需要修改的，应当按照规划编制程序报原批准机关批准。

第15条　有关基础设施建设、矿产资源开发、城镇建设、公共服务设施建设等方面的规划，在实施过程中可能造成水土流失的，规划的组织编制机关应当在规划中提出水土流失预防和治理的对策和措施，并在规划报请审批前征求本级人民政府水行政主管部门的意见。

第四章　治　　理

第30条　国家加强水土流失重点预防区和重点治理区的坡耕地改梯田、淤地坝等水土保持重点工程建设，加大生态修复力度。

县级以上人民政府水行政主管部门应当加强对水土保持重点工程的建设管理，建立和完善运行管护制度。

第31条　国家加强江河源头区、饮用水水源保护区和水源涵养区水土流失的预防和治理工作，多渠道筹集资金，将水土保持生态效益补偿纳入国家建立的生态效益补偿制度。

第32条　开办生产建设项目或者从事其他生产建设活动造成水土流失的，应当进行治理。

在山区、丘陵区、风沙区以及水土保持规划确定的容易发生水土流失的其他区域开办生产建设项目或者从事其他生产建设活动，损坏水土保持设施、地貌植被，不能恢复原有水土保持功能的，应当缴纳水土保持补偿费，专项用于水土流失预防和治理。专项水土流失预防和治理由水行政主管部门负责组织实施。水土保持补偿费的收取使用管理办法由国务院财政部门、国务院价格主管部门会同国务院水行政主管部门制定。

生产建设项目在建设过程中和生产过程中发生的水土保持费用，按照国家统一的财务会计制度处理。

第33条　国家鼓励单位和个人按照水土保持规划参与水土流失治理，并在资金、技术、税收等方面予以扶持。

第34条　国家鼓励和支持承包治理荒山、荒沟、荒丘、荒滩，防治水土流失，保护和改善生态环境，促进土地资源的合理开发和可持续利用，并依法保护土地承包合同当事人的合法权益。

承包治理荒山、荒沟、荒丘、荒滩和承包水土流失严重地区农村土地的，在依法签订的土地承包合同中应当包括预防和治理水土流失责任的内容。

第35条　在水力侵蚀地区，地方各级人民政府及其有关部门应当组织单位和个人，以天然沟壑及其两侧山坡地形成的小流域为单元，因地制宜地采取工程措施、植物措施和保护性耕作等措施，进行坡耕地和沟道水土流失综合治理。

在风力侵蚀地区，地方各级人民政府及其有关部门应当组织单位和个人，因地制宜地采取轮封轮牧、植树种草、设置人工沙障和网格林带等措施，建立防风固沙防护体系。

在重力侵蚀地区，地方各级人民政府及其有关部门应当组织单位和个人，采取监测、径流排导、削坡减载、支挡固坡、修建拦挡工程等措施，建立监测、预报、预警体系。

第36条　在饮用水水源保护区，地方各级人民政府及其有关部门应当组织单位和个人，采取预防保护、自然修复和综合治理措施，配套建设植物过滤带，积极推广沼气，开展清洁小流域建设，严格控制化肥和农药的使用，减少水土流失引起的面源污染，保护饮用水水源。

第37条　已在禁止开垦的陡坡地上开垦种植农作物的，应当按照国家有关规定退耕，植树种草；耕地短缺、退耕确有困难的，应当修建梯田或者采取其他水土保持措施。

在禁止开垦坡度以下的坡耕地上开垦种植农作物的，应当根据不同情况，采取修建梯田、坡面水系整治、蓄水保土耕作或者退耕等措施。

第38条　对生产建设活动所占用土地的地表土应当进行分

层剥离、保存和利用，做到土石方挖填平衡，减少地表扰动范围；对废弃的砂、石、土、矸石、尾矿、废渣等存放地，应当采取拦挡、坡面防护、防洪排导等措施。生产建设活动结束后，应当及时在取土场、开挖面和存放地的裸露土地上植树种草、恢复植被，对闭库的尾矿库进行复垦。

在干旱缺水地区从事生产建设活动，应当采取防止风力侵蚀措施，设置降水蓄渗设施，充分利用降水资源。

第39条　国家鼓励和支持在山区、丘陵区、风沙区以及容易发生水土流失的其他区域，采取下列有利于水土保持的措施：

（一）免耕、等高耕作、轮耕轮作、草田轮作、间作套种等；

（二）封禁抚育、轮封轮牧、舍饲圈养；

（三）发展沼气、节柴灶，利用太阳能、风能和水能，以煤、电、气代替薪柴等；

（四）从生态脆弱地区向外移民；

（五）其他有利于水土保持的措施。

● 行政法规及文件

5.《粮食流通管理条例》（2021 年 2 月 15 日）

第40条　县级以上地方人民政府应当加强本行政区域粮食污染监控，建立健全被污染粮食收购处置长效机制，发现区域性粮食污染的，应当及时采取处置措施。

被污染粮食处置办法由国家粮食和储备行政管理部门会同国务院有关部门制定。

第二十二条　**农业机械产业发展**

国家推进农业机械产业发展，加强农业机械化作业基础条件建设，推广普及粮食生产机械化技术，鼓励使用绿色、智能、高效的农业机械，促进粮食生产全程机械化，提高粮食生产效率。

● 法　律

《农业机械化促进法》（2018 年 10 月 26 日）

第 2 条　本法所称农业机械化，是指运用先进适用的农业机械装备农业，改善农业生产经营条件，不断提高农业的生产技术水平和经济效益、生态效益的过程。

本法所称农业机械，是指用于农业生产及其产品初加工等相关农事活动的机械、设备。

第 3 条　县级以上人民政府应当把推进农业机械化纳入国民经济和社会发展计划，采取财政支持和实施国家规定的税收优惠政策以及金融扶持等措施，逐步提高对农业机械化的资金投入，充分发挥市场机制的作用，按照因地制宜、经济有效、保障安全、保护环境的原则，促进农业机械化的发展。

第 4 条　国家引导、支持农民和农业生产经营组织自主选择先进适用的农业机械。任何单位和个人不得强迫农民和农业生产经营组织购买其指定的农业机械产品。

第 5 条　国家采取措施，开展农业机械化科技知识的宣传和教育，培养农业机械化专业人才，推进农业机械化信息服务，提高农业机械化水平。

第 6 条　国务院农业行政主管部门和其他负责农业机械化有关工作的部门，按照各自的职责分工，密切配合，共同做好农业机械化促进工作。

县级以上地方人民政府主管农业机械化工作的部门和其他有关部门，按照各自的职责分工，密切配合，共同做好本行政区域的农业机械化促进工作。

第 7 条　省级以上人民政府及其有关部门应当组织有关单位采取技术攻关、试验、示范等措施，促进基础性、关键性、公益性农业机械科学研究和先进适用的农业机械的推广应用。

第 8 条　国家支持有关科研机构和院校加强农业机械化科学

技术研究，根据不同的农业生产条件和农民需求，研究开发先进适用的农业机械；支持农业机械科研、教学与生产、推广相结合，促进农业机械与农业生产技术的发展要求相适应。

第9条　国家支持农业机械生产者开发先进适用的农业机械，采用先进技术、先进工艺和先进材料，提高农业机械产品的质量和技术水平，降低生产成本，提供系列化、标准化、多功能和质量优良、节约能源、价格合理的农业机械产品。

第10条　国家支持引进、利用先进的农业机械、关键零配件和技术，鼓励引进外资从事农业机械的研究、开发、生产和经营。

第11条　国家加强农业机械化标准体系建设，制定和完善农业机械产品质量、维修质量和作业质量等标准。对农业机械产品涉及人身安全、农产品质量安全和环境保护的技术要求，应当按照有关法律、行政法规的规定制定强制执行的技术规范。

第12条　市场监督管理部门应当依法组织对农业机械产品质量的监督抽查，加强对农业机械产品市场的监督管理工作。

国务院农业行政主管部门和省级人民政府主管农业机械化工作的部门根据农业机械使用者的投诉情况和农业生产的实际需要，可以组织对在用的特定种类农业机械产品的适用性、安全性、可靠性和售后服务状况进行调查，并公布调查结果。

第13条　农业机械生产者、销售者应当对其生产、销售的农业机械产品质量负责，并按照国家有关规定承担零配件供应和培训等售后服务责任。

农业机械生产者应当按照国家标准、行业标准和保障人身安全的要求，在其生产的农业机械产品上设置必要的安全防护装置、警示标志和中文警示说明。

第14条　农业机械产品不符合质量要求的，农业机械生产者、销售者应当负责修理、更换、退货；给农业机械使用者造成农业生产损失或者其他损失的，应当依法赔偿损失。农业机械使用者有权要求农业机械销售者先予赔偿。农业机械销售者赔偿后，属于农业机械生产者的责任的，农业机械销售者有权向农业机械生产者追偿。

因农业机械存在缺陷造成人身伤害、财产损失的，农业机械生产者、销售者应当依法赔偿损失。

第15条 列入依法必须经过认证的产品目录的农业机械产品，未经认证并标注认证标志，禁止出厂、销售和进口。

禁止生产、销售不符合国家技术规范强制性要求的农业机械产品。

禁止利用残次零配件和报废机具的部件拼装农业机械产品。

第16条 国家支持向农民和农业生产经营组织推广先进适用的农业机械产品。推广农业机械产品，应当适应当地农业发展的需要，并依照农业技术推广法的规定，在推广地区经过试验证明具有先进性和适用性。

农业机械生产者或者销售者，可以委托农业机械试验鉴定机构，对其定型生产或者销售的农业机械产品进行适用性、安全性和可靠性检测，作出技术评价。农业机械试验鉴定机构应当公布具有适用性、安全性和可靠性的农业机械产品的检测结果，为农民和农业生产经营组织选购先进适用的农业机械提供信息。

第17条 县级以上人民政府可以根据实际情况，在不同的农业区域建立农业机械化示范基地，并鼓励农业机械生产者、经营者等建立农业机械示范点，引导农民和农业生产经营组织使用先进适用的农业机械。

第18条 国务院农业行政主管部门会同国务院财政部门、经济综合宏观调控部门，根据促进农业结构调整、保护自然资源与生态环境、推广农业新技术与加快农机具更新的原则，确定、公布国家支持推广的先进适用的农业机械产品目录，并定期调整。省级人民政府主管农业机械化工作的部门会同同级财政部门、经济综合宏观调控部门根据上述原则，确定、公布省级人民政府支持推广的先进适用的农业机械产品目录，并定期调整。

列入前款目录的产品，应当由农业机械生产者自愿提出申请，并通过农业机械试验鉴定机构进行的先进性、适用性、安全性和可靠性鉴定。

第19条　国家鼓励和支持农民合作使用农业机械，提高农业机械利用率和作业效率，降低作业成本。

国家支持和保护农民在坚持家庭承包经营的基础上，自愿组织区域化、标准化种植，提高农业机械的作业水平。任何单位和个人不得以区域化、标准化种植为借口，侵犯农民的土地承包经营权。

第20条　国务院农业行政主管部门和县级以上地方人民政府主管农业机械化工作的部门，应当按照安全生产、预防为主的方针，加强对农业机械安全使用的宣传、教育和管理。

农业机械使用者作业时，应当按照安全操作规程操作农业机械，在有危险的部位和作业现场设置防护装置或者警示标志。

第二十三条　农业技术推广体系建设及农业信息化建设

国家加强农业技术推广体系建设，支持推广应用先进适用的粮食生产技术，因地制宜推广间作套种等种植方法，鼓励创新推广方式，提高粮食生产技术推广服务水平，促进提高粮食单产。

国家鼓励农业信息化建设，提高粮食生产信息化、智能化水平，推进智慧农业发展。

《农业技术推广法》（2012 年 8 月 31 日）

第二章　农业技术推广体系

第 10 条　农业技术推广，实行国家农业技术推广机构与农业科研单位、有关学校、农民专业合作社、涉农企业、群众性科技组织、农民技术人员等相结合的推广体系。

国家鼓励和支持供销合作社、其他企业事业单位、社会团体以及社会各界的科技人员，开展农业技术推广服务。

第 11 条　各级国家农业技术推广机构属于公共服务机构，履行下列公益性职责：

（一）各级人民政府确定的关键农业技术的引进、试验、示范；

（二）植物病虫害、动物疫病及农业灾害的监测、预报和预防；

（三）农产品生产过程中的检验、检测、监测咨询技术服务；

（四）农业资源、森林资源、农业生态安全和农业投入品使用的监测服务；

（五）水资源管理、防汛抗旱和农田水利建设技术服务；

（六）农业公共信息和农业技术宣传教育、培训服务；

（七）法律、法规规定的其他职责。

第 12 条　根据科学合理、集中力量的原则以及县域农业特色、森林资源、水系和水利设施分布等情况，因地制宜设置县、乡镇或者区域国家农业技术推广机构。

乡镇国家农业技术推广机构，可以实行县级人民政府农业技术推广部门管理为主或者乡镇人民政府管理为主、县级人民政府农业技术推广部门业务指导的体制，具体由省、自治区、直辖市人民政府确定。

第 13 条　国家农业技术推广机构的人员编制应当根据所服

务区域的种养规模、服务范围和工作任务等合理确定，保证公益性职责的履行。

国家农业技术推广机构的岗位设置应当以专业技术岗位为主。乡镇国家农业技术推广机构的岗位应当全部为专业技术岗位，县级国家农业技术推广机构的专业技术岗位不得低于机构岗位总量的百分之八十，其他国家农业技术推广机构的专业技术岗位不得低于机构岗位总量的百分之七十。

第14条　国家农业技术推广机构的专业技术人员应当具有相应的专业技术水平，符合岗位职责要求。

国家农业技术推广机构聘用的新进专业技术人员，应当具有大专以上有关专业学历，并通过县级以上人民政府有关部门组织的专业技术水平考核。自治县、民族乡和国家确定的连片特困地区，经省、自治区、直辖市人民政府有关部门批准，可以聘用具有中专有关专业学历的人员或者其他具有相应专业技术水平的人员。

国家鼓励和支持高等学校毕业生和科技人员到基层从事农业技术推广工作。各级人民政府应当采取措施，吸引人才，充实和加强基层农业技术推广队伍。

第15条　国家鼓励和支持村农业技术服务站点和农民技术人员开展农业技术推广。对农民技术人员协助开展公益性农业技术推广活动，按照规定给予补助。

农民技术人员经考核符合条件的，可以按照有关规定授予相应的技术职称，并发给证书。

国家农业技术推广机构应当加强对村农业技术服务站点和农民技术人员的指导。

村民委员会和村集体经济组织，应当推动、帮助村农业技术服务站点和农民技术人员开展工作。

第16条　农业科研单位和有关学校应当适应农村经济建设

发展的需要，开展农业技术开发和推广工作，加快先进技术在农业生产中的普及应用。

农业科研单位和有关学校应当将其科技人员从事农业技术推广工作的实绩作为工作考核和职称评定的重要内容。

第17条　国家鼓励农场、林场、牧场、渔场、水利工程管理单位面向社会开展农业技术推广服务。

第18条　国家鼓励和支持发展农村专业技术协会等群众性科技组织，发挥其在农业技术推广中的作用。

第三章　农业技术的推广与应用

第19条　重大农业技术的推广应当列入国家和地方相关发展规划、计划，由农业技术推广部门会同科学技术等相关部门按照各自的职责，相互配合，组织实施。

第20条　农业科研单位和有关学校应当把农业生产中需要解决的技术问题列为研究课题，其科研成果可以通过有关农业技术推广单位进行推广或者直接向农业劳动者和农业生产经营组织推广。

国家引导农业科研单位和有关学校开展公益性农业技术推广服务。

第21条　向农业劳动者和农业生产经营组织推广的农业技术，必须在推广地区经过试验证明具有先进性、适用性和安全性。

第22条　国家鼓励和支持农业劳动者和农业生产经营组织参与农业技术推广。

农业劳动者和农业生产经营组织在生产中应用先进的农业技术，有关部门和单位应当在技术培训、资金、物资和销售等方面给予扶持。

农业劳动者和农业生产经营组织根据自愿的原则应用农业技术，任何单位或者个人不得强迫。

推广农业技术，应当选择有条件的农户、区域或者工程项目，进行应用示范。

第23条　县、乡镇国家农业技术推广机构应当组织农业劳动者学习农业科学技术知识，提高其应用农业技术的能力。

教育、人力资源和社会保障、农业、林业、水利、科学技术等部门应当支持农业科研单位、有关学校开展有关农业技术推广的职业技术教育和技术培训，提高农业技术推广人员和农业劳动者的技术素质。

国家鼓励社会力量开展农业技术培训。

第24条　各级国家农业技术推广机构应当认真履行本法第十一条规定的公益性职责，向农业劳动者和农业生产经营组织推广农业技术，实行无偿服务。

国家农业技术推广机构以外的单位及科技人员以技术转让、技术服务、技术承包、技术咨询和技术入股等形式提供农业技术的，可以实行有偿服务，其合法收入和植物新品种、农业技术专利等知识产权受法律保护。进行农业技术转让、技术服务、技术承包、技术咨询和技术入股，当事人各方应当订立合同，约定各自的权利和义务。

第25条　国家鼓励和支持农民专业合作社、涉农企业，采取多种形式，为农民应用先进农业技术提供有关的技术服务。

第26条　国家鼓励和支持以大宗农产品和优势特色农产品生产为重点的农业示范区建设，发挥示范区对农业技术推广的引领作用，促进农业产业化发展和现代农业建设。

第27条　各级人民政府可以采取购买服务等方式，引导社会力量参与公益性农业技术推广服务。

第二十四条　粮食生产防灾减灾救灾能力建设、粮食作物病虫害绿色防控和统防统治

国家加强粮食生产防灾减灾救灾能力建设。县级以上人民政府应当建立健全农业自然灾害和生物灾害监测预警体系、防灾减灾救灾工作机制，加强干旱、洪涝、低温、高温、风雹、台风等灾害防御防控技术研究应用和安全生产管理，落实灾害防治属地责任，加强粮食作物病虫害防治和植物检疫工作。

国家鼓励和支持开展粮食作物病虫害绿色防控和统防统治。粮食生产者应当做好粮食作物病虫害防治工作，并对各级人民政府及有关部门组织开展的病虫害防治工作予以配合。

● **行政法规及文件**

1. 《农作物病虫害防治条例》（2020 年 3 月 26 日）

第一章　总　　则

第 1 条　为了防治农作物病虫害，保障国家粮食安全和农产品质量安全，保护生态环境，促进农业可持续发展，制定本条例。

第 2 条　本条例所称农作物病虫害防治，是指对危害农作物及其产品的病、虫、草、鼠等有害生物的监测与预报、预防与控制、应急处置等防治活动及其监督管理。

第 3 条　农作物病虫害防治实行预防为主、综合防治的方针，坚持政府主导、属地负责、分类管理、科技支撑、绿色防控。

第 4 条　根据农作物病虫害的特点及其对农业生产的危害程度，将农作物病虫害分为下列三类：

（一）一类农作物病虫害，是指常年发生面积特别大或者可能给农业生产造成特别重大损失的农作物病虫害，其名录由国务

院农业农村主管部门制定、公布;

（二）二类农作物病虫害,是指常年发生面积大或者可能给农业生产造成重大损失的农作物病虫害,其名录由省、自治区、直辖市人民政府农业农村主管部门制定、公布,并报国务院农业农村主管部门备案;

（三）三类农作物病虫害,是指一类农作物病虫害和二类农作物病虫害以外的其他农作物病虫害。

新发现的农作物病虫害可能给农业生产造成重大或者特别重大损失的,在确定其分类前,按照一类农作物病虫害管理。

第5条 县级以上人民政府应当加强对农作物病虫害防治工作的组织领导,将防治工作经费纳入本级政府预算。

第6条 国务院农业农村主管部门负责全国农作物病虫害防治的监督管理工作。县级以上地方人民政府农业农村主管部门负责本行政区域农作物病虫害防治的监督管理工作。

县级以上人民政府其他有关部门按照职责分工,做好农作物病虫害防治相关工作。

乡镇人民政府应当协助上级人民政府有关部门做好本行政区域农作物病虫害防治宣传、动员、组织等工作。

第7条 县级以上人民政府农业农村主管部门组织植物保护工作机构开展农作物病虫害防治有关技术工作。

第8条 农业生产经营者等有关单位和个人应当做好生产经营范围内的农作物病虫害防治工作,并对各级人民政府及有关部门开展的防治工作予以配合。

农村集体经济组织、村民委员会应当配合各级人民政府及有关部门做好农作物病虫害防治工作。

第9条 国家鼓励和支持开展农作物病虫害防治科技创新、成果转化和依法推广应用,普及应用信息技术、生物技术,推进农作物病虫害防治的智能化、专业化、绿色化。

国家鼓励和支持农作物病虫害防治国际合作与交流。

第 10 条　国家鼓励和支持使用生态治理、健康栽培、生物防治、物理防治等绿色防控技术和先进施药机械以及安全、高效、经济的农药。

第 11 条　对在农作物病虫害防治工作中作出突出贡献的单位和个人，按照国家有关规定予以表彰。

第二章　监测与预报

第 12 条　国家建立农作物病虫害监测制度。国务院农业农村主管部门负责编制全国农作物病虫害监测网络建设规划并组织实施。省、自治区、直辖市人民政府农业农村主管部门负责编制本行政区域农作物病虫害监测网络建设规划并组织实施。

县级以上人民政府农业农村主管部门应当加强对农作物病虫害监测网络的管理。

第 13 条　任何单位和个人不得侵占、损毁、拆除、擅自移动农作物病虫害监测设施设备，或者以其他方式妨害农作物病虫害监测设施设备正常运行。

新建、改建、扩建建设工程应当避开农作物病虫害监测设施设备；确实无法避开、需要拆除农作物病虫害监测设施设备的，应当由县级以上人民政府农业农村主管部门按照有关技术要求组织迁建，迁建费用由建设单位承担。

农作物病虫害监测设施设备毁损的，县级以上人民政府农业农村主管部门应当及时组织修复或者重新建设。

第 14 条　县级以上人民政府农业农村主管部门应当组织开展农作物病虫害监测。农作物病虫害监测包括下列内容：

（一）农作物病虫害发生的种类、时间、范围、程度；

（二）害虫主要天敌种类、分布与种群消长情况；

（三）影响农作物病虫害发生的田间气候；

（四）其他需要监测的内容。

农作物病虫害监测技术规范由省级以上人民政府农业农村主管部门制定。

农业生产经营者等有关单位和个人应当配合做好农作物病虫害监测。

第15条　县级以上地方人民政府农业农村主管部门应当按照国务院农业农村主管部门的规定及时向上级人民政府农业农村主管部门报告农作物病虫害监测信息。

任何单位和个人不得瞒报、谎报农作物病虫害监测信息，不得授意他人编造虚假信息，不得阻挠他人如实报告。

第16条　县级以上人民政府农业农村主管部门应当在综合分析监测结果的基础上，按照国务院农业农村主管部门的规定发布农作物病虫害预报，其他组织和个人不得向社会发布农作物病虫害预报。

农作物病虫害预报包括农作物病虫害发生以及可能发生的种类、时间、范围、程度以及预防控制措施等内容。

第17条　境外组织和个人不得在我国境内开展农作物病虫害监测活动。确需开展的，应当由省级以上人民政府农业农村主管部门组织境内有关单位与其联合进行，并遵守有关法律、法规的规定。

任何单位和个人不得擅自向境外组织和个人提供未发布的农作物病虫害监测信息。

第三章　预防与控制

第18条　国务院农业农村主管部门组织制定全国农作物病虫害预防控制方案，县级以上地方人民政府农业农村主管部门组织制定本行政区域农作物病虫害预防控制方案。

农作物病虫害预防控制方案根据农业生产情况、气候条件、农作物病虫害常年发生情况、监测预报情况以及发生趋势等因素制定，其内容包括预防控制目标、重点区域、防治阈值、预防控制措施和保障措施等方面。

第19条　县级以上人民政府农业农村主管部门应当健全农作物病虫害防治体系，并组织开展农作物病虫害抗药性监测评估，为农业生产经营者提供农作物病虫害预防控制技术培训、指导、服务。

国家鼓励和支持科研单位、有关院校、农民专业合作社、企业、行业协会等单位和个人研究、依法推广绿色防控技术。

对在农作物病虫害防治工作中接触有毒有害物质的人员，有关单位应当组织做好安全防护，并按照国家有关规定发放津贴补贴。

第20条　县级以上人民政府农业农村主管部门应当在农作物病虫害孳生地、源头区组织开展作物改种、植被改造、环境整治等生态治理工作，调整种植结构，防止农作物病虫害孳生和蔓延。

第21条　县级以上人民政府农业农村主管部门应当指导农业生产经营者选用抗病、抗虫品种，采用包衣、拌种、消毒等种子处理措施，采取合理轮作、深耕除草、覆盖除草、土壤消毒、清除农作物病残体等健康栽培管理措施，预防农作物病虫害。

第22条　从事农作物病虫害研究、饲养、繁殖、运输、展览等活动的，应当采取措施防止其逃逸、扩散。

第23条　农作物病虫害发生时，农业生产经营者等有关单位和个人应当及时采取防止农作物病虫害扩散的控制措施。发现农作物病虫害严重发生或者暴发的，应当及时报告所在地县级人民政府农业农村主管部门。

第24条　有关单位和个人开展农作物病虫害防治使用农药时，应当遵守农药安全、合理使用制度，严格按照农药标签或者说明书使用农药。

农田除草时，应当防止除草剂危害当季和后茬作物；农田灭鼠时，应当防止杀鼠剂危害人畜安全。

第 25 条　农作物病虫害严重发生时，县级以上地方人民政府农业农村主管部门应当按照农作物病虫害预防控制方案以及监测预报情况，及时组织、指导农业生产经营者、专业化病虫害防治服务组织等有关单位和个人采取统防统治等控制措施。

一类农作物病虫害严重发生时，国务院农业农村主管部门应当对控制工作进行综合协调、指导。二类、三类农作物病虫害严重发生时，省、自治区、直辖市人民政府农业农村主管部门应当对控制工作进行综合协调、指导。

国有荒地上发生的农作物病虫害由县级以上地方人民政府组织控制。

第 26 条　农田鼠害严重发生时，县级以上地方人民政府应当组织采取统一灭鼠措施。

第 27 条　县级以上地方人民政府农业农村主管部门应当组织做好农作物病虫害灾情调查汇总工作，将灾情信息及时报告本级人民政府和上一级人民政府农业农村主管部门，并抄送同级人民政府应急管理部门。

农作物病虫害灾情信息由县级以上人民政府农业农村主管部门商同级人民政府应急管理部门发布，其他组织和个人不得向社会发布。

第 28 条　国家鼓励和支持保险机构开展农作物病虫害防治相关保险业务，鼓励和支持农业生产经营者等有关单位和个人参加保险。

第四章　应急处置

第 29 条　国务院农业农村主管部门应当建立农作物病虫害防治应急响应和处置机制，制定应急预案。

县级以上地方人民政府及其有关部门应当根据本行政区域农作物病虫害应急处置需要，组织制定应急预案，开展应急业务培训和演练，储备必要的应急物资。

第30条　农作物病虫害暴发时，县级以上地方人民政府应当立即启动应急响应，采取下列措施：

（一）划定应急处置的范围和面积；

（二）组织和调集应急处置队伍；

（三）启用应急备用药剂、机械等物资；

（四）组织应急处置行动。

第31条　县级以上地方人民政府有关部门应当在各自职责范围内做好农作物病虫害应急处置工作。

公安、交通运输等主管部门应当为应急处置所需物资的调度、运输提供便利条件，民用航空主管部门应当为应急处置航空作业提供优先保障，气象主管机构应当为应急处置提供气象信息服务。

第32条　农作物病虫害应急处置期间，县级以上地方人民政府可以根据需要依法调集必需的物资、运输工具以及相关设施设备。应急处置结束后，应当及时归还并对毁损、灭失的给予补偿。

第五章　专业化服务

第33条　国家通过政府购买服务等方式鼓励和扶持专业化病虫害防治服务组织，鼓励专业化病虫害防治服务组织使用绿色防控技术。

县级以上人民政府农业农村主管部门应当加强对专业化病虫害防治服务组织的规范和管理，并为专业化病虫害防治服务组织提供技术培训、指导、服务。

第34条　专业化病虫害防治服务组织应当具备相应的设施设备、技术人员、田间作业人员以及规范的管理制度。

依照有关法律、行政法规需要办理登记的专业化病虫害防治服务组织，应当依法向县级以上人民政府有关部门申请登记。

第35条　专业化病虫害防治服务组织的田间作业人员应当

能够正确识别服务区域的农作物病虫害，正确掌握农药适用范围、施用方法、安全间隔期等专业知识以及田间作业安全防护知识，正确使用施药机械以及农作物病虫害防治相关用品。专业化病虫害防治服务组织应当定期组织田间作业人员参加技术培训。

第36条　专业化病虫害防治服务组织应当与服务对象共同商定服务方案或者签订服务合同。

专业化病虫害防治服务组织应当遵守国家有关农药安全、合理使用制度，建立服务档案，如实记录服务的时间、地点、内容以及使用农药的名称、用量、生产企业、农药包装废弃物处置方式等信息。服务档案应当保存2年以上。

第37条　专业化病虫害防治服务组织应当按照国家有关规定为田间作业人员参加工伤保险缴纳工伤保险费。国家鼓励专业化病虫害防治服务组织为田间作业人员投保人身意外伤害保险。

专业化病虫害防治服务组织应当为田间作业人员配备必要的防护用品。

第38条　专业化病虫害防治服务组织开展农作物病虫害预防控制航空作业，应当按照国家有关规定向公众公告作业范围、时间、施药种类以及注意事项；需要办理飞行计划或者备案手续的，应当按照国家有关规定办理。

第六章　法律责任

第39条　地方各级人民政府和县级以上人民政府有关部门及其工作人员有下列行为之一的，对负有责任的领导人员和直接责任人员依法给予处分；构成犯罪的，依法追究刑事责任：

（一）未依照本条例规定履行职责；

（二）瞒报、谎报农作物病虫害监测信息，授意他人编造虚假信息或者阻挠他人如实报告；

（三）擅自向境外组织和个人提供未发布的农作物病虫害监测信息；

（四）其他滥用职权、玩忽职守、徇私舞弊行为。

第40条　违反本条例规定，侵占、损毁、拆除、擅自移动农作物病虫害监测设施设备或者以其他方式妨害农作物病虫害监测设施设备正常运行的，由县级以上人民政府农业农村主管部门责令停止违法行为，限期恢复原状或者采取其他补救措施，可以处5万元以下罚款；造成损失的，依法承担赔偿责任；构成犯罪的，依法追究刑事责任。

第41条　违反本条例规定，有下列行为之一的，由县级以上人民政府农业农村主管部门处5000元以上5万元以下罚款；情节严重的，处5万元以上10万元以下罚款；造成损失的，依法承担赔偿责任；构成犯罪的，依法追究刑事责任：

（一）擅自向社会发布农作物病虫害预报或者灾情信息；

（二）从事农作物病虫害研究、饲养、繁殖、运输、展览等活动未采取有效措施，造成农作物病虫害逃逸、扩散；

（三）开展农作物病虫害预防控制航空作业未按照国家有关规定进行公告。

第42条　专业化病虫害防治服务组织有下列行为之一的，由县级以上人民政府农业农村主管部门责令改正；拒不改正或者情节严重的，处2000元以上2万元以下罚款；造成损失的，依法承担赔偿责任：

（一）不具备相应的设施设备、技术人员、田间作业人员以及规范的管理制度；

（二）其田间作业人员不能正确识别服务区域的农作物病虫害，或者不能正确掌握农药适用范围、施用方法、安全间隔期等专业知识以及田间作业安全防护知识，或者不能正确使用施药机械以及农作物病虫害防治相关用品；

（三）未按规定建立或者保存服务档案；

（四）未为田间作业人员配备必要的防护用品。

第 43 条　境外组织和个人违反本条例规定，在我国境内开展农作物病虫害监测活动的，由县级以上人民政府农业农村主管部门责令其停止监测活动，没收监测数据和工具，并处 10 万元以上 50 万元以下罚款；情节严重的，并处 50 万元以上 100 万元以下罚款；构成犯罪的，依法追究刑事责任。

第七章　附　　则

第 44 条　储存粮食的病虫害防治依照有关法律、行政法规的规定执行。

第 45 条　本条例自 2020 年 5 月 1 日起施行。

● 部门规章及文件

2.《中央应急抢险救灾物资储备管理暂行办法》（2023 年 2 月 13 日）

第一章　总　　则

第 1 条　为提高自然灾害抢险救灾应急保障能力，规范中央应急抢险救灾物资储备管理，提高物资使用效益，依据《中华人民共和国突发事件应对法》《中华人民共和国预算法》《中华人民共和国防洪法》《中华人民共和国防汛条例》《中华人民共和国抗旱条例》《自然灾害救助条例》等有关法律法规，制定本办法。

第 2 条　本办法所称中央应急抢险救灾储备物资（以下简称"中央储备物资"）是由中央财政安排资金购置，专项用于支持遭受重特大自然灾害地区开展抢险救灾和受灾群众生活救助的应急储备物资，包括防汛抗旱类物资和生活救助类物资等。

第 3 条　国家防汛抗旱总指挥部办公室（以下简称"国家防总办公室"）或者应急管理部按照各自职责提出中央应急抢险救灾储备需求和动用决策；商财政部、国家粮食和物资储备局等部门编制保障规划，确定储备规模、品种目录和标准、布局等；根据需要下达动用指令。

第 4 条　财政部负责安排中央储备物资购置和更新、保管等相关经费，组织指导有关单位开展全过程预算绩效管理，开展中央储备物资资产报告制度落实情况的监督检查。

第 5 条　国家粮食和物资储备局负责中央储备物资的收储、轮换和日常管理等工作，确保库存中央储备物资数量真实、质量合格、账实相符；根据国家防总办公室或者应急管理部的动用指令按程序组织调出，对相关经费组织实施全过程绩效管理。

第二章　储备购置

第 6 条　每年国家防总办公室或者应急管理部会同财政部根据储备保障规划确定的储备规模、当年储备物资调拨使用、报废消耗及应急抢险救灾新技术装备物资需求等情况，研究确定下一年度中央储备物资购置计划，包括物资品种、数量、布局等。国家防总办公室或者应急管理部向国家粮食和物资储备局提供采购物资技术要求。

第 7 条　发生重特大自然灾害需应急追加物资的，由国家防总办公室或者应急管理部会同财政部制定紧急购置计划，并联合下达国家粮食和物资储备局。

第 8 条　国家粮食和物资储备局根据国家防总办公室、应急管理部、财政部联合下达的年度购置计划或者紧急购置计划，向财政部申请储备购置经费预算。财政部按程序审批。

第 9 条　国家粮食和物资储备局按照年度购置计划或者紧急购置计划，以及财政部批复的购置经费预算，按照政府采购规定组织采购，并及时将采购情况通报国家防总办公室、应急管理部、财政部。

第 10 条　中央储备物资的入库验收，按照国家有关规定、相关标准以及采购合同约定的履约验收方案执行。采购物资数量和质量验收合格入库后，国家粮食和物资储备局核算应支付采购资金及检测等必要费用，报财政部审核后按照国库集中支付有关规定支付。

第11条 财政部负责核定中央储备物资库存成本。

第三章 储备保管

第12条 国家粮食和物资储备局根据确定的储备布局，商国家防总办公室、应急管理部、财政部确定储备库，实行中央应急抢险救灾物资储备库挂牌管理。具体管理办法由国家粮食和物资储备局会同国家防总办公室、应急管理部制定。

国家粮食和物资储备局根据国家有关中央储备库布局需求和资质条件等相关标准，采取公开、公平、公正的方式选择具备条件的储备库承储中央储备物资。

储备库实行动态管理，调整须报国家防总办公室、财政部、应急管理部审核。

第13条 国家粮食和物资储备局负责中央储备物资保管工作，制定中央储备物资保管等各项规章制度，督促指导承储单位制定应急调运预案，落实专仓存储、专人保管、专账记载、挂牌明示等管理要求、掌握物资设备维护保养和操作技能，运用信息化手段加强储备管理，实现中央储备物资信息部门间共用共享。

承储单位按照承储要求负责中央储备物资具体日常管理，严格执行中央储备物资管理的有关标准和规定，落实中央储备物资验收入库、日常保管、紧急调用等有关工作，对中央储备物资数量、质量和储存安全负责。

国家防总办公室、应急管理部、财政部根据应急抢险救灾工作需要，适时对中央储备物资管理等情况进行检查。

第14条 国家粮食和物资储备局商国家防总办公室、应急管理部制定中央储备物资统计制度，在每月前 10 个工作日内，将上月末库存中央储备物资品种数量及其价值、各仓库储备明细，以及上月储备物资出入库、报废处置等情况报国家防总办公室、应急管理部、财政部。

物资调运后，储备仓库应当及时在信息管理平台更新报送数据。

第15条 国家粮食和物资储备局应当加强中央储备物资资产管理，认真填报资产信息卡，按照国有资产年报、月报有关规定，及时向财政部报告中央储备物资资产管理情况，并及时通报国家防总办公室、应急管理部。

第16条 国家粮食和物资储备局会同国家防总办公室、应急管理部、财政部确定中央储备物资的建议储存年限。因储存年限到期后经技术鉴定，质量和性能不能满足应急抢险救灾工作要求的中央储备物资可按规定报废。相关处置收入在扣除相关税金、技术鉴定费等费用后，按照政府非税收入和国库集中收缴管理有关规定及时上缴中央国库。储存年限到期后质量和性能能够满足应急抢险救灾工作要求的，由国家粮食和物资储备局负责定期组织质检，优先安排调用。

国家粮食和物资储备局审核同意后，由垂管局向储备仓库所在地财政部监管局提出辖区内需报废物资审核申请，财政部监管局审核后提出意见，反馈垂管局，同时抄送财政部。国家粮食和物资储备局将申请报废物资情况和财政部监管局审核意见一并报送财政部审批。财政部审核批准后，相关物资作报废处理。国家粮食和物资储备局负责将报废物资按规定处理，并将物资报废情况报财政部、国家防总办公室或者应急管理部。

第17条 财政部对中央储备物资给予保管费补贴，采取当年补上年的方式。对国家粮食和物资储备局委托相关单位代储的物资保管费补贴，防汛抗旱类物资按照年度平均月末库存成本的6%核算，生活救助类物资按照年度平均月末库存成本的4.5%核算；国家粮食和物资储备局在财政部核算的补贴总额内，可统筹考虑储备仓库实际管理情况，确定各承储仓库的具体补贴标准，报财政部批准后实施。国家粮食和物资储备局垂管仓库补贴标准按有关规定执行。

第18条 国家粮食和物资储备局负责按政府采购有关规定对中央储备物资投保财产险，中央财政负担保险费。

第19条 因管理不善或者人为因素导致毁损的中央储备物资由国家粮食和物资储备局组织储备仓库按相同数量、质量补充更新，并追究责任人责任。情节严重的要按照有关法律法规追责。

第四章 物资调用

第20条 中央储备物资用于应对国家启动应急响应的重大自然灾害。对未达到启动应急响应条件，但局部地区灾情、险情特别严重的，由国家防总办公室或者应急管理部商财政部同意后动用中央储备物资。

党中央、国务院领导同志有相关重要指示批示的，按照指示批示精神落实。

第21条 应对国家启动应急响应的重大自然灾害时，各省（自治区、直辖市）应先动用本辖区储备物资。确需调用中央储备物资的，由省级防汛抗旱指挥机构、应急管理部门向国家防总办公室或者应急管理部提出书面申请。申请内容包括地方已调拨物资情况、省级物资储备情况、申请物资用途、品名、规格、数量、运往地点、时间要求、交接联系人与联系方式等。

流域管理机构直管工程出险需中央储备物资支持的，由流域防汛抗旱指挥机构向国家防总办公室提出书面申请。

中央企业所属防洪工程发生险情需调用中央储备物资的，由工程所在地的省级防汛抗旱指挥机构向国家防总办公室提出申请。

紧急情况下，可以先电话报批，后补办手续。

第22条 国家防总办公室或者应急管理部审批后，向国家粮食和物资储备局下达调用指令，明确调运物资品种、数量及接收单位，并抄送财政部和物资申请单位。

第 23 条 国家粮食和物资储备局根据国家防总办公室或者应急管理部动用指令，立即向储备仓库下达调运通知，抄送国家防总办公室、应急管理部、财政部。

第 24 条 中央储备物资调用坚持"就近调用"和"先进先出"原则，避免或者减少物资报废。

第 25 条 储备仓库接到国家粮食和物资储备局调运通知后，应当立即组织调运物资，并派仓储管理人员及时押运至指定地点，与申请单位办理交接手续。国家粮食和物资储备局应当及时将调运情况通报国家防总办公室或者应急管理部。

第 26 条 按照"谁使用、谁承担"的原则，调用中央储备物资所发生的调运费用（包括运输、搬运装卸、过路费、押运人员补助和通讯、运输保险等费用）由申请调用单位负担。调运费用可由调出物资的储备仓库先行垫付，抢险救援救助任务结束后三个月内，由物资调用申请单位负责与调出物资的储备仓库结算，其中用于流域管理机构直管工程应急抢险物资调运费用，由流域管理机构按部门预算管理程序报财政部审核后，流域管理机构负责支付；用于中央企业所属防洪工程应急抢险的，由物资调用申请单位组织物资使用单位与调出物资的仓库结算。

第 27 条 中央储备物资出库后，国家粮食和物资储备局核减中央储备库存。调用的中央储备物资由受灾省份或者流域管理机构立即安排用于应急抢险救灾工作。抢险救灾结束后，有使用价值的调用物资纳入地方或者流域管理机构储备物资统筹管理。财政部将根据调用物资情况，统筹考虑中央自然灾害救灾资金补助事宜。中央企业所属防洪工程发生险情调用的中央储备物资，由中央企业负责在抢险救灾工作结束后 3 个月内购置同品类、同规格物资归还入库。

第 28 条 除上述国内重大自然灾害应急抢险救灾以外，其他需要动用中央储备物资的，由中央和省级有关部门向国家防总办公室、应急管理部、财政部提出申请。国家防总办公室、应急管理部、财政部及时按程序完成审核。除特殊核准事项外，动用物资需按期归还。

第二十五条　粮食生产功能区和重要农产品生产保护区建设

国家加强粮食生产功能区和重要农产品生产保护区建设，鼓励农业生产者种植优质农作物。县级以上人民政府应当按照规定组织划定粮食生产功能区和重要农产品生产保护区并加强建设和管理，引导农业生产者种植目标作物。

● 法　律

《农产品质量安全法》（2022 年 9 月 2 日）

第三章　农产品产地

第 20 条　国家建立健全农产品产地监测制度。

县级以上地方人民政府农业农村主管部门应当会同同级生态环境、自然资源等部门制定农产品产地监测计划，加强农产品产地安全调查、监测和评价工作。

第 21 条　县级以上地方人民政府农业农村主管部门应当会同同级生态环境、自然资源等部门按照保障农产品质量安全的要求，根据农产品品种特性和产地安全调查、监测、评价结果，依照土壤污染防治等法律、法规的规定提出划定特定农产品禁止生产区域的建议，报本级人民政府批准后实施。

任何单位和个人不得在特定农产品禁止生产区域种植、养殖、捕捞、采集特定农产品和建立特定农产品生产基地。

特定农产品禁止生产区域划定和管理的具体办法由国务院农业农村主管部门商国务院生态环境、自然资源等部门制定。

第 22 条　任何单位和个人不得违反有关环境保护法律、法规的规定向农产品产地排放或者倾倒废水、废气、固体废物或者其他有毒有害物质。

农业生产用水和用作肥料的固体废物，应当符合法律、法规和国家有关强制性标准的要求。

第23条　农产品生产者应当科学合理使用农药、兽药、肥料、农用薄膜等农业投入品，防止对农产品产地造成污染。

农药、肥料、农用薄膜等农业投入品的生产者、经营者、使用者应当按照国家有关规定回收并妥善处置包装物和废弃物。

第24条　县级以上人民政府应当采取措施，加强农产品基地建设，推进农业标准化示范建设，改善农产品的生产条件。

第四章　农产品生产

第25条　县级以上地方人民政府农业农村主管部门应当根据本地区的实际情况，制定保障农产品质量安全的生产技术要求和操作规程，并加强对农产品生产经营者的培训和指导。

农业技术推广机构应当加强对农产品生产经营者质量安全知识和技能的培训。国家鼓励科研教育机构开展农产品质量安全培训。

第26条　农产品生产企业、农民专业合作社、农业社会化服务组织应当加强农产品质量安全管理。

农产品生产企业应当建立农产品质量安全管理制度，配备相应的技术人员；不具备配备条件的，应当委托具有专业技术知识的人员进行农产品质量安全指导。

国家鼓励和支持农产品生产企业、农民专业合作社、农业社会化服务组织建立和实施危害分析和关键控制点体系，实施良好农业规范，提高农产品质量安全管理水平。

第27条　农产品生产企业、农民专业合作社、农业社会化服务组织应当建立农产品生产记录，如实记载下列事项：

（一）使用农业投入品的名称、来源、用法、用量和使用、停用的日期；

（二）动物疫病、农作物病虫害的发生和防治情况；

（三）收获、屠宰或者捕捞的日期。

农产品生产记录应当至少保存二年。禁止伪造、变造农产品生产记录。

国家鼓励其他农产品生产者建立农产品生产记录。

第28条　对可能影响农产品质量安全的农药、兽药、饲料和饲料添加剂、肥料、兽医器械，依照有关法律、行政法规的规定实行许可制度。

省级以上人民政府农业农村主管部门应当定期或者不定期组织对可能危及农产品质量安全的农药、兽药、饲料和饲料添加剂、肥料等农业投入品进行监督抽查，并公布抽查结果。

农药、兽药经营者应当依照有关法律、行政法规的规定建立销售台账，记录购买者、销售日期和药品施用范围等内容。

第29条　农产品生产经营者应当依照有关法律、行政法规和国家有关强制性标准、国务院农业农村主管部门的规定，科学合理使用农药、兽药、饲料和饲料添加剂、肥料等农业投入品，严格执行农业投入品使用安全间隔期或者休药期的规定；不得超范围、超剂量使用农业投入品危及农产品质量安全。

禁止在农产品生产经营过程中使用国家禁止使用的农业投入品以及其他有毒有害物质。

第30条　农产品生产场所以及生产活动中使用的设施、设备、消毒剂、洗涤剂等应当符合国家有关质量安全规定，防止污染农产品。

第31条　县级以上人民政府农业农村主管部门应当加强对农业投入品使用的监督管理和指导，建立健全农业投入品的安全使用制度，推广农业投入品科学使用技术，普及安全、环保农业投入品的使用。

第 32 条　国家鼓励和支持农产品生产经营者选用优质特色农产品品种，采用绿色生产技术和全程质量控制技术，生产绿色优质农产品，实施分等分级，提高农产品品质，打造农产品品牌。

第 33 条　国家支持农产品产地冷链物流基础设施建设，健全有关农产品冷链物流标准、服务规范和监管保障机制，保障冷链物流农产品畅通高效、安全便捷，扩大高品质市场供给。

从事农产品冷链物流的生产经营者应当依照法律、法规和有关农产品质量安全标准，加强冷链技术创新与应用、质量安全控制，执行对冷链物流农产品及其包装、运输工具、作业环境等的检验检测检疫要求，保证冷链农产品质量安全。

第二十六条　播种面积和粮食生产的布局

国家采取措施稳定粮食播种面积，合理布局粮食生产，粮食主产区、主销区、产销平衡区都应当保面积、保产量。

粮食主产区应当不断提高粮食综合生产能力，粮食主销区应当稳定和提高粮食自给率，粮食产销平衡区应当确保粮食基本自给。

国家健全粮食生产者收益保障机制，以健全市场机制为目标完善农业支持保护制度和粮食价格形成机制，促进农业增效、粮食生产者增收，保护粮食生产者的种粮积极性。

省级以上人民政府应当通过预算安排资金，支持粮食生产。

● 法　律

《农业法》（2012 年 12 月 28 日）

第 31 条　国家采取措施保护和提高粮食综合生产能力，稳步提高粮食生产水平，保障粮食安全。

国家建立耕地保护制度，对基本农田依法实行特殊保护。

第 32 条　国家在政策、资金、技术等方面对粮食主产区给予重点扶持，建设稳定的商品粮生产基地，改善粮食收贮及加工设施，提高粮食主产区的粮食生产、加工水平和经济效益。

国家支持粮食主产区与主销区建立稳定的购销合作关系。

第 33 条　在粮食的市场价格过低时，国务院可以决定对部分粮食品种实行保护价制度。保护价应当根据有利于保护农民利益、稳定粮食生产的原则确定。

农民按保护价制度出售粮食，国家委托的收购单位不得拒收。

县级以上人民政府应当组织财政、金融等部门以及国家委托的收购单位及时筹足粮食收购资金，任何部门、单位或者个人不得截留或者挪用。

第 38 条　国家逐步提高农业投入的总体水平。中央和县级以上地方财政每年对农业总投入的增长幅度应当高于其财政经常性收入的增长幅度。

各级人民政府在财政预算内安排的各项用于农业的资金应当主要用于：加强农业基础设施建设；支持农业结构调整，促进农业产业化经营；保护粮食综合生产能力，保障国家粮食安全；健全动植物检疫、防疫体系，加强动物疫病和植物病、虫、杂草、鼠害防治；建立健全农产品质量标准和检验检测监督体系、农产品市场及信息服务体系；支持农业科研教育、农业技术推广和农民培训；加强农业生态环境保护建设；扶持贫困地区发展；保障农民收入水平等。

县级以上各级财政用于种植业、林业、畜牧业、渔业、农田水利的农业基本建设投入应当统筹安排，协调增长。

国家为加快西部开发，增加对西部地区农业发展和生态环境保护的投入。

国家扶持和培育家庭农场、农民专业合作社等新型农业经营主体从事粮食生产，鼓励其与农户建立利益联结机制，提高粮食生产能力和现代化水平。

国家支持面向粮食生产者的产前、产中、产后社会化服务，提高社会化服务水平，鼓励和引导粮食适度规模经营，支持粮食生产集约化。

● **法　律**

《农民专业合作社法》（2017 年 12 月 27 日）

第二章　设立和登记

第 12 条　设立农民专业合作社，应当具备下列条件：

（一）有五名以上符合本法第十九条、第二十条规定的成员；

（二）有符合本法规定的章程；

（三）有符合本法规定的组织机构；

（四）有符合法律、行政法规规定的名称和章程确定的住所；

（五）有符合章程规定的成员出资。

第 13 条　农民专业合作社成员可以用货币出资，也可以用实物、知识产权、土地经营权、林权等可以用货币估价并可以依法转让的非货币财产，以及章程规定的其他方式作价出资；但是，法律、行政法规规定不得作为出资的财产除外。

农民专业合作社成员不得以对该社或者其他成员的债权，充抵出资；不得以缴纳的出资，抵销对该社或者其他成员的债务。

第 14 条　设立农民专业合作社，应当召开由全体设立人参加的设立大会。设立时自愿成为该社成员的人为设立人。

设立大会行使下列职权：

（一）通过本社章程，章程应当由全体设立人一致通过；

（二）选举产生理事长、理事、执行监事或者监事会成员；

（三）审议其他重大事项。

第15条 农民专业合作社章程应当载明下列事项：

（一）名称和住所；

（二）业务范围；

（三）成员资格及入社、退社和除名；

（四）成员的权利和义务；

（五）组织机构及其产生办法、职权、任期、议事规则；

（六）成员的出资方式、出资额，成员出资的转让、继承、担保；

（七）财务管理和盈余分配、亏损处理；

（八）章程修改程序；

（九）解散事由和清算办法；

（十）公告事项及发布方式；

（十一）附加表决权的设立、行使方式和行使范围；

（十二）需要载明的其他事项。

第16条 设立农民专业合作社，应当向工商行政管理部门提交下列文件，申请设立登记：

（一）登记申请书；

（二）全体设立人签名、盖章的设立大会纪要；

（三）全体设立人签名、盖章的章程；

（四）法定代表人、理事的任职文件及身份证明；

（五）出资成员签名、盖章的出资清单；

（六）住所使用证明；

（七）法律、行政法规规定的其他文件。

登记机关应当自受理登记申请之日起二十日内办理完毕，向符合登记条件的申请者颁发营业执照，登记类型为农民专业合作社。

农民专业合作社法定登记事项变更的，应当申请变更登记。

登记机关应当将农民专业合作社的登记信息通报同级农业等有关部门。

农民专业合作社登记办法由国务院规定。办理登记不得收取费用。

第 17 条 农民专业合作社应当按照国家有关规定，向登记机关报送年度报告，并向社会公示。

第 18 条 农民专业合作社可以依法向公司等企业投资，以其出资额为限对所投资企业承担责任。

第三章 成　　员

第 19 条 具有民事行为能力的公民，以及从事与农民专业合作社业务直接有关的生产经营活动的企业、事业单位或者社会组织，能够利用农民专业合作社提供的服务，承认并遵守农民专业合作社章程，履行章程规定的入社手续的，可以成为农民专业合作社的成员。但是，具有管理公共事务职能的单位不得加入农民专业合作社。

农民专业合作社应当置备成员名册，并报登记机关。

第 20 条 农民专业合作社的成员中，农民至少应当占成员总数的百分之八十。

成员总数二十人以下的，可以有一个企业、事业单位或者社会组织成员；成员总数超过二十人的，企业、事业单位和社会组织成员不得超过成员总数的百分之五。

第 21 条 农民专业合作社成员享有下列权利：

（一）参加成员大会，并享有表决权、选举权和被选举权，按照章程规定对本社实行民主管理；

（二）利用本社提供的服务和生产经营设施；

（三）按照章程规定或者成员大会决议分享盈余；

（四）查阅本社的章程、成员名册、成员大会或者成员代表大会记录、理事会会议决议、监事会会议决议、财务会计报告、会计账簿和财务审计报告；

（五）章程规定的其他权利。

第 22 条 农民专业合作社成员大会选举和表决，实行一人一票制，成员各享有一票的基本表决权。

出资额或者与本社交易量（额）较大的成员按照章程规定，可以享有附加表决权。本社的附加表决权总票数，不得超过本社成员基本表决权总票数的百分之二十。享有附加表决权的成员及其享有的附加表决权数，应当在每次成员大会召开时告知出席会议的全体成员。

第 23 条 农民专业合作社成员承担下列义务：

（一）执行成员大会、成员代表大会和理事会的决议；

（二）按照章程规定向本社出资；

（三）按照章程规定与本社进行交易；

（四）按照章程规定承担亏损；

（五）章程规定的其他义务。

第 24 条 符合本法第十九条、第二十条规定的公民、企业、事业单位或者社会组织，要求加入已成立的农民专业合作社，应当向理事长或者理事会提出书面申请，经成员大会或者成员代表大会表决通过后，成为本社成员。

第 25 条 农民专业合作社成员要求退社的，应当在会计年度终了的三个月前向理事长或者理事会提出书面申请；其中，企业、事业单位或者社会组织成员退社，应当在会计年度终了的六个月前提出；章程另有规定的，从其规定。退社成员的成员资格自会计年度终了时终止。

第 26 条 农民专业合作社成员不遵守农民专业合作社的章程、成员大会或者成员代表大会的决议，或者严重危害其他成员及农民专业合作社利益的，可以予以除名。

成员的除名，应当经成员大会或者成员代表大会表决通过。

在实施前款规定时，应当为该成员提供陈述意见的机会。

被除名成员的成员资格自会计年度终了时终止。

第27条 成员在其资格终止前与农民专业合作社已订立的合同，应当继续履行；章程另有规定或者与本社另有约定的除外。

第28条 成员资格终止的，农民专业合作社应当按照章程规定的方式和期限，退还记载在该成员账户内的出资额和公积金份额；对成员资格终止前的可分配盈余，依照本法第四十四条的规定向其返还。

资格终止的成员应当按照章程规定分摊资格终止前本社的亏损及债务。

第四章 组 织 机 构

第29条 农民专业合作社成员大会由全体成员组成，是本社的权力机构，行使下列职权：

（一）修改章程；

（二）选举和罢免理事长、理事、执行监事或者监事会成员；

（三）决定重大财产处置、对外投资、对外担保和生产经营活动中的其他重大事项；

（四）批准年度业务报告、盈余分配方案、亏损处理方案；

（五）对合并、分立、解散、清算，以及设立、加入联合社等作出决议；

（六）决定聘用经营管理人员和专业技术人员的数量、资格和任期；

（七）听取理事长或者理事会关于成员变动情况的报告，对成员的入社、除名等作出决议；

（八）公积金的提取及使用；

（九）章程规定的其他职权。

第30条 农民专业合作社召开成员大会，出席人数应当达到成员总数三分之二以上。

成员大会选举或者作出决议，应当由本社成员表决权总数过半数通过；作出修改章程或者合并、分立、解散，以及设立、加入联合社的决议应当由本社成员表决权总数的三分之二以上通过。章程对表决权数有较高规定的，从其规定。

第31条　农民专业合作社成员大会每年至少召开一次，会议的召集由章程规定。有下列情形之一的，应当在二十日内召开临时成员大会：

（一）百分之三十以上的成员提议；

（二）执行监事或者监事会提议；

（三）章程规定的其他情形。

第32条　农民专业合作社成员超过一百五十人的，可以按照章程规定设立成员代表大会。成员代表大会按照章程规定可以行使成员大会的部分或者全部职权。

依法设立成员代表大会的，成员代表人数一般为成员总人数的百分之十，最低人数为五十一人。

第33条　农民专业合作社设理事长一名，可以设理事会。理事长为本社的法定代表人。

农民专业合作社可以设执行监事或者监事会。理事长、理事、经理和财务会计人员不得兼任监事。

理事长、理事、执行监事或者监事会成员，由成员大会从本社成员中选举产生，依照本法和章程的规定行使职权，对成员大会负责。

理事会会议、监事会会议的表决，实行一人一票。

第34条　农民专业合作社的成员大会、成员代表大会、理事会、监事会，应当将所议事项的决定作成会议记录，出席会议的成员、成员代表、理事、监事应当在会议记录上签名。

第35条　农民专业合作社的理事长或者理事会可以按照成

员大会的决定聘任经理和财务会计人员，理事长或者理事可以兼任经理。经理按照章程规定或者理事会的决定，可以聘任其他人员。

经理按照章程规定和理事长或者理事会授权，负责具体生产经营活动。

第 36 条　农民专业合作社的理事长、理事和管理人员不得有下列行为：

（一）侵占、挪用或者私分本社资产；

（二）违反章程规定或者未经成员大会同意，将本社资金借贷给他人或者以本社资产为他人提供担保；

（三）接受他人与本社交易的佣金归为己有；

（四）从事损害本社经济利益的其他活动。

理事长、理事和管理人员违反前款规定所得的收入，应当归本社所有；给本社造成损失的，应当承担赔偿责任。

第 37 条　农民专业合作社的理事长、理事、经理不得兼任业务性质相同的其他农民专业合作社的理事长、理事、监事、经理。

第 38 条　执行与农民专业合作社业务有关公务的人员，不得担任农民专业合作社的理事长、理事、监事、经理或者财务会计人员。

第二十八条　粮食主产区、产粮大县利益补偿机制

国家健全粮食主产区利益补偿机制，完善对粮食主产区和产粮大县的财政转移支付制度，调动粮食生产积极性。

省、自治区、直辖市人民政府可以根据本行政区域实际情况，建立健全对产粮大县的利益补偿机制，提高粮食安全保障相关指标在产粮大县经济社会发展综合考核中的比重。

第四章　粮 食 储 备

| 第二十九条 | 政府粮食储备体系 |

国家建立政府粮食储备体系。政府粮食储备分为中央政府储备和地方政府储备。政府粮食储备用于调节粮食供求、稳定粮食市场、应对突发事件等。

中央政府粮食储备规模和地方政府粮食储备总量规模由国务院确定并实行动态调整。政府粮食储备的品种结构、区域布局按照国务院有关规定确定。

政府粮食储备的收购、销售、轮换、动用等应当严格按照国家有关规定执行。

● 法　律

1. 《农业法》（2012 年 12 月 28 日）

第 92 条　有下列行为之一的，由上级主管机关责令限期归还被截留、挪用的资金，没收非法所得，并由上级主管机关或者所在单位给予直接负责的主管人员和其他直接责任人员行政处分；构成犯罪的，依法追究刑事责任：

（一）违反本法第三十三条第三款规定，截留、挪用粮食收购资金的；

（二）违反本法第三十九条第二款规定，截留、挪用用于农业的财政资金和信贷资金的；

（三）违反本法第八十六条第三款规定，截留、挪用扶贫资金的。

2. **《中央储备粮管理条例》**（2016 年 2 月 6 日）

第一章　总　　则

第 1 条　为了加强对中央储备粮的管理，保证中央储备粮数量真实、质量良好和储存安全，保护农民利益，维护粮食市场稳定，有效发挥中央储备粮在国家宏观调控中的作用，制定本条例。

第 2 条　本条例所称中央储备粮，是指中央政府储备的用于调节全国粮食供求总量，稳定粮食市场，以及应对重大自然灾害或者其他突发事件等情况的粮食和食用油。

第 3 条　从事和参与中央储备粮经营管理、监督活动的单位和个人，必须遵守本条例。

第 4 条　国家实行中央储备粮垂直管理体制，地方各级人民政府及有关部门应当对中央储备粮的垂直管理给予支持和协助。

第 5 条　中央储备粮的管理应当严格制度、严格管理、严格责任，确保中央储备粮数量真实、质量良好和储存安全，确保中央储备粮储得进、管得好、调得动、用得上并节约成本、费用。

未经国务院批准，任何单位和个人不得擅自动用中央储备粮。

第 6 条　国务院发展改革部门及国家粮食行政管理部门会同国务院财政部门负责拟订中央储备粮规模总量、总体布局和动用的宏观调控意见，对中央储备粮管理进行指导和协调；国家粮食行政管理部门负责中央储备粮的行政管理，对中央储备粮的数量、质量和储存安全实施监督检查。

第 7 条　国务院财政部门负责安排中央储备粮的贷款利息、管理费用等财政补贴，并保证及时、足额拨付；负责对中央储备粮有关财务执行情况实施监督检查。

第 8 条　中国储备粮管理总公司具体负责中央储备粮的经营

管理，并对中央储备粮的数量、质量和储存安全负责。

中国储备粮管理总公司依照国家有关中央储备粮管理的行政法规、规章、国家标准和技术规范，建立、健全中央储备粮各项业务管理制度，并报国家粮食行政管理部门备案。

第 9 条 中国农业发展银行负责按照国家有关规定，及时、足额安排中央储备粮所需贷款，并对发放的中央储备粮贷款实施信贷监管。

第 10 条 任何单位和个人不得以任何方式骗取、挤占、截留、挪用中央储备粮贷款或者贷款利息、管理费用等财政补贴。

第 11 条 任何单位和个人不得破坏中央储备粮的仓储设施，不得偷盗、哄抢或者损毁中央储备粮。

中央储备粮储存地的地方人民政府对破坏中央储备粮仓储设施，偷盗、哄抢或者损毁中央储备粮的违法行为，应当及时组织有关部门予以制止、查处。

第 12 条 任何单位和个人对中央储备粮经营管理中的违法行为，均有权向国家粮食行政管理部门等有关部门举报。国家粮食行政管理部门等有关部门接到举报后，应当及时查处；举报事项的处理属于其他部门职责范围的，应当及时移送其他部门处理。

● 部门规章及文件

3. 《中央储备棉仓储管理办法》（2023 年 1 月 3 日）

第二章 基本要求

第 6 条 中储粮集团公司和承储企业应当严格执行中央储备棉的出入库计划，落实计划下达的品种、数量、质量和储存地点，不得擅自动用、轮换、串换品种、变更库点。

第 7 条 中储粮集团公司和承储企业负责中央储备棉的日常管理，健全企业内控制度和运行机制，落实安全管理责任，确保中央储备棉数量、质量和储存安全。

中储粮集团公司应当监督直属企业与代储企业、出租企业签订合同，明确权利义务。直属企业应当指导代储企业中央储备棉仓储管理业务，督促其做好中央储备棉仓储保管工作。租赁库点视同直属企业管理。

第8条 承储企业应当具备独立法人资格，符合中央储备棉储存条件，仓库位置及周边环境有利于储存安全和交通调运，库房和库区符合储备棉储存设计要求以及火灾扑救条件等。代储企业无不良信用记录和重大法律纠纷。

第9条 承储企业用于储存中央储备棉的仓储设施应当配置完好、功能可靠，并符合安全生产等有关规定。库区内其他设施不得影响储备棉业务。

承储中央储备棉的仓储设施不得被随意侵占、拆除或迁移，不得影响储备棉安全。

第10条 中央储备棉在库储存保管，要采取人防、物防、技防等有效措施，满足防水、防潮、防漏、防火、防雷、防盗、防倾塌、防霉变、防虫鼠、防污染等要求，防止出现虫蛀鼠咬、霉烂变质、火灾盗窃、差错事故等情况。库房窗户要进行避光处理，防止发生聚光效应。

第11条 承储企业应当加强恶劣天气监测预警和防范。出现暴风雨、洪水等情况，要及时启动应急预案，确保人员、财产安全。

第12条 中储粮集团公司统一设计和制作中央储备棉标识标牌样式。承储企业应当在承储库房门、外墙等醒目位置涂刷或悬挂标识标牌，库号在储存周期内不得变动。

中央储备棉的标识为"ZCM"。库房不储存中央储备棉时，标识标牌由中储粮集团公司安排撤除。

第13条 承储企业要确保中央储备棉在专门库房内储存，不得与其他商品或储备同库房混存。

第 14 条　承储企业应当配备经过培训的专业人员在库从事仓储管理工作。保管员负责所管库房的中央储备棉的日常检查和规范作业，发现问题隐患及时妥善处置和上报，并做好相关记录，保证账卡图表记载内容的完整性、真实性。

第 15 条　承储企业应当在库房内相对统一、显著的位置设置中央储备棉库房平面图、中央储备棉码位卡。

中央储备棉库房平面图内容包括库房号、该库房的总件数和重量、入库时间、保管员、垛号、该垛的合计批次数、件数、重量、备注和该垛号下每个码位号的批次数、件数、重量和备注。

中央储备棉码位卡内容包括库房号、垛号、码位号、件数、入库时间、重量、保管员、批号、该批的层序号、产地、加工单位和备注。

中央储备棉库房平面图、码位卡要与账表、实物相互对应，确保账、货、卡、图、表五相符，做到数据真实准确、记录及时。

第 16 条　承储企业应当对仓储设施、机械设备等定期进行检查和维护保养并做好维护记录，避免设施设备故障造成中央储备棉质量变异、储存隐患或者作业风险。作业结束后，设施设备在指定区域摆放整齐，分类清楚，卡物相符，账实相符。

第 17 条　承储企业要建立中央储备棉保管台账，妥善保管作业单据和公检、商检证书等凭证资料。台账、出入库凭证资料按照档案管理规定存档备查，电子台账长期保存，其他用于监督检查需要的材料至少保留 5 年。

第 18 条　中储粮集团公司和承储企业要严格遵守国家有关保密法律法规，对工作中掌握的国家秘密和敏感信息等负有保密责任。

第三章　储存堆码

第 19 条　承储企业应当对不同产地、不同来源的中央储备棉包分类置放。

国产棉按批堆码，进口棉按集装箱堆码。一般情况下，不同产地、不同国家的棉花不得堆放在一个码位上。确因批次收尾拼接、保持棉垛安全稳固和有效利用存储空间，允许同一垛位有个别码位置放不同类别的棉包。

第20条　承储企业要确保中央储备棉堆码稳固安全、垛线整齐，储存期间垛位不发生明显倾斜。静态管理时，库房的主通道（含垛与垛之间2m通道）两侧棉包表层、其他部位四层以下棉包表层的露白相邻两边均不得超过3cm。

棉垛不得出现倾塌、棉包坠落等态势，表层不得有严重炸包，否则应当重新整理棉包，确保棉垛稳固。

第21条　承储企业根据库房情况合理确定中央储备棉储量和垛数、垛位、垛形及起码位置，规范码垛。垛底放置垫材，高度不低于0.2m；地面已做防潮处理的，不低于0.15m。垫材摆放平整，不得使用砖头或未经处理的木头等吸湿类材料；间距一般不小于0.3m，可根据通风、检查等需要适当调整。

堆码时棉包一般为平放，交叉压缝，外观无立包竖放；对于不规则棉包，确有必要立包竖放的，做好安全防护。垛高一般为16层棉包，在不影响火灾报警装置正常工作情况下，允许加高1层放置少量棉包，棉垛重量不得超过地坪负荷。

标准库房（2000平米）主安全通道宽度不小于3.6m，且不小于对应库房大门宽度。墙距不小于0.5m。垛与柱的距离不小于0.3m。梁（顶）距不小于1m。垛位边缘不得超出垛位线，不得堵塞安全通道。其他规格库房，在满足消防要求的前提下，参照上述堆码规范执行。

第22条　库内码垛、搬倒、出库等作业结束后，要及时清扫作业现场，并彻底检查库房及其周围，排除异常情况；至少72小时内持续对作业面进行巡查。

第 23 条　中央储备棉直属企业库区及库房应当遵循专门的设计规范，储存形式、消防措施等符合专业化要求；附属设施建设遵循节约、高效的原则，服务于中央储备棉在库管理和日常运行需要。

第 24 条　中央储备棉如因待检、入库前观察、搬倒、转运等特殊情况，确需在库房外临时存放，中储粮集团公司及承储企业要采取有效措施并严格管理，不得因库房外存放致使中央储备棉数量、质量受损或造成储存安全事故。

第四章　保管养护

第 25 条　中央储备棉静态储存期间，承储企业每周查库不少于 2 次，每次查库时间间隔不少于 3 天；作业期间及结束后一周内对作业库房每天全面查库 2 次；异常天气下根据需要增加查库次数。检查情况如实形成日常养护查库记录。

第 26 条　承储企业应当确保储存库房内干净整洁，无杂物、积尘，发现库房内有蜘蛛网或棉包有虫蛀鼠咬迹象，要及时处置。

第 27 条　中央储备棉储存库房应当监测记录库房内温湿度等情况，根据天气变化和库内外温度、湿度差异，适时通风散湿、散热或关闭库房门窗等。

第 28 条　承储企业组织人员检查库房时，要高度警惕库内异味。如发现异常，应当立即组织力量排查，找出异味来源，消除安全隐患。

第三十条　政府粮食储备单位的管理原则

承储政府粮食储备的企业或者其他组织应当遵守法律、法规和国家有关规定，实行储备与商业性经营业务分开，建立健全内部管理制度，落实安全生产责任和消防安全责任，对承储粮食数量、质量负责，实施粮食安全风险事项报告制度，确保政府粮食储备安全。

承储中央政府粮食储备和省级地方政府粮食储备的企业应当剥离商业性经营业务。

政府粮食储备的收购、销售、轮换、动用等应当进行全过程记录，实现政府粮食储备信息实时采集、处理、传输、共享，确保可查询、可追溯。

● 行政法规及文件

1.《中央储备粮管理条例》（2016年2月6日）

第二章　中央储备粮的计划

第13条　中央储备粮的储存规模、品种和总体布局方案，由国务院发展改革部门及国家粮食行政管理部门会同国务院财政部门，根据国家宏观调控需要和财政承受能力提出，报国务院批准。

第14条　中央储备粮的收购、销售计划，由国家粮食行政管理部门根据国务院批准的中央储备粮储存规模、品种和总体布局方案提出建议，经国务院发展改革部门、国务院财政部门审核同意后，由国务院发展改革部门及国家粮食行政管理部门会同国务院财政部门和中国农业发展银行共同下达中国储备粮管理总公司。

第15条　中国储备粮管理总公司根据中央储备粮的收购、销售计划，具体组织实施中央储备粮的收购、销售。

第16条　中央储备粮实行均衡轮换制度，每年轮换的数量一般为中央储备粮储存总量的20%至30%。

中国储备粮管理总公司应当根据中央储备粮的品质情况和入库年限，提出中央储备粮年度轮换的数量、品种和分地区计划，报国家粮食行政管理部门、国务院财政部门和中国农业发展银行批准。中国储备粮管理总公司在年度轮换计划内根据粮食市场供求状况，具体组织实施中央储备粮的轮换。

第17条　中国储备粮管理总公司应当将中央储备粮收购、销售、年度轮换计划的具体执行情况，及时报国务院发展改革部门、国家粮食行政管理部门和国务院财政部门备案，并抄送中国农业发展银行。

第三章　中央储备粮的储存

第18条　中国储备粮管理总公司直属企业为专门储存中央储备粮的企业。

中央储备粮也可以依照本条例的规定由具备条件的其他企业代储。

第19条　代储中央储备粮的企业，应当具备下列条件：

（一）仓库容量达到国家规定的规模，仓库条件符合国家标准和技术规范的要求；

（二）具有与粮食储存功能、仓型、进出粮方式、粮食品种、储粮周期等相适应的仓储设备；

（三）具有符合国家标准的中央储备粮质量等级检测仪器和场所，具备检测中央储备粮储存期间仓库内温度、水分、害虫密度的条件；

（四）具有经过专业培训的粮油保管员、粮油质量检验员等管理技术人员；

（五）经营管理和信誉良好，并无严重违法经营记录。

选择代储中央储备粮的企业，应当遵循有利于中央储备粮的合理布局，有利于中央储备粮的集中管理和监督，有利于降低中央储备粮成本、费用的原则。

第20条　具备本条例第十九条规定代储条件的企业，经国家粮食行政管理部门审核同意，取得代储中央储备粮的资格。

企业代储中央储备粮的资格认定办法，由国家粮食行政管理部门会同国务院财政部门，并征求中国农业发展银行和中国储备粮管理总公司的意见制定。

第 21 条　中国储备粮管理总公司负责从取得代储中央储备粮资格的企业中，根据中央储备粮的总体布局方案择优选定中央储备粮代储企业，报国家粮食行政管理部门、国务院财政部门和中国农业发展银行备案，并抄送当地粮食行政管理部门。

中国储备粮管理总公司应当与中央储备粮代储企业签订合同，明确双方的权利、义务和违约责任等事项。

中央储备粮代储企业不得将中央储备粮轮换业务与其他业务混合经营。

第 22 条　中国储备粮管理总公司直属企业、中央储备粮代储企业（以下统称承储企业）储存中央储备粮，应当严格执行国家有关中央储备粮管理的行政法规、规章、国家标准和技术规范，以及中国储备粮管理总公司依照有关行政法规、规章、国家标准和技术规范制定的各项业务管理制度。

第 23 条　承储企业必须保证入库的中央储备粮达到收购、轮换计划规定的质量等级，并符合国家规定的质量标准。

第 24 条　承储企业应当对中央储备粮实行专仓储存、专人保管、专账记载，保证中央储备粮账账相符、账实相符、质量良好、储存安全。

第 25 条　承储企业不得虚报、瞒报中央储备粮的数量，不得在中央储备粮中掺杂掺假、以次充好，不得擅自串换中央储备粮的品种、变更中央储备粮的储存地点，不得因延误轮换或者管理不善造成中央储备粮陈化、霉变。

第 26 条　承储企业不得以低价购进高价入账、高价售出低价入账、以旧粮顶替新粮、虚增入库成本等手段套取差价，骗取中央储备粮贷款和贷款利息、管理费用等财政补贴。

第 27 条　承储企业应当建立、健全中央储备粮的防火、防盗、防洪等安全管理制度，并配备必要的安全防护设施。

地方各级人民政府应当支持本行政区域内的承储企业做好中

央储备粮的安全管理工作。

第 28 条　承储企业应当对中央储备粮的储存管理状况进行经常性检查；发现中央储备粮数量、质量和储存安全等方面的问题，应当及时处理；不能处理的，承储企业的主要负责人必须及时报告中国储备粮管理总公司或者其分支机构。

第 29 条　承储企业应当在轮换计划规定的时间内完成中央储备粮的轮换。

中央储备粮的轮换应当遵循有利于保证中央储备粮的数量、质量和储存安全，保持粮食市场稳定，防止造成市场粮价剧烈波动，节约成本、提高效率的原则。

中央储备粮轮换的具体管理办法，由国务院发展改革部门及国家粮食行政管理部门会同国务院财政部门，并征求中国农业发展银行和中国储备粮管理总公司的意见制定。

第 30 条　中央储备粮的收购、销售、轮换原则上应当通过规范的粮食批发市场公开进行，也可以通过国家规定的其他方式进行。

第 31 条　承储企业不得以中央储备粮对外进行担保或者对外清偿债务。

承储企业依法被撤销、解散或者破产的，其储存的中央储备粮由中国储备粮管理总公司负责调出另储。

第 32 条　中央储备粮的管理费用补贴实行定额包干，由国务院财政部门拨付给中国储备粮管理总公司；中国储备粮管理总公司按照国务院财政部门的有关规定，通过中国农业发展银行补贴专户，及时、足额拨付到承储企业。中国储备粮管理总公司在中央储备粮管理费用补贴包干总额内，可以根据不同储存条件和实际费用水平，适当调整不同地区、不同品种、不同承储企业的管理费用补贴标准；但同一地区、同一品种、储存条件基本相同的承储企业的管理费用补贴标准原则上应当一致。

中央储备粮的贷款利息实行据实补贴，由国务院财政部门拨付。

第 33 条　中央储备粮贷款实行贷款与粮食库存值增减挂钩和专户管理、专款专用。

承储企业应当在中国农业发展银行开立基本账户，并接受中国农业发展银行的信贷监管。

中国储备粮管理总公司应当创造条件，逐步实行中央储备粮贷款统借统还。

第 34 条　中央储备粮的入库成本由国务院财政部门负责核定。中央储备粮的入库成本一经核定，中国储备粮管理总公司及其分支机构和承储企业必须遵照执行。

任何单位和个人不得擅自更改中央储备粮入库成本。

第 35 条　国家建立中央储备粮损失、损耗处理制度，及时处理所发生的损失、损耗。具体办法由国务院财政部门会同国家粮食行政管理部门，并征求中国储备粮管理总公司和中国农业发展银行的意见制定。

第 36 条　中国储备粮管理总公司应当定期统计、分析中央储备粮的储存管理情况，并将统计、分析情况报送国务院发展改革部门、国家粮食行政管理部门、国务院财政部门及中国农业发展银行。

第四章　中央储备粮的动用

第 37 条　国务院发展改革部门及国家粮食行政管理部门，应当完善中央储备粮的动用预警机制，加强对需要动用中央储备粮情况的监测，适时提出动用中央储备粮的建议。

第 38 条　出现下列情况之一的，可以动用中央储备粮：

（一）全国或者部分地区粮食明显供不应求或者市场价格异常波动；

（二）发生重大自然灾害或者其他突发事件需要动用中央储备粮；

（三）国务院认为需要动用中央储备粮的其他情形。

第 39 条　动用中央储备粮，由国务院发展改革部门及国家粮食行政管理部门会同国务院财政部门提出动用方案，报国务院批准。动用方案应当包括动用中央储备粮的品种、数量、质量、价格、使用安排、运输保障等内容。

第 40 条　国务院发展改革部门及国家粮食行政管理部门，根据国务院批准的中央储备粮动用方案下达动用命令，由中国储备粮管理总公司具体组织实施。

紧急情况下，国务院直接决定动用中央储备粮并下达动用命令。

国务院有关部门和有关地方人民政府对中央储备粮动用命令的实施，应当给予支持、配合。

第 41 条　任何单位和个人不得拒绝执行或者擅自改变中央储备粮动用命令。

● 部门规章及文件

2.《粮食仓储企业重大生产安全事故隐患判定标准（试行）》
（2023 年 6 月 25 日）

第 1 条　为准确判定、及时消除粮食仓储企业重大生产安全事故隐患（以下简称重大事故隐患），根据《中华人民共和国安全生产法》等法律、行政法规，制定本标准。

第 2 条　本标准适用于粮食仓储企业重大事故隐患的判定，法律、行政法规和国家标准、行业标准另有规定的，从其规定。其中涉及危险化学品、消防（火灾）、特种设备等方面的重大事故隐患判定另有规定的，适用其规定。

第 3 条　粮食仓储企业有下列情形之一的，应当判定为重大事故隐患：

（一）未对承包单位、承租单位的安全生产工作统一协调、管理，或者未定期进行安全检查的；

126

（二）特种作业人员未按照规定经专门的安全作业培训并取得相应资格，上岗作业的。

第4条　在房式仓、筒仓（含立筒仓、浅圆仓，下同）、简易仓囤及烘干塔粮食进出仓作业时，有下列情形之一的，应当判定为重大事故隐患：

（一）未对可能意外启动的设备和涌入的物料、高温气体、有毒有害气体等采取隔离措施的；

（二）未落实防止高处坠落、坍塌等安全措施的。

第5条　粮食熏蒸作业或熏蒸散气时，有下列情形之一的，应当判定为重大事故隐患：

（一）熏蒸作业未制定作业方案、未经粮库负责人审批，或者熏蒸负责人及操作人员未经专业培训合格的；

（二）在存在磷化氢的作业场所未配备磷化氢气体浓度检测报警仪器，或者未采用测氧仪检测氧气浓度，或者未配备检验合格的呼吸防护用品的；

（三）未设置警戒线、警示标志，或者熏蒸作业前未确认无关人员全部撤离熏蒸作业场所的。

第6条　房式仓、罩棚仓、筒仓及配套工作塔、连廊、输粮地沟等存在粉尘爆炸危险的区域，有下列情形之一的，应当判定为重大事故隐患：

（一）未制定和落实粉尘清理制度或作业现场积尘严重的；

（二）未按规定使用防爆电器设备设施的。

第7条　在存在中毒风险的有限空间作业时，包括气调仓、烘干塔、卸粮仓、地上（下）通廊及药品库等区域，有下列情形之一的，应当判定为重大事故隐患：

（一）未对有限空间进行辨识、建立安全管理台账，并且未设置明显的安全警示标志的；

（二）未落实有限空间作业审批，或者未执行"先通风、再监测、后作业"要求，或者作业现场未设置监护人员的。

第8条　本办法由国家局承担安全生产监管职能的司局负责解释，自印发之日起施行。

● 地方性法规及文件

3.《辽宁省地方储备粮管理条例》（2021年5月27日）

第7条　承储企业应当具备与其承储粮食品种、数量相适应的仓储、保管、质量安全检验等能力，仓储容量达到规定的规模，仓储设施和仓储条件符合国家标准和技术规范以及安全生产法律、法规的要求。

承储企业资格由粮食和储备行政管理部门确定。运营管理企业应当从具备资格的企业中，按照布局合理、便于监管和降本节费的原则，择优公开选定承储企业；没有运营管理企业的市、县由同级人民政府指定部门选定。具体办法，由省人民政府另行制定。

承储企业依法解散、被宣告破产，以及其他法定原因而终止的，或者被取消承储资格的，其储存的地方储备粮由本级粮食和储备行政管理部门依法调出另储。

4.《广东省粮食安全保障条例》（2021年9月29日）

第17条　县级以上人民政府的政府储备粮，由本级人民政府直属粮库储存，需要委托其他具备条件的粮食企业承储的，应当通过招标的方式确定。

承储政府储备粮的企业，应当具备下列基本条件：

（一）仓库容量达到国家和省规定的标准；

（二）具有粮食保管、通风、进出仓、虫害防治等仓储设施，并符合国家和省规定的技术规范；

（三）具备符合国家和省规定的粮食质量检测能力和对粮食储存温度、水分、虫害状况等监测条件；

（四）有经过专业培训的粮食保管、质量检验等管理技术人员；

（五）经营管理和信誉良好，没有违法违规经营记录。

第三十一条　政府粮食储备单位的储粮规范

承储政府粮食储备的企业或者其他组织应当保证政府粮食储备账实相符、账账相符，实行专仓储存、专人保管、专账记载，不得虚报、瞒报政府粮食储备数量、质量、品种。

承储政府粮食储备的企业或者其他组织应当执行储备粮食质量安全检验监测制度，保证政府粮食储备符合规定的质量安全标准、达到规定的质量等级。

● 部门规章及文件

1.《政府储备粮油质量检查扦样检验管理办法》（2023 年 3 月 27 日）

第 2 条　本办法适用于粮食和物资储备行政管理部门组织开展，以及会同有关部门和单位联合组织开展的政府储备质量检查扦样检验工作。

本办法所称政府储备，包括中央政府储备和地方政府储备。

第 3 条　牵头组织单位应当制定扦样检验方案，明确扦样方式，确定检验项目、检验方式和检验结果判定要求等，并委托粮食质量安全检验机构承担扦样检验任务。

第 4 条　政府储备承储企业和承储库点应当主动配合做好质量检查扦样工作。具体承储库点应当提供扦样器、分样器等必要设备和必须的安全生产防护用品，以及其他便利条件；如实提供粮食库存数量、品种、货位分布图和相关货位粮食质量档案、粮情信息、虫害及施药情况、储粮技术措施等资料，供检查扦样人员查阅和记录；选派必要的专业人员积极配合协助扦样，确保工作顺利开展。

第 5 条　承担政府储备扦样、检验任务的机构（以下简称承检机构）应当依法依规取得资质认定。扦样、检验人员，应当熟悉政府储备管理有关法律法规、政策标准、安全作业等相关知识，具备粮食质量检查扦样、检验专业技能和实际工作经验。

扦样、检验应当执行国家有关标准和政策规定，并按照扦样检验方案或者委托任务书的要求开展工作。

第6条　中央政府储备扦样信息和检验结果应当按规定纳入国家粮食和物资管理平台，地方政府储备扦样信息和检验结果应当按规定纳入所在地省级粮食和物资管理平台。

第7条　承检机构应当按照扦样检验方案或者委托任务书要求，重点做好以下工作：

（一）准备测距仪、记录仪（或者其他视频拍摄设备）、扦样器（含深层）、记录夹、样品袋（瓶）、封条（标签）等工具和用具，按要求准备相关表格，做好扦样人员的技术培训工作。

（二）收集和整理国家和相关省份粮食安全储存水分规定等质量管理制度，向牵头组织单位确认各类政府储备粮油的具体质量要求。

（三）制定样品集并和转送工作方案，明确专人、专车，或者邮寄、快递等方式，确保样品按要求送达。

（四）指派专业技术人员赴承储库点扦样，每个小组的扦样人员不得少于2人。扦样人员到达承储库点后，应当出示相关文件或者委托方出具的委托任务书原件（或者复印件）以及相关函件等材料，按要求实施扦样、分样和封样，做好样品信息记录。扦样场所、储存环境、样品信息以及扦样过程重要节点应当录像或者拍照。扦样时确保人身安全。

（五）指定专人负责核对、录入样品的原始信息和检验结果。

第8条　散装粮食扦样。

扦样的粮食应当已形成规范的粮堆形态（粮面可有正常的垄沟等）。大型房式仓和圆仓（含筒式仓）等均以不超过2000吨为一个检验单位，分区扦样，每增加 2000 吨应当增加一个检验单位。圆仓以扦样器能够达到的深度为准计算粮食代表数量。

扦样点布置应当以扦取的样品能够反映被扦样区域粮食质量的整体状况为原则。分区及扦样布点等要求见附件 1，扦样人员可根据粮堆实际情况和检查需要对扦样点位置进行适当调整。每个检验单位全部样品充分混合均匀后分样，形成检验样品。

小型仓房（货位）可在同品种、同等级、同批次、同生产年份、同储存条件下，以代表数量不超过 2000 吨为原则，按权重比例从各仓房（货位）扦取适量样品合并，充分混合均匀后分样，形成检验样品。不能合并扦样的，应当分别扦样、分样形成检验样品。

第 9 条　包装粮食扦样。

在同品种、同等级、同批次、同生产年份、同储存条件下，以不超过 2000 吨为一个检验单位分区扦样。扦样时应当尽量避免破坏既有储粮形态，若有必要，可以翻包打井，扦取中层样品；如翻包打井确有困难，可在粮垛边缘和上层设点扦样。各点等量样品合并，充分混合均匀后分样，形成检验样品。

对"包打围"情况的粮食，若包装粮食数量超过整体粮食数量的 30%，应当对散装粮食和包装粮食按数量权重分别按前述要求扦取适量样品，混合均匀后分样，形成检验样品。

对大米、小麦粉等包装成品粮，应当从同一批次样品的不同部位扦样。对净含量不超过 5 千克的小包装产品，扦取不少于 3 个独立包装；对净含量超过 5 千克的大包装产品，可从不少于 2 个独立包装产品中扦样，每个独立包装扦取的样品数量应当基本一致，充分混合均匀后分样，形成检验样品。

第 10 条　食用植物油扦样。

散装油以一个油罐（货位）为一个检验单位，从罐顶检查口或者取样口用油脂扦样器分层扦样。

扦样按从上至下的位置顺序进行，在罐内油深 1/10、1/2、9/10 处分别扦取顶部、中部、底部样品。顶部取样点距油面、底部取样点距罐底的距离应当不少于 50 厘米。顶部、中部、底部三层扦样质量比为 1∶3∶1。将各层检样混合，充分摇匀缩分后，形成检验样品。

对包装成品植物油，应当从同一批次样品的不同部位扦样。对净含量不超过 5 升的小包装产品，扦取不少于 3 个独立包装；对净含量超过 5 升的大包装产品，可从不少于 2 个独立包装产品中扦样，每个独立包装扦取的样品数量应当基本一致，充分摇匀缩分后，形成检验样品。

第 11 条 检验样品不少于一式三份，送承检机构检验、复核和备检。样品重量应当满足检验需求，原则上不超过合理的需要量。每份检验样品，小麦粉不少于 2.5 千克，小麦、稻谷、玉米不少于 2 千克，大豆、大米不少于 1 千克，植物油不少于 2 升。具体样品份数和每份样品重量由牵头组织单位根据检验项目等实际要求确定。在行政执法、专项检查等活动中，必要时可选择性随机扦样。

扦样时如发现整仓粮食中较为普遍混有外观色泽、气味与整批粮食存在明显差异的籽粒，且占比达到 10% 以上的，每份检验样品重量应当加倍。

第 12 条 扦样检验方案或者委托任务书对扦样有特殊要求的，承检机构按其要求进行扦样。发现受潮、结露、发热、结块、明显生霉、严重生虫、色泽气味异常等情况，应当对异常情况区域粮食单独扦样，采用拍照或者录像的方式准确记录相关问题、涉及区域、代表数量等信息。情况严重的，承检机构应当及时报告牵头组织单位。发现"埋样""换样"等行为或者粮堆中存在违规填充物的，承检机构应当收集相关证据第一时间报告牵头组织单位，经牵头组织单位核实后，应当立即调整扦样布点重新扦样。

正在实施熏蒸的仓房一般不安排扦样，但应当查验熏蒸记录并做好登记，可在散气通风符合要求后按规定实施补扦。正在实施气调储粮或者薄膜密闭的，应当视情况扦样，尽量避免破坏储粮条件。对未形成规范粮堆形态的一般不安排扦样；确需扦样的，可根据粮堆实际情况，在确保人身安全的前提下，以尽量能够反映被扦区域粮食质量的整体状况为原则，参照附件1的布点要求，以不超过2000吨为一个检验单位，分区布置扦样点。

第13条　扦取的检验样品应当在承储库点进行现场封样、编号，经扦样人和承储库点代表签字认可后加贴封口条，并采取防拆封措施。样品封样前不得离开扦样人员视野。样品编号应当在样品袋（瓶）外明确标识，不得涂改，并采用妥当方式避免破损、丢失。

第14条　扦样人应当查阅承储库点的有关记录和凭证，现场填写《粮油质量检查扦样登记表》（格式参照附件2-1、2-2，以下简称《扦样登记表》），绘制扦样布点图，详细记录相关原始信息，表中无填写内容的空格以斜杠填充，所填信息由扦样人和承储库点相关负责人共同签字确认。《扦样登记表》一式两份，一份留承储库点，一份交承检机构。

相关样品信息记录和影像资料交牵头组织单位审核并留存备查，留存时间应当不少于6年。

原则上，对每个检查库点，扦样人应当形成一份《粮油质量检查样品登统表》（格式参照附件2-3、2-4，以下简称《样品登统表》）。

第15条　扦取的样品应当按要求集并到承检机构。实行跨省交叉检验或者集中检验的样品，承担扦样任务的机构应当在扦样工作完成后2个工作日内或者按照牵头组织单位要求，安排专人、专车将样品送达或者寄送至指定的承检机构，并附《样品登统表》。

第16条　运送样品，应当采取密闭、控温和避光等必要措施，防止曝晒、雨淋、污染等，尽量缩短在途时间，确保样品包装完好，确保样品质量在运送和保管期间不发生明显变化。

第17条　承检机构接收样品时，应当认真检查样品包装和封条有无破损，样品在运送过程中是否受到雨淋、污染，是否存在其他可能对检验结果产生影响的情况，对照《扦样登记表》逐一清点核对样品，确认样品编号与《样品登统表》是否相符，并填写样品签收单。如发现存在样品信息有误或者不全、样品撒漏或者受损、封条破损等异常情况，承检机构应当及时采用拍照或者录像的方式准确记录，当场填写样品拒收告知书，并向扦样单位和牵头组织单位报告。

复核、备份样品应当在低温、干燥等适宜的环境中妥善保存，确保样品质量在保管期间不发生明显变化。备份样品保存时间不少于3个月或者按委托方要求的时限。若检验样品无需复核，复核样品的保存时间同备份样品。

第三章　检验与判定

第18条　检验项目按照扦样检验方案或者委托任务书要求执行。原则上，原粮质量检验的主要项目应当包括：水分、杂质、色泽气味；稻谷的出糙率、整精米率、黄粒米；小麦和青稞的容重、不完善粒；玉米的容重、不完善粒、霉变粒；大豆的完整粒率、损伤粒率、热损伤粒，进口大豆增加粗脂肪含量；其他需要检验的项目。

食用植物油质量检验的主要项目应当包括：气味滋味、水分及挥发物、不溶性杂质、酸价、过氧化值、溶剂残留量，其他需要检验的项目。

成品粮质量检验的主要项目应当包括相关国家标准规定的质量指标。

第19条 质量检验项目有一项不符合政府储备相关质量要求的，综合判定为不达标。评判是否达标时，对下列指标，应当按照相应的国家检验方法标准扣除允许偏差。即：

原粮"杂质"的允许偏差不大于0.3个百分点；

稻谷"黄粒米"的允许偏差不大于0.3个百分点；

小麦和青稞"不完善粒"的允许偏差不大于0.5个百分点；

玉米"不完善粒"的允许偏差不大于1.0个百分点。

入库水分应当符合安全水分要求。

地方政府相关部门对其地方政府储备质量达标评判有不低于本办法要求的规定，按照地方相关规定执行。

第20条 稻谷、小麦、玉米、大豆和食用植物油储存品质分别按《稻谷储存品质判定规则》（GB/T 20569）、《玉米储存品质判定规则》（GB/T 20570）、《小麦储存品质判定规则》（GB/T 20571）、《大豆储存品质判定规则》（GB/T 31785）国家标准和《粮油储存品质判定规则》等规定的项目进行检验和判定。判定结果分为宜存、轻度不宜存、重度不宜存。

国家对粮油储存品质判定有新规定的，按新规定执行。

第21条 食品安全检验项目按照相关国家食品安全标准进行检验和判定，有一项超过标准限量的，判定为不合格。

第22条 每个检验单位应当单独进行检验和判定。对于一个货位粮食数量超过2000吨，形成两个或者两个以上检验单位的，所有检验单位都符合要求，以同一货位各检验单位检验结果的加权平均值（以代表数量为权重），作为该货位整体检验结果；有一个检验单位质量指标或者储存品质指标不符合要求，即判定整个货位相关指标不符合要求，并注明问题粮食所在区域和代表数量；有检验单位食品安全指标不合格的，应当判定为"该货位存在食品安全不合格粮食"，并可根据粮堆位置、不合格指标等实际情况，将相关代表区域划分多个检验单位（每个检验单位粮食代表数量应当不小于 200 吨），分别单独扦样检验判定，进一步确定不合格粮食具体位置和数量。

对第十一条第二款的样品，应当将外观色泽、气味与整批粮食存在明显差异的籽粒单独挑出，计算所占比例，分别检验挑选出籽粒和挑选后样品的质量项目和储存品质。相关情况应当单独记录和报告。

第 23 条　承检机构收到样品后，应当在牵头组织单位要求的时限内完成检验工作，确保检验结果独立、客观、公正，并按照牵头组织单位要求，汇总、分析质量检查检验数据，填写《检验结果表》（格式参照附件 3-1、3-2、3-3、3-4、3-5、3-6），编写质量检验报告，以纸质文档和电子文档两种形式向牵头组织单位报送检验结果，纸质文档和电子文档内容应当保持一致。

第 24 条　牵头组织单位在审核承检机构报送材料的基础上，负责编写总体质量检查报告，按照有关规定向有关部门和单位通报或者报告。

对水分检验结果超过当地安全储存水分规定的（如当地安全储存水分没有明确规定，可参考国家粮食质量标准规定的水分），相关政府储备承储企业和承储库点，结合实际储粮条件，妥善采取控温、降水等措施，确保储粮安全。

第 25 条　承储单位对检查结果有异议的，应当自接到通报之日起 10 个自然日内，以书面形式提出复检申请并充分说明理由，处理原则按照《粮食质量安全监管办法》和《粮食质量安全风险监测管理暂行办法》有关规定执行。

第 26 条　相关粮食和物资储备行政管理部门收到复检申请后，认为存在检验程序不规范等情形需要复检的，检验机构应当复检；或者另行安排具备条件的县级以上粮食质量安全检验机构进行复检并通知初检机构。原则上使用备份样品进行复检，必要时可重新扦样进行复检。

2.《政府储备粮食质量安全管理办法》（2021年2月6日）

第一章 总　则

第1条　为保障政府储备粮食质量安全，规范质量管理，依据《粮食流通管理条例》、《中央储备粮管理条例》、《粮食质量安全监管办法》等法规制度和国家关于加强粮食储备安全管理的有关政策规定，制定本办法。

第2条　政府储备粮食入库、储存、出库环节质量安全管控及相关监督检查活动，适用本办法。

本办法所称政府储备粮食指中央储备和地方储备，包括原粮、成品粮、油料和食用植物油。

第3条　粮食和物资储备行政管理部门（以下简称粮食和储备部门）在本级政府领导下，负责本级政府储备粮食质量安全管理和监督检查；指导下一级粮食和储备部门开展政府储备粮食质量安全管理和监督检查。

国家粮食和储备部门负责对中央储备粮质量安全管理情况依法实施监管和年度考核。

国家粮食和储备部门垂直管理局（以下简称垂管局）负责监管辖区内中央储备粮质量安全管理情况。

地方粮食和储备部门在本级政府领导下，负责本级地方储备粮质量安全管理。对辖区内收购、储存环节中央储备的食品安全属地管理责任依照现行规定执行。

第4条　中国储备粮管理集团有限公司（以下简称中储粮集团公司）和地方储备运营主体对承储的政府储备粮食质量安全负责。

承担政府储备粮食储存任务、具有法人资格的单位（以下简称承储单位）履行粮食质量安全主体责任，依照相关法律法规、标准规范和政策规定从事政府储备粮食活动。

第二章 入库质量管控

第5条　采购的中央储备粮源应为最近粮食生产季生产的新

137

粮，各项常规质量指标符合国家标准中等（含）以上质量标准，储存品质指标符合宜存标准，食品安全指标符合食品安全国家标准限量规定。

采购的中央储备食用植物油应为近期新加工的产品，各项常规质量指标符合相关产品国家标准要求，储存品质指标符合宜存要求，食品安全指标符合食品安全国家标准限量规定。

地方储备原粮、油料和食用植物油质量安全要求可参照中央储备执行。采购的地方储备成品粮原则上应为30天内加工的产品，各项常规质量指标及包装标签标识符合国家标准要求，食品安全指标符合食品安全国家标准。地方储备粮的具体质量要求由省级粮食和储备部门牵头确定。

第6条　承储单位应具有能够保障政府储备粮食储存安全和质量安全的仓储设施和设备，并符合国家有关规定。具备与承储任务相适应的等级、水分、杂质等指标检验的仪器设备、检验场地以及相应的专业检验人员。建立健全粮食质量管理制度，明确质量管理岗位和责任人。

第7条　实行粮食收购入库质量安全检验制度。承储单位采购政府储备粮，应当按照相关标准和规定进行质量安全检验。

不符合政府储备粮食质量安全要求和有关规定，经整理后仍不达标的，不得入库。入库水分应符合安全水分要求。

第8条　建立政府储备粮食质量安全验收检验制度。粮食入库平仓后应进行验收检验，验收检验应包括常规质量指标、储存品质指标和食品安全指标。验收检验合格的，方可作为政府储备粮食。

验收检验应遵循客观、公正、科学、合理原则，委托有资质的粮食检验机构承担。

中储粮集团公司统一组织中央储备的验收检验，验收检验结果应及时抄送监管地垂管局以及省级粮食和储备部门备案。地方储备的验收检验要求由本级粮食和储备部门确定。

各级粮食和储备部门依职责对验收检验结果进行抽查。

第三章 储存和出库质量管控

第9条 承储单位应对验收合格确认为政府储备的粮食，实行专仓储存、专人保管，不得将品种、生产年份、等级和粮权不同的粮食混存。严禁虚报、瞒报政府储备质量、品种。按要求严格储粮化学药剂的使用和管理。

第10条 储存期间承储单位应严格执行质量管控相关规定，定期开展常规质量指标和储存品质指标检验，根据实际情况开展食品安全指标检验。政府储备粮食每年开展逐货位检验不少于 2 次，检验结果于每年 6 月末、11 月末前统一报粮食和储备部门。中央储备检验结果由中储粮集团公司分公司（或分支机构，下同）汇总后报中储粮集团公司，同时抄报监管地垂管局；中储粮集团公司汇总整理后报国家粮食和储备部门。地方储备检验结果按程序报本级和省级粮食和储备部门。

第11条 对发现的不宜存粮食，应及时结合年度轮换计划报请轮换。对于储存期间发生结露、虫害、发热、霉变等情况，承储单位应立即采取有效措施进行处置，最大限度降低损失。

第12条 建立政府储备粮食出库检验制度。出库检验应按规定委托有资质的粮食检验机构，检验结果作为出库质量依据。未经质量安全检验的粮食不得销售出库。出库粮食应附检验报告原件或复印件。出库检验项目应包括常规质量指标和食品安全指标。在储存期间施用过储粮药剂且未满安全间隔期的，还应增加储粮药剂残留检验，检验结果超标的应暂缓出库。食品安全指标超标的粮食，不得作为食用用途销售出库。

第13条 政府储备粮食入库后，应按规定及时建立逐货位质量安全档案。按时间顺序如实准确记录入库检验、自检、出库检验结果及有关问题整改情况，完整保存检验报告、原始记录的原件或复印件，不得伪造、篡改、损毁、丢失。政府储备粮食应加强信息化管理，承储单位应按照要求实行线上动态更新有关质量信息。

第14条　通过粮食交易平台销售的政府储备粮食，应公告粮食质量安全情况，且与交易粮食实物质量安全相符。

第15条　鼓励承储单位主动对采购粮源质量安全状况进行提前了解，根据市场需求，选购优质储备粮源；根据不同品种和品质，实施精细化收储，应用绿色储粮或其他先进适用技术；在出库时可主动提供加工品质、营养品质、食味品质以及储存情况等信息。

第16条　承储单位应定期对从事质量管理和检验等有关人员进行政策和技术培训，使有关人员及时掌握政府储备粮食质量政策规定、标准和检验技术。对不能履行职责的检验人员应及时调整。

承储单位应定期维护、按规定报废和更新检验仪器设备；属于计量器具，应按要求进行检定；快检仪器设备应当定期校验。

粮食和储备部门应加强对承储单位质量安全管理工作的指导和服务，适时开展相关政策、技术培训和考核，引导和支持承储单位强化管理意识、健全管理制度，提升管理能力。

第四章　检验机构要求

第17条　承担政府储备委托检验的各级粮食检验机构应按照国家有关规定取得资质认定，熟悉政府储备粮食质量政策要求。粮食检验实行粮食检验机构与检验人负责制。检验人对出具的检验数据负责，审核签发人承担管理责任，检验机构对出具的检验报告负责。

第18条　对存在出具虚假检验数据等情况的检验机构，纳入诚信记录，按规定进行处理，并不再委托其承担政府储备粮食的检验任务。

第 19 条　政府储备粮食委托检验应现场扦样，不得由承储单位送样检验；扦样方法、程序和扦样人员应符合国家有关规定或标准。扦样采取录像或拍照等有效方式，确保扦样过程规范、公正、真实。

扦样机构和扦样人员对扦样合规性、样品真实性、信息准确性负责。

承储单位应提供真实货位信息、扦样用具和样品暂存地点等条件，选派辅助人员，配合做好扦样工作，不得弄虚作假，调换样品。

第 20 条　扦样过程中，应重点关注是否存在粮食发热、霉变、异味、严重虫粮等异常情况，是否存在仓房底部或其他部位以陈顶新、掺杂使假、以次充好、筛下物堆集等行为，是否存在埋样、换样及调换标的物等舞弊行为。

对存在以上情况的，扦样人员应按相关规定采取有针对性的扦样方式、单独扦样、单独评价，如实记录异常粮食数量，告知承储单位及时采取有效措施处理，并报告委托方。属于中央储备的，还应通报监管地垂管局和中储粮集团公司分公司。相关部门和单位应对有关情况进行核查。

第 21 条　检验机构应按委托方要求的报告形式、报送时间和报送渠道，及时将检验结果报送委托方，并对检验结果承担保密责任。

检验机构应妥善留存抽样单、检验原始记录等相关材料，留存时间应不少于 6 年。

第 22 条　承储单位对监督检查中的检验结果存在争议的，应自接到结果反馈起 10 日内，以书面形式提出复检申请，处理原则按照《粮食质量安全监管办法》有关规定执行。

● 地方性法规及文件

3.《辽宁省地方储备粮管理条例》（2021年5月27日）

第8条 入库的地方储备粮应当达到收储、轮换计划规定的质量要求；粮食储存期间，应当定期对地方储备粮进行质量和品质检验。

承储企业应当建立粮食出库质量安全检验制度，未经质量安全检验的粮食不得出库。

承储企业应当建立地方储备粮质量安全档案，如实记录出入库、储存期间粮食质量安全情况。质量安全档案保存期限自出库之日起，不少于五年。

承储企业应当定期对地方储备粮储存管理状况进行安全检查和隐患整治；发现地方储备粮的数量、质量、品种和储存安全等方面存在问题，应当及时处理并报告粮食和储备行政管理部门。

第三十二条　企业社会责任储备

> 县级以上地方人民政府应当根据本行政区域实际情况，指导规模以上粮食加工企业建立企业社会责任储备，鼓励家庭农场、农民专业合作社、农业产业化龙头企业自主储粮，鼓励有条件的经营主体为农户提供粮食代储服务。

● 案例指引

原某某、李某甲、李某贪污、挪用公款、国有公司人员滥用职权案
（最高人民检察院发布粮食购销领域职务犯罪典型案例①之六）

裁判要点：检察机关围绕办案中发现的管理漏洞积极开展诉源治理，针对粮食购销、储运企业和有关职能部门在统筹粮食政策性

---

① 《粮食购销领域职务犯罪典型案例》，载最高人民检察院网站，https://www.spp.gov.cn/xwfbh/wsfbt/202312/t20231209_636320.shtml#2，2024年1月1日访问。

收购、监督检查粮食储运活动、管理代储企业、落实粮油储备政策等4个方面存在的问题，向粮食和物资储备行业主管部门制发检察建议，并适时召开检察建议跟踪回访座谈会，跟踪整改落实情况。粮食和物资储备行业主管部门高度重视，深入开展专项整治工作；制定完善《关于进一步加强基层国有粮食购销企业财务管理实施办法》《粮食和物资储备中心机关工作规则》等管理制度；对粮食从业人员进行粮油储备法律政策专题培训，并将整改情况及时向检察机关书面反馈。

第三十三条　粮食储备基础设施及配套建设

县级以上人民政府应当加强粮食储备基础设施及质量检验能力建设，推进仓储科技创新和推广应用，加强政府粮食储备管理信息化建设。

● 部门规章及文件

1. 《粮食仓储企业安全生产作业指南》（2023年10月25日）

一、粮食入仓作业

（一）作业准备

1. 严格执行外包作业人员审批制度，建立外包作业单位和劳务人员管理档案，与外包作业单位签订安全生产管理协议，检查劳务人员身体健康合格证，监督外包作业单位必须为参与作业人员办理工伤保险，鼓励投保安全生产责任保险。

2. 根据仓型及粮食的运输方式、品种和数量，制定接收方案。

3. 组织作业人员进行安全教育和培训交底，并做好培训记录和考核，作业人员应在安全交底或安全生产作业承诺书上签字。

4. 粮仓装粮前，检查仓顶有无漏水，仓房墙壁、地面有无裂缝，地面有无沉降，门窗有无损坏，扶梯等设施是否完好。

5. 明确作业现场负责人和监护人及其职责。

6. 粮仓第一次装粮前，按设计要求进行压仓实验。

7. 组织检查作业线上的设施设备，并在作业前组织空载运行，确保其处于正常技术状态。

8. 主动与医疗救治、应急消防相关部门联系，建立应急救援协同保障机制，确保在突发安全事件时能够高效协同救援。

（二）作业实施

1. 组织卸粮作业时，卸粮作业区设置警戒线和警示标志，禁止非作业人员、车辆进入。夜间作业时，作业人员穿着有反光警示标识的工作服。

2. 粮食入仓时，仓窗打开并开启排气扇，避免在有限空间内产生过高浓度的粉尘。

3. 加强各类设施设备的检查，一旦发现隐患或出现故障，需要停车处理的，立即停车，并暂停粮食入仓作业，待隐患和故障排除后恢复入仓作业。

4. 作业现场负责人加强检查督导，提示作业人员按要求穿戴劳动防护用品，及时制止违章作业行为；设置车辆进出通道，安排专人指挥作业车辆；加强作业暂停休息期间现场管理，防止无人监护擅自作业。

5. 粮食入仓作业过程中，禁止非作业人员进入作业区域；关闭查粮门并上锁，防止作业人员擅自进入仓内。

6. 平整粮面时，优先选用吸粮机、平仓机等设备进行作业；现场负责人对作业人员进行安全教育培训和交底，提出平整粮面作业要求，并组织开窗通风后，再入仓作业。仓内作业不少于2人，并在仓门或进人口安排专人监护。作业人员应佩戴防尘口罩，粮面高度差较大时，组织作业人员从粮堆顶部自上而下摊平粮食，严禁站在粮堆低凹处摊平粮食。

7. 注意观察粮面高度，严禁超限装粮。

（三）后续工作

1. 安排专人清点作业人员，清理作业工具。

2. 关闭闸门、进人口、通风口。

3. 作业现场负责人讲评作业情况。

二、粮食出仓作业

（一）作业准备

1. 严格执行外包作业人员审批制度，与外包作业单位签订安全生产管理协议，建立外包作业单位和劳务人员管理档案，检查劳务人员身体健康合格证，监督外包作业单位必须为参与作业人员办理工伤保险，鼓励投保安全生产责任保险。

2. 根据仓型以及粮食的运输方式、品种和数量，制定出仓方案。

3. 作业现场负责人组织作业人员观看事故案例警示教育片，进行培训交底，并做好培训记录和考核，作业人员应在安全交底或安全生产作业承诺书上签字。

4. 根据平房仓出仓作业特点，研究制定挡粮板拆除操作规程，并在作业前组织培训学习。

5. 结合粮仓特点和粮情，制定出粮口排堵操作规程，并在作业前组织培训学习。

6. 依据作业环境、作业类别、作业人员专业程度，分析作业安全风险，制定应急救援处置预案。

7. 主动与医疗救治、应急消防相关部门联系，建立应急救援协同保障机制，确保在突发安全事件时能够高效协同救援。

8. 明确作业现场负责人和监护人及其职责。

9. 打开门、窗、仓顶通风口，启动风机，保持良好通风。作业前，关闭查粮门并上锁。

（二）作业实施

1. 需要进入仓内作业时，不少于2人同时作业，监护人员选择可以通视所有作业人员，且确保自身安全的适当位置实施监护，进仓作业完毕后，监护人员确认作业人员全部出仓，方可打开出粮口继续出粮。

2. 对于粮食有结块现象的立筒仓或浅圆仓，严禁一出到底，发现明显结块或挂壁露出粮面，按照清理结拱（挂壁）作业流程处理。

3. 平房仓拆卸挡粮板时，优先采用仓外作业方式。先关闭挡粮板上出粮口闸门，待粮面稳定后，组织不少于 2 名作业人员将安全带有效系在系留装置上，通过移动升降机或扶梯，逐一拆除粮堆以上的挡粮板。作业人员出仓并带出全部工器具后，开启闸门继续出粮。作业过程中，如发现粮面流动，作业人员应立即停止作业，并迅速撤离至安全地点。

4. 出粮口堵塞或出粮不畅时，按照出粮口排堵操作规程，优先采用仓外作业排堵方式，作业人员开大闸门，利用长杆通过出料闸门、扦样孔、排堵孔等扰动粮堆，实施排堵。有多个出粮口时，先从未堵塞出粮口出粮，严防不对称出粮。

5. 作业现场负责人加强检查督导，提示作业人员按要求穿戴劳动防护用品，及时纠正和制止违章作业行为，及时消除安全隐患。加强作业暂停休息期间现场管理，防止无人监护擅自作业。

6. 作业过程中发生粮堆埋人、设备伤人等突发安全事件时，作业人员立即采取关闭出粮闸门、断电、停止设备运行等措施，现场负责人迅速按照预案组织救援。

（三）后续工作

1. 安排专人清点作业人员，清理作业工具。

2. 清理仓房，关闭闸门、进人口和通风口。

3. 作业现场负责人讲评作业情况。

2. 《国家粮食电子交易平台交收仓库管理办法（试行）》（2018 年 1 月 31 日）

第 2 条　本办法所称交收仓库（以下简称"交收库"），是指通过交易平台注册管理，具备相应粮食仓储、交收能力，能够

146

为会员提供粮食（含食用油，下同）仓储、交收及相关配套服务的仓储企业及仓储设施。

第3条 国家粮食局粮食交易协调中心（以下简称"国家粮食交易中心"）负责制定交收库业务管理制度，统筹协调交收库区域布局，对外发布交收库情况，指导省级交易中心和交收库开展工作，组织交收业务资金结算等工作。

省级交易中心负责本行政区域内交收库的审核选定、信息统计、日常管理等工作。

第4条 交收库的申报遵循自愿原则，并承诺遵守有关交收库业务管理制度。

第5条 交收库申请人（以下简称"申请人"）应当是经工商行政管理部门依法注册并合法存续、具有粮食仓储物流经营资质的国有企业或其他大中型粮食企业。

第6条 申请人所在区域原则上为粮食交易品种的主要生产地、消费地、集散地，或粮食经营企业集聚地。

第7条 申请人仓储要求：

（一）具有良好储存条件，符合粮油安全储存、粮库安全生产及消防安全等规定，申请的总仓容、最低保证仓容应当达到省级交易中心要求。

（二）具有良好出入库装卸和常规质量检验能力，具备必要的计量、检验、通讯、消防以及装卸作业等满足粮食仓储和交收业务需要的设施设备，且相关设施设备符合国家规定要求。

（三）具备水运、铁路、公路等交通运输基本条件，具有装卸相关粮食品种的水运码头、铁路专用线或汽车装运等基础设施。进出库区可满足40吨及以上运输车辆顺利通过。

（四）具有完善的粮食出入库、检验、仓储等管理制度。

（五）具有仓储保管、质量检验、信息化管理等专业人员，业务负责人具有相应的仓储管理经验。

（六）具备视频监控、温度湿度传感器、激光测粮堆体积等电子安防设备和互联网条件，能够实现对库区、仓内、磅房、机房等重要设施区域 7×24 小时全覆盖监控，并与交收库业务管理系统实现信息实时交互。

第 8 条 申请人财务和信用要求：

（一）注册资本和净资产应当达到省级交易中心要求的数额。

（二）财务状况良好，具有较强的抗风险能力。连续两年以上（含两年）未出现亏损的，优先考虑。

（三）最近三年内（若企业设立不满三年，自企业设立开始计算时间）不存在重大偿债风险，不存在影响持续经营的担保、诉讼以及仲裁等重大事项，财务会计报告无虚假记录。

（四）具有良好的信用，近三年无违法违规行为记录、不良信用记录等情况。

（五）能够提供符合省级交易中心要求的担保。

第 9 条 省级交易中心要求的其他条件。

第 10 条 申请人通过交易平台向其仓储设施所在地省级交易中心提交电子申请书和有关承诺书。

第 11 条 申请人应当提供的基本材料：

（一）加载统一社会信用代码的营业执照（副本）复印件；

（二）法定代表人或负责人身份证复印件；

（三）银行《开户许可证》复印件；

（四）公司章程、内部控制管理制度（包括财务、仓储、检验等）；

（五）近三年的财务会计报告和审计报告（新设立的企业自设立当年起提供）；

（六）业务负责人具备仓储管理经验的证明材料。

第 12 条 申请人应当提供的仓储设施材料：

（一）各库区平面图（需注明各仓房的长、宽、高）；

（二）土地、房产等相关证明材料（包括土地证和房产证的记事栏或附记）；

（三）土地、房产、仓储设施、其他资产等是否存在担保或抵押以及担保或抵押金额的说明；

（四）有铁路专用线或码头的，提供铁路专用线或码头使用证明的复印件；

（五）消防年审证件（消防安全证明）复印件；

（六）计量检验部门颁发的粮食检重设备（汽车衡、油罐计量泵等）年度检定合格证书的复印件。

第13条 申请人提供担保单位的，应当提供担保单位以下材料：

（一）担保函；

（二）加载统一社会信用代码的营业执照（副本）复印件，并加盖申请人公章；

（三）近两年审计报告；

（四）担保单位与申请人关系的情况说明，加盖双方公章并由双方法定代表人签字；

（五）担保单位章程；

（六）要求提供的其他材料。

第14条 申请人及其担保单位所提供的信息，应当真实、准确、完整，不得有虚假记载、误导性陈述或者重大遗漏。所提供材料为复印件的均需加盖申请人公章。

第15条 省级交易中心应当及时对申请人提交的申报材料进行审核，并派员实地调查和评估，验证相关证件、文件原件等，对拟选定的交收库予以公示，公示一周内无异议的可正式确定为交易平台交收库。

省级交易中心可视情况征求申请交收库投资人或主管单位的意见。

第 16 条 已选定为交收库的，应当办理以下事宜：

（一）与交收库所在地省级交易中心签订合同；

（二）办理 CA 认证和电子签章，领取密钥；

（三）按合同约定向交易平台交纳风险保证金；

（四）接受交易平台交收业务培训；

（五）省级交易中心要求的其他事宜。

第 17 条 国家粮食交易中心根据省级交易中心选定的交收库结果，在其官网公告交收库情况，交易平台正式启用交收库。

第 18 条 已启用的交收库在正常运营期间发生单位名称、法定代表人、授权业务人员、股权、担保单位名称或股权等重大事项变更的，应当通过交易平台填写重大事项变更电子说明书，并按要求提供相关材料。

第 19 条 交收库的权利：

（一）按照合同约定的服务项目和费用开展业务；

（二）拒绝办理不符合要求的仓单业务；

（三）可拒绝对非交易平台会员办理交收粮食入库；

（四）可参与交易平台提供的业务配套服务和业务培训；

（五）可申请放弃交收库资格；

（六）合同约定的其他权利。

第 20 条 交收库的义务：

（一）遵守交易平台有关规则和规定，接受国家粮食交易中心和省级交易中心的指导管理，并配合做好相关工作；

（二）接受交易平台指令，积极协助会员做好交收粮食的入库、验收、仓储、质检、出库、运输等相关事宜；并认真做好交收粮食入、存、出统计，准确、及时报备有关情况；

（三）按规定保管好交收粮食，确保交收粮食数量和质量安全；

（四）确保出具或提供的凭证资料符合交易平台相关规定，

并对凭证资料的真实性、准确性、有效性承担法律责任。原始单据（入库单、提货单、质检报告等）至少保存3年；

（五）向会员详细介绍交收库管理的有关规定，保守会员的商业秘密；

（六）合同约定的其他义务。

第六章　交收库的业务管理

第21条　交收库须确定一名负责人主管粮食交收业务，指定专人负责交收粮食的管理和办理粮食交收等业务。

交收库不得将交收粮食与政府储备粮混存。

第22条　会员选择交收库应当通过交易平台进行，并按规定填写《交收粮食预报表》，告知拟交收粮食的品种、产地、生产年度、数量、质量、到货时间、运输方式、包装、件数、储存时限等。交收库接到《交收粮食预报表》后，应当根据实际情况及时答复是否接收；对拟接收入库的粮食，应当做好入库前的各项准备工作，并及时与会员签订交收粮食仓储合同。

第23条　交收粮食入库时应当过磅计量（计量衡器须经技术监督部门鉴定合格，且在鉴定有效期内），确认粮食入库数量。入库粮食的质量应当由具有相应检验能力的交收库或双方认可的第三方质检机构检验，并出具检验报告一式三份。具体质量检验项目按交易平台最新公告规定执行。交收库和会员应当到场监收入库，并签署《交收粮食入库验收确认单》。

交收库凭《交收粮食入库验收确认单》，在交易平台上登记入库信息，相应增加交收粮食库存数量。

第24条　交收库应当对库存交收粮食投保财产险，并协助会员进行权属公证或质押登记。

第25条　交收库应当严格按照《粮油安全储存守则》《粮库安全生产守则》《粮油储藏技术规范》以及交易平台相关规定存放保管粮食，确保粮食储存安全。不同权属、不同品种、同一品种不同生产年份、不同质量等级的交收粮食原则上应当分开储存，不得混存。

第 26 条　交收库应当对保管的交收粮食进行定期检测，检测内容包括：水分、温度、虫情、鼠情等，并做好记录以备查验。对水分较高或水分不均以及高温季节等情形，应当及时采取相应的保管措施，并及时通知会员和省级交易中心，确保交收粮食质量安全。

第 27 条　交收库应当对交收粮食实行挂牌公示管理，挂牌标识应当符合交易平台规定，未经省级交易中心同意并在交易平台备案，交收库不得擅自改变交收粮食的存放仓位或垛位。

第 28 条　出现以下情况，交收库应当根据省级交易中心指令对相关粮食进行冻结管理，冻结期间货权所有人无权擅自处置：

（一）货权所有人将粮食对应的仓单做质押融资；

（二）货权所有人发生针对该笔交易的纠纷；

（三）依据交易规则规定不可由货权所有人擅自处置的；

（四）法律、法规规定的其他情形。

第 29 条　粮食出库时，提货人必须提供省级交易中心签发的电子或纸质《提货单》原件，交收库应当严格审核提货人身份信息及《提货单》，必要时可与省级交易中心进行核对，确认无误后，方可允许提货人进仓验货，办理出库手续。

交收库应当积极配合提货人出库发运粮食，不得故意拖延。

第 30 条　交收库应当按《提货单》标明的粮食品种、货位、数量、等级等完成粮食出库。对粮食储存期间发生的损失损耗由交收库承担。

提货人对粮食数量、质量存在异议，与交收库无法达成一致意见的，应当暂停出库，并报省级交易中心协调处理。必要时，省级交易中心可委托第三方对计量衡器和粮食质量进行检验，所发生的费用由过错方承担。经省级交易中心协调仍无法达成共识的，可自愿通过法律途径解决。

第31条　交收库管理人员、提货人应当对出库的粮食品种、数量、质量等进行现场确认，并及时签署《交收粮食出库验收确认单》。

交收库凭《交收粮食出库验收确认单》，在交易平台上登记出库信息，并相应核减粮食库存数量。

3.《国家粮食电子交易平台仓单管理办法（试行）》（2018年1月31日）

第1条　为规范国家粮食电子交易平台（以下简称"交易平台"）仓单管理，促进粮食（含食用油，下同）现货交易，依据《粮食竞价销售交易规则》《国家粮食电子交易平台交收仓库管理办法（试行）》等规定，制订本办法。

第2条　交易平台粮食现货仓单的生成、流通、注销等业务适用于本办法。

第3条　本办法所称仓单，是指会员按照交易平台规定提交注册申请，经交收库审核确认、省级交易中心注册登记，以电子数据方式记录粮食现货权属、数量、质量等信息的有效凭证。

第4条　交易平台建立电子仓单信息化管理系统，国家粮食局粮食交易协调中心、省级交易中心、会员、交收库等单位通过电子仓单信息化管理系统办理仓单业务。

第5条　仓单生成包括交收预报（入库申报）、粮食入库、验收、会员提交申请、交收库审核确认、省级交易中心注册登记等环节。

交收预报，是指在粮食入库前，会员向交收库预先告知拟交收粮食的品种、产地、生产年度、数量、质量等信息。

第6条　注册仓单原则上以货位为单位，最小单位数量为二十五吨。

仓单信息包括：粮食权属人名称、联系人、联系方式；粮食品种、产地、生产年度、数量、质量；粮食储存场所、货位形态、货位号；仓单填写人、填写日期；以及其他应当载明的内容。

第 7 条　仓单粮食质量应当依据有资质的专业粮食检验机构出具的有效规范质检报告，如实标注等级、杂质、水分、不完善粒等常规指标，以及省级粮食行政管理部门设定的必检项目指标。猪料、禽料等定制交易品种，应当按要求如实标注相应质量安全指标。

第 8 条　仓单自省级交易中心注册登记之日起生效，有效期一般为 6 个月。经省级交易中心注册登记后，仓单仅适用于在交易平台上办理仓单交易、抵顶保证金、质押融资、注销等业务。

第 9 条　会员可通过电子仓单信息化管理系统查询打印仓单实时信息，了解仓单情况。

第 10 条　省级交易中心应当安排专人负责仓单业务管理，定期核对每笔仓单业务对应的粮食现货情况，保证仓单内容与对应现货粮食实际情况一致。

第 11 条　仓单流通包括仓单交易、仓单充抵保证金、仓单质押融资等业务。

仓单交易，是指仓单持有人将仓单作为交易标的，在交易平台上进行以粮食实物交付、权属转移为目的的买卖业务。

仓单充抵保证金，是指仓单持有人将仓单抵作其在交易平台进行粮食交易的保证金业务。

仓单质押融资，是指仓单持有人（出质人）通过交易平台向指定银行（质权人）申请融资并办理仓单质押的业务。

第 12 条　仓单注销包括仓单持有人申请注销、仓单交易后注销、仓单超期自动注销等业务。

仓单持有人申请注销，是指仓单持有人因各种原因不再办理仓单流通业务，自愿提交《仓单注销申请表》，省级交易中心审核办理仓单注销登记的业务。

仓单交易后注销，是指省级交易中心根据仓单交易合同，审核办理仓单注销登记的业务。

仓单超期自动注销，是指仓单超过规定有效期限，电子仓单信息化管理系统自动注销登记的业务。

第 13 条　省级交易中心对已注销的仓单按照有关规定与相关单位结清费用，根据粮食现货权属人要求开具《提货单》，并督促交收库配合提货人办理粮食出库。

第 14 条　仓单注销后，如需再次生成仓单的，应当对相应的粮食现货进行重新检验计量，并按照本办法有关规定办理。

第 15 条　本办法由国家粮食局粮食交易协调中心负责解释。

第 16 条　本办法自公布之日起实施。

● **地方性法规及文件**

4.《辽宁省地方储备粮管理条例》（2021 年 5 月 27 日）

第 14 条　省人民政府应当支持、推进地方储备粮管理数字化、智能化建设。

粮食和储备行政管理部门应当加强地方储备粮信息化管理平台的建设、使用、迭代、安全等工作，提升地方储备粮数据自动采集、传输、存储、处理、共享等全生命周期的智能化管理水平，实现远程监管、预警防控。

承储企业应当按照规定建立地方储备粮信息化管理系统，并与相关监管部门和单位的信息化管理系统对接，加强信息化建设、应用和维护，进行有关数据的同步传送与动态更新。

第三十四条　**政府粮食储备情况报告**

县级以上人民政府应当将政府粮食储备情况列为年度国有资产报告内容，向本级人民代表大会常务委员会报告。

第五章 粮 食 流 通

第三十五条 粮食市场

　　国家加强对粮食市场的管理，充分发挥市场作用，健全市场规则，维护市场秩序，依法保障粮食经营者公平参与市场竞争，维护粮食经营者合法权益。

　　国家采取多种手段加强对粮食市场的调控，保持全国粮食供求总量基本平衡和市场基本稳定。县级以上地方人民政府应当采取措施确保国家粮食宏观调控政策的贯彻执行。

● 行政法规及文件

《粮食流通管理条例》（2021 年 2 月 15 日）

　　第 2 条　在中华人民共和国境内从事粮食的收购、销售、储存、运输、加工、进出口等经营活动（以下统称粮食经营活动），应当遵守本条例。

　　前款所称粮食，是指小麦、稻谷、玉米、杂粮及其成品粮。

　　第 3 条　国家鼓励多种所有制市场主体从事粮食经营活动，促进公平竞争。依法从事的粮食经营活动受国家法律保护。严禁以非法手段阻碍粮食自由流通。

　　国有粮食企业应当转变经营机制，提高市场竞争能力，在粮食流通中发挥主渠道作用，带头执行国家粮食政策。

　　第 27 条　国家实行中央和地方分级粮食储备制度。粮食储备用于调节粮食供求、稳定粮食市场，以及应对重大自然灾害或者其他突发事件等情况。

　　政策性粮食的采购和销售，原则上通过规范的粮食交易中心公开进行，也可以通过国家规定的其他方式进行。

　　第 28 条　国务院和地方人民政府建立健全粮食风险基金制

度。粮食风险基金主要用于支持粮食储备、稳定粮食市场等。

国务院和地方人民政府财政部门负责粮食风险基金的监督管理，确保专款专用。

第29条　为保障市场供应、保护种粮农民利益，必要时可由国务院根据粮食安全形势，结合财政状况，决定对重点粮食品种在粮食主产区实行政策性收储。

当粮食价格显著上涨或者有可能显著上涨时，国务院和省、自治区、直辖市人民政府可以按照《中华人民共和国价格法》的规定，采取价格干预措施。

第30条　国务院发展改革部门及国家粮食和储备行政管理部门会同国务院农业农村、统计、市场监督管理等部门负责粮食市场供求形势的监测和预警分析，健全监测和预警体系，完善粮食供需抽查制度，发布粮食生产、消费、价格、质量等信息。

第31条　国家鼓励粮食主产区和主销区以多种形式建立稳定的产销关系，鼓励培育生产、收购、储存、加工、销售一体化的粮食企业，支持建设粮食生产、加工、物流基地或者园区，加强对政府储备粮油仓储物流设施的保护，鼓励发展订单农业。在执行政策性收储时国家给予必要的经济优惠，并在粮食运输方面给予优先安排。

第三十六条　粮食流通基础设施

县级以上地方人民政府应当加强对粮食仓储、物流等粮食流通基础设施的建设和保护，组织建设与本行政区域粮食收储规模和保障供应要求相匹配，布局合理、功能齐全的粮食流通基础设施，并引导社会资本投入粮食流通基础设施建设。

任何单位和个人不得侵占、损毁、擅自拆除或者迁移政府投资建设的粮食流通基础设施，不得擅自改变政府投资建设的粮食流通基础设施的用途。

● 部门规章及文件

1. 《粮油仓储管理办法》（2009 年 12 月 29 日）

第 6 条　粮油仓储单位应当自设立或者开始从事粮油仓储活动之日起 30 个工作日内，向所在地粮食行政管理部门备案。备案应当包括单位名称、地址、法定代表人、主要仓储业务类型、仓（罐）容规模等内容。具体备案管理办法由省、自治区、直辖市人民政府粮食行政管理部门制定。

第 7 条　粮油仓储单位应当具备以下条件：

（一）拥有固定经营场地，并符合本办法有关污染源、危险源安全距离的规定；

（二）拥有与从事粮油仓储活动相适应的设施设备，并符合粮油储藏技术规范的要求；

（三）拥有相应的专业技术管理人员。

第 8 条　未经国家粮食行政管理部门批准，粮油仓储单位名称中不得使用"国家储备粮"和"中央储备粮"字样。

第 9 条　粮油仓储单位应当按照国家粮油质量标准对入库粮油进行检验，建立粮油质量档案。成品粮油质量档案还应包括生产企业出具的质量检验报告、生产日期、保质期限等内容。

第 10 条　粮油仓储单位应当及时对入库粮油进行整理，使其达到储存安全的要求，并按照不同品种、性质、生产年份、等级、安全水分、食用和非食用等进行分类存放。粮油入库（仓）应当准确计量，并制作计量凭证。

第 11 条　粮油仓储单位应当按货位及时制作"库存粮油货位卡"，准确记录粮油的品种、数量、产地、生产年份、粮权所有人、粮食商品属性、等级、水分、杂质等信息，并将卡片置于货位的明显位置。

第 12 条　粮油仓储单位应当在粮油出库前按规定检验出库粮油质量。粮油出库应当准确计量，并制作计量凭证，做好出库记录。

第 13 条　出库粮油包装物和运输工具不得对粮油造成污染。未经处理的严重虫粮、危险虫粮不得出库。可能存在发热危险的粮油不得长途运输。

第 14 条　粮油仓储单位应当及时清除仓房、工作塔等仓储设施内的粉尘，按规定配置防粉尘设备，防止发生粉尘爆炸事故。禁止人员进入正在作业的烘干塔、立筒仓、浅圆仓等设施。

第 15 条　粮油仓储单位负责人对全部库存粮油的数量真实、质量良好、储存安全负责。

粮油保管员、粮油质量检验员应当掌握必要的专业知识和职业技能，具备相应的职业资格。

第 16 条　粮油储存区应当保持清洁，并与办公区、生活区进行有效隔离。在粮油储存区内开展的活动和存放的物品不得对粮油造成污染或者对粮油储存安全构成威胁。

第 17 条　粮油仓储单位应当对仓房（油罐）编排号码，配备必要的仓储设备，建立健全设备使用、保养、维修、报废等制度。

第 18 条　粮油仓储单位应当按照仓房（油罐）的设计容量和要求储存粮油，执行《粮油储藏技术规范》等技术标准，建立粮油仓储管理过程记录文件。

第 19 条　粮油仓储单位仓储能力不足时，应当通过代储、租赁等方式，合理利用其他单位的现有粮油仓储设施，扩大仓储能力。粮油仓储单位应当与承储或者出租的单位签订规范的代储或者租赁合同，明确双方的权利义务。

现有仓储设施不足，确有必要露天储存粮油的，应当具备以下条件：

（一）打囤做垛应当确保结构安全，规格一致；

（二）囤垛应当满足防水、防潮、防火、防风、防虫鼠雀害的要求，并采取测温、通风等必要的仓储措施；

（三）用于堆放粮油的地坪和打囤做垛的器材不得对粮油造成污染。

第20条 在常规储存条件下，粮油正常储存年限一般为小麦5年，稻谷和玉米3年，食用油脂和豆类2年。

第21条 粮油仓储单位应当按照本办法有关粮油储存损耗处置方法的规定处置粮油储存损耗。国家对政策性粮油储存损耗的处置方法另有规定的，从其规定。

第22条 储存粮油出库数量多于入库数量的溢余，不得冲抵其他货位或批次粮油的损耗和损失。

第23条 粮油仓储单位应当设立粮油保管账、统计账、会计账，真实、完整地反映库存粮油和资金占用情况，并按有关规定妥善保管。库存粮油情况发生变化的，粮油仓储单位应当在5个工作日内更新库存粮油货位卡和有关帐目，确保账账相符、账实相符。

第24条 粮油仓储单位应当建立安全生产检查制度，定期对生产状况进行检查评估，及时消除安全隐患。

第25条 储粮化学药剂应当存放在专用的药品库内，实行双人双锁管理，并对药剂和包装物领用及回收进行登记。

进行熏蒸作业的，应当制订熏蒸方案，并报当地粮食行政管理部门备案。熏蒸作业中，粮油仓储单位应当在作业场地周围设立警示牌和警戒线，禁止无关人员进入熏蒸作业区。

第26条 库存粮油发生降等、损失、超耗等储存事故的，粮油仓储单位应当及时进行处置，避免损失扩大。属于较大、重大或者特大储存事故的，应当立即向所在地粮食行政管理部门报告。属于特大储存事故的，所在地粮食行政管理部门应当在接到事故报告24小时内，上报国家粮食行政管理部门。

粮油储存事故按照以下标准划分：

（一）一次事故造成 10 吨以下粮食或 2 吨以下油脂损失的为一般储存事故；

（二）一次事故造成 10 吨以上 100 吨以下粮食或 2 吨以上 20 吨以下油脂损失的为较大储存事故；

（三）一次事故造成 100 吨以上 1000 吨以下粮食或 20 吨以上 200 吨以下油脂损失的为重大储存事故；

（四）一次事故造成 1000 吨以上粮食或 200 吨以上油脂损失的为特别重大储存事故。

第 27 条　发生安全生产事故的，粮油仓储单位应当依法及时进行处理，并立即向所在地粮食行政管理部门报告。

2.《国有粮油仓储物流设施保护办法》（2016 年 6 月 30 日）

第 6 条　粮油仓储单位应当自设立或者开始从事粮油仓储活动之日起 30 个工作日内，依法将粮油仓储物流设施等情况向所在地粮食行政管理部门备案。粮油仓储物流设施规模、用途发生变化的，也应当及时备案。

粮油仓储单位应当建立健全粮油仓储物流设施管理和使用制度，定期检查评估、维护保养，做好记录、建立档案，并按照规定向粮食行政管理部门提供相关情况。

第 7 条　因重大项目建设或涉及粮食流通格局优化调整，确需拆除、迁移粮油仓储物流设施或改变其用途的，组织拆除、迁移或者改变用途行为的单位应当征得相关粮油仓储单位同意，并事先经设施所在地粮食行政管理部门逐级报告至省级人民政府粮食行政管理部门。

粮油仓储单位应当自拆迁、改变用途行为发生之日起 30 个工作日内向所在地粮食行政管理部门备案。

被拆除、迁移粮油仓储物流设施所在地粮食行政管理部门应当按照"功能不降、先建后拆"的原则，负责统筹协调重建，确保辖区内粮油仓储物流设施总量、布局及结构满足粮食安全需要。

第 8 条　依法对粮油仓储物流设施予以行政征收、征用的，被征收、征用单位应当自征收、征用之日起 30 个工作日内向粮油仓储物流设施所在地粮食行政管理部门备案。

征收后，如对当地粮食收储供应安全保障能力造成影响，征收主体上级人民政府的粮食行政管理部门应当根据粮油仓储物流设施的总量、布局及结构等予以协调重建。

征用的，征用主体上级人民政府的粮食行政管理部门应当协调在使用结束后尽快恢复原状及用途，不能恢复的，按照前款规定处理。

第 9 条　粮油仓储单位出租、出借粮油仓储物流设施，应当与承租方签订合同，明确双方权利、义务，并自签订之日起 30 个工作日内向粮油仓储物流设施所在地粮食行政管理部门备案。

出租、出借不得破坏粮油仓储物流设施的功能，不得危及粮油仓储单位的粮油储存安全。

第 10 条　粮油仓储物流设施不能满足粮油安全储存或粮食流通需要的，粮油仓储单位应当维修改造或重建；涉及布局和结构调整的，由所在地县级以上地方人民政府粮食行政管理部门统筹协调。

粮油仓储物流设施超过设计使用年限且不具有维修改造价值的，粮油仓储单位应当按照有关规定予以报废处置；具有历史文化价值的，所在地粮食行政管理部门应当依法协调修缮保留。

第 11 条　在粮油储存区内及临近区域，不得开展可能危及粮油仓储物流设施安全和粮油储存安全的活动，不得在安全距离内设置新的污染源、危险源。

第 12 条　粮油仓储物流设施因不可抗力遭受破坏时，粮油仓储单位应当根据需要对其进行修复或重建，所在地粮食行政管理部门应当协调支持。

第 13 条　为保持或升级粮油仓储物流设施功能，弥补仓容缺口，进行维修改造或新建扩建，各级人民政府粮食行政管理部门应当协调有关部门给予资金、政策等支持。

第 14 条　本办法涉及粮油仓储物流设施备案的具体规定，由省级人民政府粮食行政管理部门制定。备案应创新形式，简化程序，优化服务，积极推进电子化备案。

第三十七条　粮食经营者的义务

从事粮食收购、储存、加工、销售的经营者以及饲料、工业用粮企业，应当按照规定建立粮食经营台账，并向所在地的县级人民政府粮食和储备主管部门报送粮食购进、储存、销售等基本数据和有关情况。

● 地方性法规及文件

《江西省粮食流通条例》（2023 年 9 月 27 日）

第二章　粮食经营

第 6 条　从事粮食收购的经营者，应当具备与其收购粮食品种、数量、质量相适应的资金筹措、仓储保管、质量检验等能力，并遵守下列规定：

（一）告知售粮者或者在收购场所公示收购粮食的品种、质量标准和收购价格；

（二）执行国家粮食质量标准，按质论价，不得损害农民和其他粮食生产者的利益；

（三）及时向售粮者支付售粮款，不得拖欠；

（四）不得接受任何组织或者个人委托代扣、代缴任何税、费和其他款项；

（五）按照国家有关规定进行质量安全检验；

（六）使用经依法检定或者校准的计量器具；

（七）国家有关粮食收购的其他规定。

从事粮食收购的经营者提供有偿粮食烘干服务的，应当合理收费，并明示粮食烘干服务收费的项目、标准，不得随意加价或者变相加价收费。

第7条　粮食收购企业应当在收购前或者收购开始后十五日内向收购地的县级人民政府粮食主管部门备案企业名称、地址、负责人以及仓储设施等信息。收购地涉及省内多个县（市、区）的，粮食收购企业可以选择其中一个收购地的县级人民政府粮食主管部门进行备案。备案信息发生变化的，应当自变化发生之日起十五日内进行变更备案。备案部门应当自备案登记后五个工作日内，通过政府门户网站等途径公示备案的粮食收购企业信息。

县级人民政府粮食主管部门应当在政府门户网站公示粮食收购备案的依据、所需的全部备案材料、备案流程等信息，提供有关备案材料的填写示范文本，不得要求粮食收购企业提供与粮食收购备案无关的材料。

第8条　粮食收购企业可以通过现场、信函、传真、电子数据交换或者电子邮件等方式备案。

县级人民政府粮食主管部门现场接收粮食收购企业备案材料时，材料齐全、符合法定形式的，应当当场备案；材料不齐全或者不符合法定形式的，应当当场一次性告知粮食收购企业需要补正的全部内容。

通过信函、传真、电子数据交换或者电子邮件等方式接收备案材料的，县级人民政府粮食主管部门应当自收到备案材料后三个工作日内予以备案或者一次性告知粮食收购企业需要补正的全部内容。

粮食收购企业按照要求补正材料的，县级人民政府粮食主管部门应当按照本条第二款、第三款规定的时限予以备案。

第9条　粮食收购企业应当按照国家粮食流通统计调查制度

要求，向收购地的县级人民政府粮食主管部门定期报告粮食收购品种、数量、质量、价格等有关情况。

省内粮食收购企业在省外收购粮食的，应当同时向企业所在地县级人民政府粮食主管部门定期报告粮食收购有关情况。

第10条　从事粮食储存的经营者，应当遵守下列规定：

（一）仓储设施符合粮食储存有关标准和技术规范、污染源和危险源安全距离规定，以及安全生产法律、法规的要求，具有与储存品种、规模、周期等相适应的仓储条件；

（二）不同生产年份、性质以及食用和非食用用途的粮食分类存放；

（三）不得将粮食与可能对粮食产生污染的有毒有害物质混存；

（四）储存粮食不得使用国家禁止使用的化学药剂或者超量使用化学药剂；

（五）国家有关粮食储存的其他规定。

第11条　从事粮食储存的经营者，仓容规模五百吨以上或者罐容规模一百吨以上的，应当自设立或者开始从事粮食储存之日起三十个工作日内，按照国家有关规定，向所在地县级人民政府粮食主管部门备案单位名称、地址、法定代表人、主要仓储业务类型、仓（罐）容规模等信息；其他规模的，应当按照省有关规定向所在地县级人民政府粮食主管部门报告粮食仓储设施的管理和使用有关情况。

第12条　粮食储存期间，粮食经营者应当定期进行粮食品质检验，粮食品质达到轻度不宜存时应当及时出库。

实行粮食销售出库质量安全检验制度。正常储存年限内的粮食，在出库前应当由粮食储存企业自行或者委托有资质的粮食质量安全检验机构进行质量安全检验；超过正常储存年限的粮食，储存期间使用储粮药剂未满安全间隔期的粮食，以及色泽、气味异常的粮食，在出库前应当由粮食储存企业委托有资质的粮食质量安全检验机构进行质量安全检验。未经质量安全检验的粮食不得销售出库。粮食出库检验报告应当随货同行。

粮食质量安全检验机构对出具的检验报告负责，检验人对出具的检验数据负责。

政策性粮食收购入库和销售出库，应当由政策性粮食承储企业委托有资质的粮食质量安全检验机构进行质量安全检验，并根据检验结果按照国家有关规定进行收购入库和销售出库处理。

第13条　运输粮食的车（船）、器具应当完好，并保持清洁、干燥、安全卫生，不得使用被污染的运输工具或者包装材料运输粮食，不得将粮食与有毒有害物质混装运输。

第14条　从事食用粮食加工的经营者，应当具有保证粮食质量安全必备的加工条件，加工的产品经自行检验或者委托检验后质量符合国家有关规定。

从事食用粮食加工，不得使用发霉变质以及真菌毒素、农药残留、重金属等污染物质超过食品安全标准限量的粮食及其副产品进行加工，不得违反规定使用食品添加剂，不得使用不符合质量安全标准的包装材料。

第15条　从事粮食销售的经营者，应当遵守下列规定：

（一）所销售的粮食符合国家粮食质量等有关标准；

（二）不得短斤少两、掺杂使假、以次充好；

（三）不得囤积居奇、垄断或者操纵粮食价格、欺行霸市；

（四）所销售的成品粮的包装和标签符合国家食品包装、标签标准有关规定；

（五）国家有关粮食销售的其他规定。

第16条　从事粮食收购的经营者、粮食储存企业不得将下列粮食作为食用用途销售出库：

（一）真菌毒素、农药残留、重金属等污染物质以及其他危害人体健康的物质含量超过食品安全标准限量的；

（二）霉变或者色泽、气味异常的；

（三）储存期间使用储粮药剂未满安全间隔期的；

（四）被包装材料、容器、运输工具等污染的；

（五）其他法律、法规或者国家有关规定明确不得作为食用用途销售的。

第 17 条　从事粮食收购、销售、储存、加工的经营者以及饲料、工业用粮企业，应当建立粮食经营台账，如实记录粮食品种、粮食产地、收获年度、收购数量、质量等级、销售数量以及流向、出库时间等信息，并按照规定向所在地县级人民政府粮食主管部门报送粮食购进、销售、储存、加工等基本数据和有关情况。粮食经营台账的保存期限不得少于三年。

粮食经营者报送的基本数据和有关情况涉及商业秘密的，有关粮食主管部门负有保密义务。

第 18 条　从事政策性粮食经营活动的经营者，不得有下列行为：

（一）虚报、瞒报政策性粮食收储数量；

（二）擅自串换政策性粮食品种、擅自变更储存地点；

（三）通过以陈顶新、以次充好、低收高转、虚假购销、虚假轮换、违规倒卖等方式，套取粮食价差和财政补贴，骗取信贷资金；

（四）挤占、挪用、克扣财政补贴、信贷资金；

（五）以政策性粮食为债务作担保或者清偿债务；

（六）利用政策性粮食进行除政府委托的政策性任务以外的其他商业经营；

（七）在政策性粮食出库时掺杂使假、以次充好、调换标的物，拒不执行出库指令或者阻挠出库；

（八）购买国家限定用途的政策性粮食，违规倒卖或者不按

167

照规定用途处置；

（九）擅自动用政策性粮食；

（十）其他违反国家政策性粮食经营管理规定的行为。

第 19 条 中国农业发展银行江西省分行及其分支机构应当按照国家有关规定保证政策性粮食的信贷资金需要，积极支持市场化粮食收购。

政策性粮食收购资金应当专款专用、封闭运行。

鼓励各类金融机构对市场化粮食收购活动给予贷款支持。

第三十八条 **政策性收储**

> 为了保障市场供应、保护粮食生产者利益，必要时国务院可以根据粮食安全形势和财政状况，决定对重点粮食品种在粮食主产区实行政策性收储。

第三十九条 **规模以上经营者的义务**

> 从事粮食收购、加工、销售的规模以上经营者，应当按照所在地省、自治区、直辖市人民政府的规定，执行特定情况下的粮食库存量。

● 部门规章及文件

《粮食库存检查办法》（2022 年 12 月 23 日）

第 2 条 国家发展和改革委员会、国家粮食和物资储备局、财政部，中国农业发展银行等部门单位（以下简称国家有关部门单位）联合组织的，对各种所有制粮食经营企业粮食库存的检查（以下简称全国粮食库存检查），以及国家有关部门单位、地方粮食和储备行政管理等部门单位按照各自职责组织的与粮食经营企业粮食库存有关的专项检查、日常检查、随机检查，地方粮食和储备行政管理等部门单位按照粮食安全党政同责的要求在本行政区域内组织的粮食库存检查，以及根据信息化监管系统、12325监管热线等产生的预警信息和举报线索需进行的粮食库存检查，适用本办法。

本办法所称粮食经营企业是指从事粮食收购、销售、储存、运输、加工等经营活动的企业。

本办法所称粮食，是指小麦、稻谷、玉米、杂粮及其成品粮。大豆、油料和食用植物油按照本办法执行。

国家建立粮食流通定期巡查和库存粮食移库清查制度，相关规定要求另行制定。

第3条　全国粮食库存检查由国家粮食和储备行政管理部门会同国家有关部门单位定期组织实施，检查工作一般分为自查、复查、抽查、问题整改处置四个阶段。对中央政府储备粮等政策性粮食库存的检查，中国储备粮管理集团有限公司（以下简称中储粮集团公司）等单位应积极配合。

第4条　由粮食质量安全检验机构承担粮食质量安全检验任务。国家有关部门单位联合抽查的承检机构，由国家粮食和储备行政管理部门委托；省级有关部门单位复查的承检机构，由国家粮食和储备行政管理部门或省级粮食和储备行政管理部门指定。

第16条　地方粮食和储备行政管理部门、垂管局切实履行库存检查职责分工，落实各项任务，加强协作配合，组织开展粮食库存检查各项工作。按照"谁监管、谁负责，谁检查、谁负责"的原则，实行以"组长负责制"为基础的检查工作制和责任追究制，切实压实检查人员相关责任。

第17条　粮食库存检查人员在检查过程中，可以行使下列职权：

（一）进入被检查企业的经营场所检查粮食库存数量、质量、储存安全和安全生产情况及粮食仓储和检化验设施、设备是否符合有关标准和技术规范。

（二）按照有关规定，规范扦取粮食检验样品。

（三）查阅粮食库存的有关资料、凭证。

（四）向有关单位和人员了解询问被检查企业经营管理情况。

（五）对检查中发现的问题进行调查核实。

（六）查封、扣押非法收购或者不符合国家粮食质量安全标准的粮食，用于违法经营或者被污染的工具、设备以及有关账簿资料；查封违法从事粮食经营活动的场所。

（七）对检查发现问题进行集体研究讨论形成检查结果，书面向被检查单位反馈检查结果、提出整改要求；对涉嫌违反法律法规的行为，书面向被查单位所在地粮食和储备行政管理部门或有管理权限的部门提出处置建议。

（八）法律、法规规定的其他职权。

第18条　粮食库存检查人员在检查过程中应当遵守下列规定：

（一）严格遵守国家有关法律、法规，不得非法干预被检查企业的正常经营活动，不得泄露国家秘密和被检查企业的商业秘密。

（二）依法履行检查职责，正确填写检查数据，完整记录检查情况，作出检查结论，并提出处理意见。不得遗漏、隐藏、篡改检查发现的问题。

（三）对粮食库存检查过程的合规性以及检查结果的真实性和准确性负责。

（四）法律、法规明确的其他规定。

第19条　被检查企业在接受库存检查时应当履行下列义务：

（一）配合检查人员依法履行职责，不得拒绝、阻挠、干涉检查人员的工作。

（二）及时、主动报告粮食库存的相关情况，如实回答询问，协助检查。如实提供粮食库存的原始凭据、证账、报表等相关材料。

（三）对检查结果签字确认，不同意签字确认的，出具书面意见，说明理由。

（四）服从并执行依法作出的整改和处置决定。

（五）法律、法规规定的其他义务。

第20条　粮食库存检查过程中，被检查企业可以行使下列权利：

（一）对粮食库存检查的依据、范围、内容、方式等事项有了解、知情的权利。

（二）要求检查人员表明合法身份的权利。

（三）对检查人员认定的事实有异议，有陈述与申辩的权利。

（四）对于检查人员的违规失职行为，有申诉、控告和检举的权利。

（五）法律、法规规定的其他权利。

第21条　检查人员所在单位不得干预检查结果，实行回避制度。检查人员在粮食库存检查中存在未及时发现或处理问题、不认真履职，故意包庇、隐匿、不如实反映问题等情况的，可由检查组组长替换相关检查人员，向具有人事管理权限的单位提出追责问责建议，由相关部门单位依规依纪依法严肃处理。

第四十条　粮食供求关系和价格显著变化时的市场调控

粮食供求关系和价格显著变化或者有可能显著变化时，县级以上人民政府及其有关部门可以按照权限采取下列措施调控粮食市场：

（一）发布粮食市场信息；

（二）实行政策性粮食收储和销售；

（三）要求执行特定情况下的粮食库存量；

（四）组织投放储备粮食；

（五）引导粮食加工转化或者限制粮食深加工用粮数量；

（六）其他必要措施。

必要时，国务院和省、自治区、直辖市人民政府可以依照《中华人民共和国价格法》的规定采取相应措施。

● 法 律

1. 《农业法》（2012 年 12 月 28 日）

第 33 条 在粮食的市场价格过低时，国务院可以决定对部分粮食品种实行保护价制度。保护价应当根据有利于保护农民利益、稳定粮食生产的原则确定。

农民按保护价制度出售粮食，国家委托的收购单位不得拒收。

县级以上人民政府应当组织财政、金融等部门以及国家委托的收购单位及时筹足粮食收购资金，任何部门、单位或者个人不得截留或者挪用。

● 行政法规及文件

2. 《粮食流通管理条例》（2021 年 2 月 15 日）

第 4 条 粮食价格主要由市场供求形成。

国家加强粮食流通管理，增强对粮食市场的调控能力。

第 44 条 粮食收购者有未按照规定告知、公示粮食收购价格或者收购粮食压级压价，垄断或者操纵价格等价格违法行为的，由市场监督管理部门依照《中华人民共和国价格法》、《中华人民共和国反垄断法》的有关规定予以处罚。

第 49 条 从事政策性粮食经营活动，有下列情形之一的，由粮食和储备行政管理部门责令改正，给予警告，没收违法所得，并处 50 万元以上 200 万元以下罚款；情节严重的，并处 200

万元以上 500 万元以下罚款：

（一）虚报粮食收储数量；

（二）通过以陈顶新、以次充好、低收高转、虚假购销、虚假轮换、违规倒卖等方式，套取粮食价差和财政补贴，骗取信贷资金；

（三）挤占、挪用、克扣财政补贴、信贷资金；

（四）以政策性粮食为债务作担保或者清偿债务；

（五）利用政策性粮食进行除政府委托的政策性任务以外的其他商业经营；

（六）在政策性粮食出库时掺杂使假、以次充好、调换标的物，拒不执行出库指令或者阻挠出库；

（七）购买国家限定用途的政策性粮食，违规倒卖或者不按照规定用途处置；

（八）擅自动用政策性粮食；

（九）其他违反国家政策性粮食经营管理规定的行为。

粮食应急预案启动后，不按照国家要求承担应急任务，不服从国家的统一安排和调度的，依照前款规定予以处罚。

第四十一条　粮食风险基金制度

国家建立健全粮食风险基金制度。粮食风险基金主要用于支持粮食储备、稳定粮食市场等。

● **法　律**

1.《农业法》（2012 年 12 月 28 日）

第 35 条　国家建立粮食风险基金，用于支持粮食储备、稳定粮食市场和保护农民利益。

● **地方性法规及文件**

2.《广东省粮食安全保障条例》（2021 年 9 月 29 日）

第 29 条　县级以上人民政府实行粮食风险基金制度，粮食风险基金列入本级财政预算。

省粮食风险基金规模按照国务院有关规定落实，市、县粮食风险基金规模由上一级人民政府核定。县级以上人民政府应当按照核定的规模落实资金，制定本级政府粮食风险基金管理办法，加强对粮食风险基金的监督管理，防止挤占、截留、挪用。

粮食风险基金按规定用于种粮直接补贴、政府储备粮利息费用开支和轮换差价补贴、粮食政策性挂账核销等。

第六章　粮 食 加 工

第四十二条　粮食加工业和粮食加工经营者

国家鼓励和引导粮食加工业发展，重点支持在粮食生产功能区和重要农产品生产保护区发展粮食加工业，协调推进粮食初加工、精深加工、综合利用加工，保障粮食加工产品有效供给和质量安全。

粮食加工经营者应当执行国家有关标准，不得掺杂使假、以次充好，对其加工的粮食质量安全负责，接受监督。

第四十三条　粮食加工结构优化

国家鼓励和引导粮食加工结构优化，增加优质、营养粮食加工产品供给，优先保障口粮加工，饲料用粮、工业用粮加工应当服从口粮保障。

第四十四条　粮食加工业科学布局

县级以上地方人民政府应当根据本行政区域人口和经济社会发展水平，科学布局粮食加工业，确保本行政区域的粮食加工能力特别是应急状态下的粮食加工能力。

县级以上地方人民政府应当在粮食生产功能区和重要农产品生产保护区科学规划布局粮食加工能力，合理安排粮食就地就近转化。

第四十五条　产销关系、粮源基地、加工基地和仓储物流设施等

国家鼓励粮食主产区和主销区以多种形式建立稳定的产销关系，鼓励粮食主销区的企业在粮食主产区建立粮源基地、加工基地和仓储物流设施等，促进区域粮食供求平衡。

第四十六条　粮食加工原料基地、基础设施和物流体系

国家支持建设粮食加工原料基地、基础设施和物流体系，支持粮食加工新技术、新工艺、新设备的推广应用。

第七章　粮　食　应　急

第四十七条　粮食应急管理体制和粮食应急体系建设

国家建立统一领导、分级负责、属地管理为主的粮食应急管理体制。

县级以上人民政府应当加强粮食应急体系建设，健全布局合理、运转高效协调的粮食应急储存、运输、加工、供应网络，必要时建立粮食紧急疏运机制，确保具备与应急需求相适应的粮食应急能力，定期开展应急演练和培训。

《**粮食流通管理条例**》（2021 年 2 月 15 日）

第 33 条　国家建立突发事件的粮食应急体系。国务院发展改革部门及国家粮食和储备行政管理部门会同国务院有关部门制定全国的粮食应急预案，报请国务院批准。省、自治区、直辖市人民政府根据本地区的实际情况，制定本行政区域的粮食应急预案。

第四十八条　粮食应急预案

国务院发展改革、粮食和储备主管部门会同有关部门制定全国的粮食应急预案，报请国务院批准。省、自治区、直辖市人民政府应当根据本行政区域的实际情况，制定本行政区域的粮食应急预案。

设区的市级、县级人民政府粮食应急预案的制定，由省、自治区、直辖市人民政府决定。

● 行政法规及文件

1. 《**粮食流通管理条例**》（2021 年 2 月 15 日）

第 34 条　启动全国的粮食应急预案，由国务院发展改革部门及国家粮食和储备行政管理部门提出建议，报国务院批准后实施。

启动省、自治区、直辖市的粮食应急预案，由省、自治区、直辖市发展改革部门及粮食和储备行政管理部门提出建议，报本级人民政府决定，并向国务院报告。

设区的市级、县级人民政府粮食应急预案的制定和启动，由省、自治区、直辖市人民政府决定。

● 地方性法规及文件

2.《江西省粮食流通条例》（2023 年 9 月 27 日）

第 28 条　县级以上人民政府应当建立统一领导、分级负责的粮食应急管理体制，制定完善本行政区域粮食应急预案，健全粮食应急保障体系。

省本级粮食应急预案由省人民政府粮食主管部门拟定，送省人民政府应急管理部门进行衔接审核后，报省人民政府决定。

设区的市、县级粮食应急预案由本级人民政府粮食主管部门拟定，送本级人民政府应急管理部门进行衔接审核后，由本级人民政府逐级报省人民政府决定。

第四十九条　**粮食市场异常波动报告制度**

国家建立粮食市场异常波动报告制度。发生突发事件，引起粮食市场供求关系和价格异常波动时，县级以上地方人民政府发展改革、农业农村、粮食和储备、市场监督管理等主管部门应当及时将粮食市场有关情况向本级人民政府和上一级人民政府主管部门报告。

第五十条　**粮食应急状态启动**

县级以上人民政府按照权限确认出现粮食应急状态的，应当及时启动应急响应，可以依法采取下列应急处置措施：

（一）本法第四十条规定的措施；

（二）增设应急供应网点；

（三）组织进行粮食加工、运输和供应；

（四）征用粮食、仓储设施、场地、交通工具以及保障粮食供应的其他物资；

（五）其他必要措施。

必要时，国务院可以依照《中华人民共和国价格法》的规定采取相应措施。

出现粮食应急状态时，有关单位和个人应当服从县级以上人民政府的统一指挥和调度，配合采取应急处置措施，协助维护粮食市场秩序。

因执行粮食应急处置措施给他人造成损失的，县级以上人民政府应当按照规定予以公平、合理补偿。

● **法　律**

1.《价格法》（1997 年 12 月 29 日）

第 6 条　商品价格和服务价格，除依照本法第十八条规定适用政府指导价或者政府定价外，实行市场调节价，由经营者依照本法自主制定。

第 7 条　经营者定价，应当遵循公平、合法和诚实信用的原则。

第 8 条　经营者定价的基本依据是生产经营成本和市场供求状况。

第 9 条　经营者应当努力改进生产经营管理，降低生产经营成本，为消费者提供价格合理的商品和服务，并在市场竞争中获取合法利润。

第 10 条　经营者应当根据其经营条件建立、健全内部价格管理制度，准确记录与核定商品和服务的生产经营成本，不得弄虚作假。

第 11 条　经营者进行价格活动，享有下列权利：

（一）自主制定属于市场调节的价格；

（二）在政府指导价规定的幅度内制定价格；

（三）制定属于政府指导价、政府定价产品范围内的新产品的试销价格，特定产品除外；

（四）检举、控告侵犯其依法自主定价权利的行为。

第12条　经营者进行价格活动，应当遵守法律、法规，执行依法制定的政府指导价、政府定价和法定的价格干预措施、紧急措施。

第13条　经营者销售、收购商品和提供服务，应当按照政府价格主管部门的规定明码标价，注明商品的品名、产地、规格、等级、计价单位、价格或者服务的项目、收费标准等有关情况。

经营者不得在标价之外加价出售商品，不得收取任何未予标明的费用。

第14条　经营者不得有下列不正当价格行为：

（一）相互串通，操纵市场价格，损害其他经营者或者消费者的合法权益；

（二）在依法降价处理鲜活商品、季节性商品、积压商品等商品外，为了排挤竞争对手或者独占市场，以低于成本的价格倾销，扰乱正常的生产经营秩序，损害国家利益或者其他经营者的合法权益；

（三）捏造、散布涨价信息，哄抬价格，推动商品价格过高上涨的；

（四）利用虚假的或者使人误解的价格手段，诱骗消费者或者其他经营者与其进行交易；

（五）提供相同商品或者服务，对具有同等交易条件的其他经营者实行价格歧视；

（六）采取抬高等级或者压低等级等手段收购、销售商品或者提供服务，变相提高或者压低价格；

（七）违反法律、法规的规定牟取暴利；

（八）法律、行政法规禁止的其他不正当价格行为。

第15条　各类中介机构提供有偿服务收取费用，应当遵守本法的规定。法律另有规定的，按照有关规定执行。

第16条　经营者销售进口商品、收购出口商品，应当遵守本章的有关规定，维护国内市场秩序。

第17条　行业组织应当遵守价格法律、法规，加强价格自律，接受政府价格主管部门的工作指导。

第18条　下列商品和服务价格，政府在必要时可以实行政府指导价或者政府定价：

（一）与国民经济发展和人民生活关系重大的极少数商品价格；

（二）资源稀缺的少数商品价格；

（三）自然垄断经营的商品价格；

（四）重要的公用事业价格；

（五）重要的公益性服务价格。

第19条　政府指导价、政府定价的定价权限和具体适用范围，以中央的和地方的定价目录为依据。

中央定价目录由国务院价格主管部门制定、修订，报国务院批准后公布。

地方定价目录由省、自治区、直辖市人民政府价格主管部门按照中央定价目录规定的定价权限和具体适用范围制定，经本级人民政府审核同意，报国务院价格主管部门审定后公布。

省、自治区、直辖市人民政府以下各级地方人民政府不得制定定价目录。

第20条　国务院价格主管部门和其他有关部门，按照中央定价目录规定的定价权限和具体适用范围制定政府指导价、政府定价；其中重要的商品和服务价格的政府指导价、政府定价，应当按照规定经国务院批准。

省、自治区、直辖市人民政府价格主管部门和其他有关部门，应当按照地方定价目录规定的定价权限和具体适用范围制定在本地区执行的政府指导价、政府定价。

市、县人民政府可以根据省、自治区、直辖市人民政府的授权，按照地方定价目录规定的定价权限和具体适用范围制定在本地区执行的政府指导价、政府定价。

第21条 制定政府指导价、政府定价，应当依据有关商品或者服务的社会平均成本和市场供求状况、国民经济与社会发展要求以及社会承受能力，实行合理的购销差价、批零差价、地区差价和季节差价。

第22条 政府价格主管部门和其他有关部门制定政府指导价、政府定价，应当开展价格、成本调查，听取消费者、经营者和有关方面的意见。

政府价格主管部门开展对政府指导价、政府定价的价格、成本调查时，有关单位应当如实反映情况，提供必需的帐簿、文件以及其他资料。

第23条 制定关系群众切身利益的公用事业价格、公益性服务价格、自然垄断经营的商品价格等政府指导价、政府定价，应当建立听证会制度，由政府价格主管部门主持，征求消费者、经营者和有关方面的意见，论证其必要性、可行性。

第24条 政府指导价、政府定价制定后，由制定价格的部门向消费者、经营者公布。

第25条 政府指导价、政府定价的具体适用范围、价格水平，应当根据经济运行情况，按照规定的定价权限和程序适时调整。

消费者、经营者可以对政府指导价、政府定价提出调整建议。

第26条 稳定市场价格总水平是国家重要的宏观经济政策目标。国家根据国民经济发展的需要和社会承受能力，确定市场价格总水平调控目标，列入国民经济和社会发展计划，并综合运用货币、财政、投资、进出口等方面的政策和措施，予以实现。

第 27 条　政府可以建立重要商品储备制度，设立价格调节基金，调控价格，稳定市场。

第 28 条　为适应价格调控和管理的需要，政府价格主管部门应当建立价格监测制度，对重要商品、服务价格的变动进行监测。

第 29 条　政府在粮食等重要农产品的市场购买价格过低时，可以在收购中实行保护价格，并采取相应的经济措施保证其实现。

第 30 条　当重要商品和服务价格显著上涨或者有可能显著上涨，国务院和省、自治区、直辖市人民政府可以对部分价格采取限定差价率或者利润率、规定限价、实行提价申报制度和调价备案制度等干预措施。

省、自治区、直辖市人民政府采取前款规定的干预措施，应当报国务院备案。

第 31 条　当市场价格总水平出现剧烈波动等异常状态时，国务院可以在全国范围内或者部分区域内采取临时集中定价权限、部分或者全面冻结价格的紧急措施。

第 32 条　依照本法第三十条、第三十一条的规定实行干预措施、紧急措施的情形消除后，应当及时解除干预措施、紧急措施。

● 行政法规及文件

2.《粮食流通管理条例》（2021 年 2 月 15 日）

第 35 条　粮食应急预案启动后，粮食经营者必须按照国家要求承担应急任务，服从国家的统一安排和调度，保证应急的需要。

● 部门规章及文件

3. 《粮食应急保障企业管理办法》（2021 年 9 月 22 日）

第 17 条　各级粮食和储备行政管理部门应加强对粮食应急保障企业的日常管理和监督，协调解决应急准备或应急保供中存在的困难，督促其落实责任、义务，完成应急任务。

第 18 条　各级粮食和储备行政管理部门应按照时间节点动态维护企业信息。每季度末，各地通过粮食应急保障信息系统，更新粮食应急保障企业信息或对企业进行调整（新增或退出）。其他时间段，有企业信息更新或调整需求的，需要由省级粮食和储备行政管理部门书面请示国家粮食和物资储备局同意，然后登陆粮食应急保障信息系统进行操作。

各级粮食和储备行政管理部门对粮食应急保障企业数据的使用，应符合数据管理有关规定。

第 19 条　各级粮食和储备行政管理部门应结合实际研究制定具体扶持政策，积极协调有关部门，在粮食等重要农产品仓储设施专项、优质粮食工程、粮食风险基金、信贷支持行动等项目资金中为符合条件的粮食应急保障企业争取支持。

各级粮食和储备行政管理部门每年应至少组织一次调研活动，了解粮食应急保障企业的应急准备情况，听取意见建议，协调解决困难。

第 20 条　各级粮食和储备行政管理部门应加强应急演练和培训，制定计划并组织实施，引导粮食应急保障企业学习借鉴成熟有效的粮油应急保供经验，增强应急保供能力。

第 21 条　各级粮食和储备行政管理部门应积极推进信息化建设，加强粮食应急指挥调度，统筹用好"中国好粮油电子交易平台"等资源，有效提升粮食应急保障信息化水平。

第 22 条　各级粮食和储备行政管理部门应依照企业的申报材料，每三年对粮食应急保障企业的应急保障能力、生产经营能力、承担社会责任、企业生产资料类固定资产投资建设和应急配套设施设备等情况进行评估。

第23条 各级粮食和储备行政管理部门应结合每年粮食应急保障企业的确定工作，有计划地对已签订协议的企业责任义务落实情况进行现场检查。同时，上级粮食和储备行政管理部门应对下级粮食应急保障企业进行抽查，原则上每年抽查不少于一次。

第24条 各级粮食和储备行政管理部门在定期评估和监督检查中发现企业落实应急保障责任义务不到位、企业资质和应急保障能力明显不符合有关条件和标准等情形的，应责令其限期整改。

企业出现以下情形之一的，应终止协议，收回牌匾，并按程序及时补充新的粮食应急保障企业：

（一）在粮食和储备行政管理部门责令限期整改后，整改不到位的；

（二）通过隐瞒情况、提供虚假材料，或以欺骗、贿赂等不正当手段确定为粮食应急保障企业的；

（三）发生重大变故或存在重大经营风险，影响企业正常经营的；

（四）违反粮食生产、流通和储备等相关规定的；

（五）造成生产安全事故或存在重大生产安全隐患的；

（六）企业因故被列入不良信用记录的；

（七）在粮食应急保供中不服从有关部门的统一安排调度，拒不执行应急保供任务，或执行不力，落实任务不到位的；

（八）对粮食应急保供工作造成危害的其他行为的。

第25条 国家粮食和物资储备局负责全国粮食应急保障体系总体规划和国家级粮食应急保障企业的管理工作，对地方粮食应急工作进行业务指导和监督。省级及以下粮食和储备行政管理部门负责辖区内粮食应急保障体系建设和粮食应急保障企业的管理工作，并结合地方实际完善粮食应急保障各环节功能，建成满足当地应急需求、优化协同高效的粮食应急保障网络，同时做好对下一级粮食应急工作的业务指导和监督。

第 26 条　进入应急状态或启动粮食应急预案后，各级粮食和储备行政管理部门负责协调粮源调度以及储运、加工、配送、供应各环节有效衔接。

第 27 条　粮食应急保障企业平时应按市场化运作，自主经营、自负盈亏；应急保供时应积极承担各项应急任务。

第 28 条　粮食应急保障企业在平时应遵守粮食生产、流通、储备各项规定，主动接受粮食和储备行政管理部门的监督检查，出现涉及粮食应急保障的重大经营情况变动的应及时报告。进入粮食应急状态或启动粮食应急预案后，应严格遵守《粮食应急保障协议书》中约定的责任和义务，在有关部门的统一安排调度下，及时行动、履行协议，完成好各项粮食应急保障任务，确保各项措施有效落实。法律法规另有规定的，从其规定。

第 31 条　其他承担粮食应急保障任务的非企业性质的社会主体，参照本办法管理。

第 32 条　本办法由国家粮食和物资储备局负责解释，自印发之日起施行，有效期 5 年。

附件：（略）

第五十一条　粮食应急状态消除

粮食应急状态消除后，县级以上人民政府应当及时终止实施应急处置措施，并恢复应对粮食应急状态的能力。

第八章 粮食节约

政府主导粮食节约

> 国家厉行节约，反对浪费。县级以上人民政府应当建立健全引导激励与惩戒教育相结合的机制，加强对粮食节约工作的领导和监督管理，推进粮食节约工作。
>
> 县级以上人民政府发展改革、农业农村、粮食和储备、市场监督管理、商务、工业和信息化、交通运输等有关部门，应当依照职责做好粮食生产、储备、流通、加工、消费等环节的粮食节约工作。

● 法 律

1. 《农业法》（2012 年 12 月 28 日）

    第 36 条 国家提倡珍惜和节约粮食，并采取措施改善人民的食物营养结构。

2. 《反食品浪费法》（2021 年 4 月 29 日）

    第 5 条 国务院发展改革部门应当加强对全国反食品浪费工作的组织协调；会同国务院有关部门每年分析评估食品浪费情况，整体部署反食品浪费工作，提出相关工作措施和意见，由各有关部门落实。

    国务院商务主管部门应当加强对餐饮行业的管理，建立健全行业标准、服务规范；会同国务院市场监督管理部门等建立餐饮行业反食品浪费制度规范，采取措施鼓励餐饮服务经营者提供分餐服务、向社会公开其反食品浪费情况。

    国务院市场监督管理部门应当加强对食品生产经营者反食品浪费情况的监督，督促食品生产经营者落实反食品浪费措施。

    国家粮食和物资储备部门应当加强粮食仓储流通过程中的节

粮减损管理，会同国务院有关部门组织实施粮食储存、运输、加工标准。

国务院有关部门依照本法和国务院规定的职责，采取措施开展反食品浪费工作。

● 行政法规及文件

3.《粮食流通管理条例》（2021 年 2 月 15 日）

第 6 条 国务院发展改革部门及国家粮食和储备行政管理部门负责全国粮食的总量平衡、宏观调控和重要粮食品种的结构调整以及粮食流通的中长期规划。国家粮食和储备行政管理部门负责粮食流通的行政管理、行业指导，监督有关粮食流通的法律、法规、政策及各项规章制度的执行。

国务院市场监督管理、卫生健康等部门在各自的职责范围内负责与粮食流通有关的工作。

第 7 条 省、自治区、直辖市应当落实粮食安全党政同责，完善粮食安全省长责任制，承担保障本行政区域粮食安全的主体责任，在国家宏观调控下，负责本行政区域粮食的总量平衡和地方储备粮等的管理。

县级以上地方人民政府粮食和储备行政管理部门负责本行政区域粮食流通的行政管理、行业指导；县级以上地方人民政府市场监督管理、卫生健康等部门在各自的职责范围内负责与粮食流通有关的工作。

第五十三条　粮食生产环节的节约

粮食生产者应当加强粮食作物生长期保护和生产作业管理，减少播种、田间管理、收获等环节的粮食损失和浪费。

禁止故意毁坏在耕地上种植的粮食作物青苗。

国家鼓励和支持推广适时农业机械收获和产地烘干等实用技术，引导和扶持粮食生产者科学收获、储存粮食，改善粮食收获、储存条件，保障粮食品质良好，减少产后损失。

第五十四条　粮食经营环节的节约

国家鼓励粮食经营者运用先进、高效的粮食储存、运输、加工设施设备，减少粮食损失损耗。

第五十五条　粮食加工环节的节约

国家推广应用粮食适度加工技术，防止过度加工，提高成品粮出品率。

国家优化工业用粮生产结构，调控粮食不合理加工转化。

● **法　律**

《反食品浪费法》（2021 年 4 月 29 日）

第 15 条　国家完善粮食和其他食用农产品的生产、储存、运输、加工标准，推广使用新技术、新工艺、新设备，引导适度加工和综合利用，降低损耗。

食品生产经营者应当采取措施，改善食品储存、运输、加工条件，防止食品变质，降低储存、运输中的损耗；提高食品加工利用率，避免过度加工和过量使用原材料。

第五十六条　公民个人和家庭反浪费

粮食食品生产经营者应当依照有关法律、法规的规定，建立健全生产、储存、运输、加工等管理制度，引导消费者合理消费，防止和减少粮食浪费。

公民个人和家庭应当树立文明、健康、理性、绿色的消费理念，培养形成科学健康、物尽其用、杜绝浪费的良好习惯。

● 法 律

1. 《反食品浪费法》（2021 年 4 月 29 日）

第 7 条　餐饮服务经营者应当采取下列措施，防止食品浪费：

（一）建立健全食品采购、储存、加工管理制度，加强服务人员职业培训，将珍惜粮食、反对浪费纳入培训内容；

（二）主动对消费者进行防止食品浪费提示提醒，在醒目位置张贴或者摆放反食品浪费标识，或者由服务人员提示说明，引导消费者按需适量点餐；

（三）提升餐饮供给质量，按照标准规范制作食品，合理确定数量、分量，提供小份餐等不同规格选择；

（四）提供团体用餐服务的，应当将防止食品浪费理念纳入菜单设计，按照用餐人数合理配置菜品、主食；

（五）提供自助餐服务的，应当主动告知消费规则和防止食品浪费要求，提供不同规格餐具，提醒消费者适量取餐。

餐饮服务经营者不得诱导、误导消费者超量点餐。

餐饮服务经营者可以通过在菜单上标注食品分量、规格、建议消费人数等方式充实菜单信息，为消费者提供点餐提示，根据消费者需要提供公勺公筷和打包服务。

餐饮服务经营者可以对参与"光盘行动"的消费者给予奖励；也可以对造成明显浪费的消费者收取处理厨余垃圾的相应费用，收费标准应当明示。

餐饮服务经营者可以运用信息化手段分析用餐需求，通过建设中央厨房、配送中心等措施，对食品采购、运输、储存、加工等进行科学管理。

● 行政法规及文件

2.《粮食流通管理条例》（2021 年 2 月 15 日）

第 5 条　粮食经营活动应当遵循自愿、公平、诚信的原则，不得损害粮食生产者、消费者的合法权益，不得损害国家利益和社会公共利益，并采取有效措施，防止和减少粮食损失浪费。

第 8 条　粮食经营者，是指从事粮食收购、销售、储存、运输、加工、进出口等经营活动的自然人、法人和非法人组织。

第 9 条　从事粮食收购的经营者（以下简称粮食收购者），应当具备与其收购粮食品种、数量相适应的能力。

从事粮食收购的企业（以下简称粮食收购企业），应当向收购地的县级人民政府粮食和储备行政管理部门备案企业名称、地址、负责人以及仓储设施等信息，备案内容发生变化的，应当及时变更备案。

县级以上地方人民政府粮食和储备行政管理部门应当加强粮食收购管理和服务，规范粮食收购活动。具体管理办法由省、自治区、直辖市人民政府制定。

第 10 条　粮食收购者收购粮食，应当告知售粮者或者在收购场所公示粮食的品种、质量标准和收购价格。

第 11 条　粮食收购者收购粮食，应当执行国家粮食质量标准，按质论价，不得损害农民和其他粮食生产者的利益；应当及时向售粮者支付售粮款，不得拖欠；不得接受任何组织或者个人的委托代扣、代缴任何税、费和其他款项。

粮食收购者收购粮食，应当按照国家有关规定进行质量安全检验，确保粮食质量安全。对不符合食品安全标准的粮食，应当作为非食用用途单独储存。

第 12 条　粮食收购企业应当向收购地的县级人民政府粮食

和储备行政管理部门定期报告粮食收购数量等有关情况。

跨省收购粮食，应当向收购地和粮食收购企业所在地的县级人民政府粮食和储备行政管理部门定期报告粮食收购数量等有关情况。

第13条　粮食收购者、从事粮食储存的企业（以下简称粮食储存企业）使用的仓储设施，应当符合粮食储存有关标准和技术规范以及安全生产法律、法规的要求，具有与储存品种、规模、周期等相适应的仓储条件，减少粮食储存损耗。

粮食不得与可能对粮食产生污染的有毒有害物质混存，储存粮食不得使用国家禁止使用的化学药剂或者超量使用化学药剂。

第14条　运输粮食应当严格执行国家粮食运输的技术规范，减少粮食运输损耗。不得使用被污染的运输工具或者包装材料运输粮食，不得与有毒有害物质混装运输。

第15条　从事粮食的食品生产，应当符合食品安全法律、法规和标准规定的条件和要求，对其生产食品的安全负责。

国家鼓励粮食经营者提高成品粮出品率和副产物综合利用率。

第16条　销售粮食应当严格执行国家粮食质量等有关标准，不得短斤少两、掺杂使假、以次充好，不得囤积居奇、垄断或者操纵粮食价格、欺行霸市。

第17条　粮食储存期间，应当定期进行粮食品质检验，粮食品质达到轻度不宜存时应当及时出库。

建立粮食销售出库质量安全检验制度。正常储存年限内的粮食，在出库前应当由粮食储存企业自行或者委托粮食质量安全检验机构进行质量安全检验；超过正常储存年限的粮食，储存期间使用储粮药剂未满安全间隔期的粮食，以及色泽、气味异常的粮食，在出库前应当由粮食质量安全检验机构进行质量安全检验。未经质量安全检验的粮食不得销售出库。

第18条 粮食收购者、粮食储存企业不得将下列粮食作为食用用途销售出库：

（一）真菌毒素、农药残留、重金属等污染物质以及其他危害人体健康的物质含量超过食品安全标准限量的；

（二）霉变或者色泽、气味异常的；

（三）储存期间使用储粮药剂未满安全间隔期的；

（四）被包装材料、容器、运输工具等污染的；

（五）其他法律、法规或者国家有关规定明确不得作为食用用途销售的。

第19条 从事粮食收购、加工、销售的规模以上经营者，应当按照所在地省、自治区、直辖市人民政府的规定，执行特定情况下的粮食库存量。

第20条 粮食经营者从事政策性粮食经营活动，应当严格遵守国家有关规定，不得有下列行为：

（一）虚报粮食收储数量；

（二）通过以陈顶新、以次充好、低收高转、虚假购销、虚假轮换、违规倒卖等方式，套取粮食价差和财政补贴，骗取信贷资金；

（三）挤占、挪用、克扣财政补贴、信贷资金；

（四）以政策性粮食为债务作担保或者清偿债务；

（五）利用政策性粮食进行除政府委托的政策性任务以外的其他商业经营；

（六）在政策性粮食出库时掺杂使假、以次充好、调换标的物，拒不执行出库指令或者阻挠出库；

（七）购买国家限定用途的政策性粮食，违规倒卖或者不按照规定用途处置；

（八）擅自动用政策性粮食；

（九）其他违反国家政策性粮食经营管理规定的行为。

第21条 国有粮食企业应当积极收购粮食，并做好政策性粮食购销工作，服从和服务于国家宏观调控。

第22条 对符合贷款条件的粮食收购者，银行应当按照国家有关规定及时提供收购贷款。

中国农业发展银行应当保证中央和地方储备粮以及其他政策性粮食的信贷资金需要，对国有粮食企业、大型粮食产业化龙头企业和其他粮食企业，按企业的风险承受能力提供信贷资金支持。

政策性粮食收购资金应当专款专用，封闭运行。

第23条 所有从事粮食收购、销售、储存、加工的经营者以及饲料、工业用粮企业，应当建立粮食经营台账，并向所在地的县级人民政府粮食和储备行政管理部门报送粮食购进、销售、储存等基本数据和有关情况。粮食经营台账的保存期限不得少于3年。粮食经营者报送的基本数据和有关情况涉及商业秘密的，粮食和储备行政管理部门负有保密义务。

国家粮食流通统计依照《中华人民共和国统计法》的有关规定执行。

第24条 县级以上人民政府粮食和储备行政管理部门应当建立粮食经营者信用档案，记录日常监督检查结果、违法行为查处情况，并依法向社会公示。

粮食行业协会以及中介组织应当加强行业自律，在维护粮食市场秩序方面发挥监督和协调作用。

第25条 国家鼓励和支持开发、推广应用先进的粮食储存、运输、加工和信息化技术，开展珍惜和节约粮食宣传教育。

县级以上人民政府粮食和储备行政管理部门应当加强对粮食经营者的指导和服务，引导粮食经营者节约粮食、降低粮食损失损耗。

| 第五十七条 | 单位食堂反浪费、粮食食品学会及协会的职责 |

机关、人民团体、社会组织、学校、企业事业单位等应当加强本单位食堂的管理，定期开展节约粮食检查，纠正浪费行为。

有关粮食食品学会、协会等应当依法制定和完善节约粮食、减少损失损耗的相关团体标准，开展节约粮食知识普及和宣传教育工作。

● 法　律

《反食品浪费法》（2021 年 4 月 29 日）

第 20 条　机关、人民团体、社会组织、企业事业单位和基层群众性自治组织应当将厉行节约、反对浪费作为群众性精神文明创建活动内容，纳入相关创建测评体系和各地市民公约、村规民约、行业规范等，加强反食品浪费宣传教育和科学普及，推动开展"光盘行动"，倡导文明、健康、科学的饮食文化，增强公众反食品浪费意识。

县级以上人民政府及其有关部门应当持续组织开展反食品浪费宣传教育，并将反食品浪费作为全国粮食安全宣传周的重要内容。

第 21 条　教育行政部门应当指导、督促学校加强反食品浪费教育和管理。

学校应当按照规定开展国情教育，将厉行节约、反对浪费纳入教育教学内容，通过学习实践、体验劳动等形式，开展反食品浪费专题教育活动，培养学生形成勤俭节约、珍惜粮食的习惯。

学校应当建立防止食品浪费的监督检查机制，制定、实施相应的奖惩措施。

第 22 条　新闻媒体应当开展反食品浪费法律、法规以及相关标准和知识的公益宣传，报道先进典型，曝光浪费现象，引导公众树立正确饮食消费观念，对食品浪费行为进行舆论监督。有关反食品浪费的宣传报道应当真实、公正。

禁止制作、发布、传播宣扬量大多吃、暴饮暴食等浪费食品的节目或者音视频信息。

网络音视频服务提供者发现用户有违反前款规定行为的，应当立即停止传输相关信息；情节严重的，应当停止提供信息服务。

第九章　监督管理

第五十八条　**政府主导粮食监督管理**

> 县级以上人民政府发展改革、农业农村、粮食和储备、自然资源、水行政、生态环境、市场监督管理、工业和信息化等有关部门应当依照职责对粮食生产、储备、流通、加工等实施监督检查，并建立粮食安全监管协调机制和信息共享机制，加强协作配合。

● **行政法规及文件**

1. 《粮食流通管理条例》（2021 年 2 月 15 日）

第 39 条　市场监督管理部门依照有关法律、法规的规定，对粮食经营活动中的扰乱市场秩序行为、违法交易行为以及价格违法行为进行监督检查。

● **部门规章及文件**

2. 《粮食储备管理问责办法（试行）》（2021 年 7 月 9 日）

第一章　总　　则

第 1 条　为加强对粮食储备管理与监督，确保权责一致，切实依法履行粮食储备管理职责，根据《中华人民共和国监察法》

《中华人民共和国公务员法》《粮食流通管理条例》《中央储备粮管理条例》《中央企业违规经营投资责任追究实施办法》，以及有关法律、行政法规，制定本办法。

第2条　各级粮食和储备行政管理部门（含国家粮食和物资储备局各垂直管理局）及其工作人员，法律、法规授权或者受委托从事粮食储备的企事业单位（组织）及其工作人员，在开展粮食储备管理过程中不作为、慢作为、乱作为等不履职尽责行为的问责，适用本办法。

其他政策性粮食管理问责可参照本办法执行。

第3条　粮食储备管理问责应当坚持依规依纪依法、客观公正，权责统一、责任清晰，惩戒与教育相结合的原则，做到事实清楚、证据确凿、定性准确、处理恰当、程序合规、手续完备，防止问责不力或者问责泛化、简单化。

第4条　国家粮食和物资储备局指导粮食储备管理问责工作，负责情节严重，影响恶劣或者上级批办处置的需要问责的问题。

国家粮食和物资储备局各垂直管理局按照权限负责实施本辖区内粮食储备问责工作，并定期向国家粮食和物资储备局报告有关情况。按照职责依规依纪依法处置本辖区涉及中央储备粮管理，以及国家粮食和物资储备局授权处置的需要问责的问题。

地方各级粮食和储备行政管理部门负责处置职权范围内以及上级交办的储备粮管理工作中需要问责的问题，并定期向上一级粮食和储备行政管理部门、同级纪检监察机关报告粮食储备管理问责情况。

第5条　粮食和储备行政管理部门应当建立健全粮食失职失责行为调查制度和责任追究制度，明确调查范围、职责、程序和纪律要求。加强对下级粮食和储备行政管理部门储备管理问责工作的指导和管理。强化调查取证装备配备和能力建设。

第二章　问责情形

第6条　粮食和储备行政管理部门、事业单位违反本办法规定，有下列情形之一的，由其上一级管理部门（单位）进行问责处理；对管理人员和直接责任人员，应当依规依纪依法给予问责：

（一）不尽责、不担当、不作为，玩忽职守、弄虚作假，造成严重不良影响或者重大损失的；

（二）违反规定乱决策、乱拍板、乱作为，事前不请示、事后不报告，造成严重不良影响或者重大损失的；

（三）发现粮食储备数量、质量、储存安全、安全生产等方面存在违法违规问题，不责成相关承储企业限期整改造成不良影响的；

（四）对群体性、突发性事件应对不力，处置不当，导致事态严重恶化的；

（五）接到投诉举报、发现违法违规行为不及时处理的；

（六）干预储备企业正常生产经营，检查不客观、公正，造成严重不良影响或者重大损失的；

（七）在行政活动中，强令、授意实施违法行政行为的；

（八）利用职权提出不合理要求，获取不正当利益的；

（九）拒不执行上级提出的问责决定，履行问责职责不到位的；

（十）其他应当问责的情形。

第7条　粮食储备企业违反本办法，有下列情形之一的，由粮食和储备行政管理部门责令整改，并由其上一级管理部门（单位）予以问责；对管理人员和直接责任人员，应当依规依纪依法予以问责：

（一）政府储备主体责任履行不到位的；

（二）不执行国家粮食储备管理政策或者消极应付、变通执行，面对急难险重任务不积极作为、未有效处置的；

（三）拒不执行或者擅自改变储备粮收购、销售、轮换计划和动用命令的；

（四）内部管控不规范，重要管理档案、账簿及原始凭证等材料严重缺失、伪造或者篡改的；

（五）发现储备粮数量、质量存在问题不及时纠正，或者发现危及粮食储存安全的重大问题和安全生产隐患，不立即采取有效措施并按规定报告的；

（六）拒绝、阻挠、干涉粮食和储备行政管理、财政、审计等部门的监督检查人员依法履行监督检查职责的；

（七）拒不执行上级决定，未按要求责令企业整改或者对直接负责的主管人员和其他直接责任人员给予处理的；

（八）其他应当问责的情形。

第8条　有下列情形之一的，可以从轻或者减轻问责：

（一）主动交代违规违纪违法问题或者检举他人违规违纪违法问题经查证属实的；

（二）对检查发现的问题能够主动整改到位的；

（三）主动挽回损失、消除不良影响，或者有效阻止严重危害后果发生的；

（四）积极配合调查或者有立功表现的；

（五）有其他从轻、减轻情节的。

第9条　有下列情形之一的，应当从重或者加重问责：

（一）对职责范围内发生问题不及时采取措施，导致危害扩大或者造成重大损失的；

（二）对职责范围内发生的问题推卸、转嫁责任的；

（三）在调查中，对应当问责的问题线索知情不报或者对发生的问题进行掩盖、袒护，故意为被调查对象开脱责任的；

（四）其他法规对从重加重情形有特别规定的，按相关规定进行问责。

第 10 条 符合本办法规定应当予以问责的情形，情节轻微，没有造成严重后果的，可不予问责。已经履职尽责，但因不可抗力、难以预见等因素造成损失的，可不予或者免予问责。

第三章 问责线索调查

第 11 条 对下列途径发现的问题线索需要问责的，应当按照问题线索来源、管理权限和程序由相关部门和单位进行调查：

（一）上级粮食和储备行政管理部门的监督检查；

（二）纪检监察、审计等机构的监督检查；

（三）本单位的内部监督检查；

（四）行政诉讼、行政复议；

（五）公民、法人和其他组织的投诉、控告、检举；

（六）公共媒体披露符合本办法规定的应当予以问责的情形；

（七）其他途径。

第 12 条 问题调查应当组成调查组，实行组长负责制，依规依纪依法开展调查。查明事实后，调查组应当撰写事实材料，听取被调查对象陈述和申辩，并记录在案；对合理意见，应当予以采纳；不予采纳的，应当说明理由。被调查对象应当在事实材料上签署意见，对签署不同意见或者拒不签署意见的，调查组应当作出说明或者注明情况。

调查工作结束后，调查组应当集体讨论，形成调查结论，撰写调查报告。调查报告应当包括被调查对象基本情况、调查依据、调查过程，问责事实，调查对象的态度、认识及其申辩，具体问责处理意见建议及依据，调查组组长及有关人员签名等内容。问责处理意见建议应当履行审批手续。

第 13 条 被调查单位及个人应当积极配合，如实提供调查所需资料，保证客观、详细、准确，并对所提供资料的真实性、完整性负责。

第 14 条　实施协助调查制度。涉及多个辖区、单位的问题，主办单位可商请相关单位协助调查取证。

第四章　问责方式与实施

第 15 条　粮食和储备行政管理部门、事业单位问责方式：责令作出书面检查、通报批评；其工作人员问责方式：谈话提醒、责令检查、诫勉、组织调整。

粮食储备企业问责方式：责令作出书面检查、通报批评；其工作人员问责方式：组织处理、扣减薪酬、禁入限制、辞退或解聘。

粮食和储备行政管理部门、事业单位、储备企业工作人员违反本办法规定的，按照法律法规和其他有关规定应当给予纪律处分的，不得以前款规定的问责方式代替纪律处分，也不得以纪律处分代替前款规定的问责方式，需要给予处分或者作出其他处理的，由任免机关、单位或者纪检监察机关处理；涉嫌犯罪的，移送有关机关依法处理。

问责方式可以单独使用，也可以依据规定合并使用。问责方式有影响期的，按照有关规定执行。

法律、行政法规对问责方式另有规定的，从其规定。

第 16 条　对粮食和储备行政管理部门、事业单位进行问责，按照管理权限由上一级管理部门（单位）决定并组织实施；对储备企业进行问责，由上一级管理部门（单位）决定并组织实施，也可由粮食和储备行政管理部门提出建议，由其上一级管理部门（单位）组织实施；对粮食和储备行政管理部门、事业单位、储备企业工作人员进行问责，按照管理权限由本级或者上一级管理部门（单位）决定，提交纪检监察机关、任免机关按规定组织实施。

（一）对粮食和储备行政管理部门、事业单位和储备企业工作人员实施问责应当区分管理责任和直接责任，并根据行为性质、主观故意或者重大过失、责任划分、情节轻重等因素确定问责具体适用。

（二）对问责进行调查的，应当及时调查处理，自决定调查之日起 60 日内作出问责处理决定。情况复杂的，经问责机关（单位）主要负责人批准，可以适当延长办理期限，但延长期限不得超过 30 日。

（三）问责处理决定应当在 3 个工作日内送达受问责单位或者人员；有关机关要求处理或者公民、法人和其他组织实名投诉、控告、检举的，应当告知其处理结果。

（四）实行终身问责。对失职失责性质恶劣后果严重的，不论其责任人是否调离、转岗、提拔或者退休等，都应当实施问责。

第 17 条 被问责单位和人员对问责处理决定不服的，可向问责机关（单位）提出申诉，问责机关（单位）应当根据申诉情况及时作出复查决定；对复查决定仍不服的，可向问责机关（单位）上一级机关申请复核，问责机关（单位）上一级机关应当根据申请复核情况作出复核决定。经复查复核，认定原问责决定错误的，原问责机关（单位）应当及时予以纠正，并在原问责信息发布范围内公布复查复核决定；造成经济损失的，应当依法予以补偿。

申诉、复核的处理时间、范围、程序、方式等按被问责单位、人员性质，依照相关法律法规具体实施。

第五章 附 则

第 18 条 本办法中所称粮食，是指小麦、稻谷、玉米、杂粮及其成品粮，大豆、油料和食用植物油。

第 19 条 本办法由国家粮食和物资储备局负责解释。

第 20 条 本办法自发布之日起施行，有效期 5 年。

3. 《江西省粮食流通条例》（2023 年 9 月 27 日）

第 45 条　县级以上人民政府粮食主管部门应当依法对粮食经营者的下列情况进行监督检查：

（一）执行粮食收购品种、价格告知和支付售粮款情况；

（二）执行国家粮食质量标准情况；

（三）粮食收购企业备案和定期报告情况；

（四）粮食仓储设施、设备是否符合有关标准和技术规范情况；

（五）政策性粮食购销活动情况；

（六）粮食经营台账建立情况；

（七）按照国家规定对粮食进行质量安全检验情况；

（八）政府储备粮收储以及储备政策落实情况；

（九）超出正常储存年限的粮食的销售出库情况；

（十）从事粮食收购、加工、销售的规模以上经营者执行特定情况下的粮食库存量情况；

（十一）执行国家粮食流通统计制度情况；

（十二）执行粮食流通法律、法规、政策以及各项规章制度的其他情况。

第五十九条　粮食安全监测预警体系和粮食安全信息发布机制

国务院发展改革、农业农村、粮食和储备主管部门应当会同有关部门建立粮食安全监测预警体系，加强粮食安全风险评估，健全粮食安全信息发布机制。

任何单位和个人不得编造、散布虚假的粮食安全信息。

● 法　律

1. 《农业法》（2012 年 12 月 28 日）

第 34 条　国家建立粮食安全预警制度，采取措施保障粮食供给。国务院应当制定粮食安全保障目标与粮食储备数量指标，并根据需要组织有关主管部门进行耕地、粮食库存情况的核查。

国家对粮食实行中央和地方分级储备调节制度，建设仓储运输体系。承担国家粮食储备任务的企业应当按照国家规定保证储备粮的数量和质量。

● **行政法规及文件**

2. 《粮食流通管理条例》（2021 年 2 月 15 日）

第 37 条 国家建立健全粮食流通质量安全风险监测体系。国务院卫生健康、市场监督管理以及国家粮食和储备行政管理等部门，分别按照职责组织实施全国粮食流通质量安全风险监测；省、自治区、直辖市人民政府卫生健康、市场监督管理、粮食和储备行政管理等部门，分别按照职责组织实施本行政区域的粮食流通质量安全风险监测。

第六十条 粮食生产、储存、运输、加工标准体系

国家完善粮食生产、储存、运输、加工标准体系。粮食生产经营者应当严格遵守有关法律、法规的规定，执行有关标准和技术规范，确保粮食质量安全。

县级以上人民政府应当依法加强粮食生产、储备、流通、加工等环节的粮食质量安全监督管理工作，建立粮食质量安全追溯体系，完善粮食质量安全风险监测和检验制度。

● **行政法规及文件**

1. 《粮食质量安全监管办法》（2023 年 7 月 28 日）

第二章 粮食质量安全风险监测

第 7 条 省级以上粮食和储备行政管理部门应当建立健全粮食收购和储存环节质量安全风险监测制度，包括收购粮食质量安

全监测、库存粮食质量安全监测、应急粮食质量安全监测和其他专项粮食质量安全监测。

县级以上地方粮食和储备行政管理部门应当按照国家粮食质量安全风险监测管理规定，结合本行政区域的具体情况，依职责组织开展粮食质量安全风险监测工作。

县级以上地方粮食和储备行政管理部门获知粮食质量安全风险信息后，应当立即组织开展核查，视情况及时调整粮食质量安全风险监测计划，依职责采取风险防控措施，降低粮食质量安全风险和损失。

第8条　开展风险监测工作应当充分利用现有资源和成果，建立各有侧重、上下联动、有效衔接、协同配合、结果共享的监测机制。

第9条　县级以上粮食和储备行政管理部门应当强化粮食质量安全风险监测等全过程信息化管理，统筹利用有关数据和信息资源。

第10条　省级粮食和储备行政管理部门应当及时将本行政区域内粮食质量安全风险监测结果以及对发现问题的处理情况报告本级人民政府，通报同级食品安全委员会办公室及相关部门和单位，抄送国家粮食和储备行政管理部门。

第11条　县级以上地方粮食和储备行政管理部门应当按照本级人民政府加强粮食污染监控、建立健全被污染粮食处置长效机制等要求，依职责开展有关工作。发现区域性粮食污染情况或者在收购等环节发现有关线索的，应当按照地方人民政府或者有关部门和单位的规定，依职责迅速采取处置措施。

第六章　监督管理

第37条　县级以上粮食和储备行政管理部门依法依规依职责对粮食经营者进行质量安全监督管理，制定粮食质量安全监督抽查计划，采用普查、随机抽查、巡查、重点检查、交叉检查、提级查办等方式，对本行政区域内收购、储存、运输活动和政策性粮食购销活动中的质量安全状况实施监督抽查。

国家粮食和储备行政管理部门根据质量安全监管需要组织开展监督抽查，原则上每年不少于 1 次；国家粮食和物资储备局垂直管理机构按照季度巡查等要求，开展质量安全监督抽查。

县级以上地方粮食和储备行政管理部门根据国家粮食和储备行政管理部门年度监督抽查计划，结合实际组织本行政区域监督抽查，原则上每年不少于 2 次。监督抽查内容主要包括粮食质量安全状况，执行出入库检验制度、质量管理制度情况，对被污染粮食实施定点收购、分类管理、专仓储存、定向处置等闭环管理、全程监控措施的情况等。

根据实际情况，政府储备粮食年度监督抽查比例一般不低于本行政区域内本级政府储备规模的 30%，覆盖面不低于承储单位数量的 30%。上级粮食和储备行政管理部门监督抽查过的单位，下级粮食和储备行政管理部门当年一般不再重复监督抽查。

第 38 条　县级以上粮食和储备行政管理部门在履行粮食质量安全监督管理职责过程中，有权采取下列措施：

（一）进入粮食经营者经营场所检查粮食质量安全情况，对检验仪器设备和扦样、检验的规范性进行检查；

（二）向有关单位和人员调查、了解相关情况；

（三）查阅、复制与粮食经营活动中与质量安全有关的合同、票据、账簿、检验报告以及其他资料、凭证；

（四）对粮食经营者经营的粮食进行扦样检验；

（五）检查粮食仓储设施、设备是否符合有关标准、技术规范和安全生产要求；

（六）查封、扣押非法收购或者不符合国家粮食质量安全标准的粮食，用于违法经营或者被污染的工具、设备以及有关账簿资料；

（七）查封违法从事粮食经营活动的场所。

粮食经营者拒绝检查的，粮食和储备行政管理部门应当向本级人民政府、上一级粮食和储备行政管理部门报告。

第39条　日常质量安全监督抽查的情况和处理结果应当经监督抽查人员和粮食经营者签字后归档。粮食经营者拒绝签字的，应当如实记录原因，经监督抽查人员2人以上签字后归档。

第40条　县级以上粮食和储备行政管理部门建立粮食经营者信用档案，应当包含粮食经营者粮食质量安全信用情况，记录日常质量安全监督抽查结果、违规违纪违法行为查处等信息，并根据信用等级实施分类监管，对有不良信用记录的粮食经营者增加抽查频次。

第41条　任何组织和个人有权向县级以上粮食和储备行政管理部门提出加强粮食质量安全监督管理工作的意见和建议，举报粮食质量安全违规违纪违法行为。

第42条　县级以上粮食和储备行政管理部门接到意见、建议和举报，应当按照职责和程序及时研究、处理。对属于本部门职责的，应当受理，并及时进行答复、核实、处理；对不属于本部门职责的，应当书面通知相对人，按程序移交有权处理的部门处理，或者告知其向有权处理的部门反映。

第43条　国家粮食和储备行政管理部门可以依法依规对省级粮食和储备行政管理部门的质量安全监管工作进行年度评估考核，对取得显著成绩的单位和个人进行通报表扬。

县级以上地方粮食和储备行政管理部门落实粮食质量安全监管职责情况依法依规纳入相关考核。

第七章　法律责任

第44条　县级以上粮食和储备行政管理部门违反本办法规定，出现下列情形的，责令改正；造成严重后果的，对负有责任的领导人员和直接责任人员依规依纪依法给予处分：

（一）未建立并实施粮食质量安全风险监测制度的；

（二）发现区域性粮食污染情况，未按规定及时报告或者处置的；

（三）未建立健全粮食质量安全事故应急预案及相关机制的；

（四）本行政区域内的粮食质量安全违法违规行为由上级粮食和储备行政管理部门在监督抽查中发现的；

（五）其他在粮食质量安全监督管理中不依法依规履行职责或者存在滥用职权、玩忽职守、徇私舞弊等情形的。

第45条　县级以上粮食和储备行政管理部门所属的粮食质量安全检验机构和检验人员违反本办法规定，出现下列情形的，由县级以上粮食和储备行政管理部门依职责对有关单位和人员进行处分；情节严重的，依法纳入全国信用信息共享平台：

（一）违反保密规定，未经委托方同意擅自公开或者向他人提供检验报告的；

（二）未按要求实施现场扦样，或者扦样方法、程序等不符合国家有关规定或者标准的；

（三）存在其他违反扦样、检验管理规定行为的。

其他粮食质量安全检验机构和检验人员违反保密、扦样、检验管理等规定的，依照有关法律法规进行处理。

第46条　粮食经营者在从事粮食收购、储存、销售出库、运输和政策性粮食购销活动中违反质量安全管理有关规定的，依照《粮食流通管理条例》等有关法律法规进行处理。粮食经营者在收购等环节发现不符合食品安全国家标准的粮食，未及时向粮食和储备行政管理等部门报告的，依照有关规定进行处理。

● 部门规章及文件

2. 《粮食质量安全风险监测管理暂行办法》（2022 年 2 月 14 日）

第一章 总 则

第 1 条 为认真贯彻习近平总书记"四个最严"重要指示和有关批示精神，规范粮食质量安全风险监测（以下简称风险监测）工作，加强质量安全风险控制和管理，保障国家粮食质量安全，推动粮食产业高质量发展，满足人民日益增长的美好生活需要，根据《中华人民共和国食品安全法》、《粮食流通管理条例》、《粮食质量安全监管办法》等法律法规和政策规定，制定本办法。

第 2 条 本办法适用于各级粮食和物资储备行政管理部门（以下简称粮食和储备部门）组织开展的粮食质量安全风险监测活动。

第 3 条 粮食质量安全风险监测是系统性收集粮食质量品质、污染情况以及粮食中有害因素的监测数据及相关信息，并综合分析、及时报告和通报的活动。其目的是为粮食调控政策制定、粮食质量安全标准制修订、粮食质量安全风险评估、预警和交流、监督管理等提供科学支持。

粮食质量安全风险监测，包括收购粮食质量安全监测（以下简称收购监测）、库存粮食质量安全监测（以下简称库存监测）、应急粮食质量安全监测（以下简称应急监测）和其他专项粮食质量安全监测（以下简称其他专项监测）。

收购监测，是指为指导粮食企业收购粮食、有效保护种粮农民利益、服务相关部门单位政策制定，对当年新收获粮食的常规质量、内在品质（营养品质、加工品质、食用品质等）情况和食品安全状况按程序和规范进行采样、检验、分析和评价等活动，一般分为质量调查、品质测报、安全监测等形式。

库存监测，是指为加强库存粮食质量安全管理，对库存粮食常规质量、储存品质和食品安全状况，按程序和规范进行采样、检验、分析和评价等活动。

应急监测，是指发现粮食可能存在质量安全隐患、处置粮食质量安全事故需要、应对公众关注的粮食质量安全风险等情况而开展的监测。

其他专项监测，是指用于评价特定粮食质量安全状况而开展的监测。

第4条　风险监测的主要内容包括：常规质量、储存品质、内在品质，因环境污染、异常气候或储存过程保管不当等因素导致的重金属、真菌毒素及其他有害物质污染，以及粮食生产和储存过程中施用的药剂残留等食品安全状况。

第5条　国家粮食和储备部门组织开展国家级风险监测，督促、指导省级粮食和储备部门组织实施当地风险监测工作。国家粮食和储备部门垂直管理机构具体负责辖区内中央政府储备粮食质量安全风险监测。

地方粮食和储备部门根据国家级风险监测内容，结合本行政区域具体情况和质量安全监管需要，组织开展本行政区域风险监测，并按规定实施上级粮食和储备部门组织的风险监测工作。

第6条　粮食企业应当不断加强粮食质量安全内部质量管控，完善收购、储存粮食质量安全自检制度，强化库存粮食温度、湿度和生虫、生霉等测控，全面落实质量安全主体责任。

第7条　各级粮食和储备部门应当根据监测工作需要，建立健全风险监测网络。开展风险监测工作应当充分利用现有各级粮食质量安全检验机构资源和优质粮食工程质量安全检验监测体系建设成果，充分发挥其职能作用，确实提高仪器设备利用率。

第8条　国家粮食和储备部门建立健全国家粮食质量安全数据库，统筹利用有关全国风险监测数据和信息资源。省级粮食和储备部门建立本省份粮食质量安全数据库。

粮食和储备部门应当统筹调度各项风险监测任务，规范采样活动，强化监测数据的收集、整理、综合分析、结果报送和运用，严格监测工作的质量控制和督导考评。

第9条　各级粮食和储备部门开展必要风险监测活动所需经费，按程序纳入本级部门预算，不得向监测对象收取。

第二章　监测计划

第10条　各级粮食和储备部门应当制定年度收购监测、库存监测计划。应急监测和其他专项监测根据需要开展。

第11条　国家粮食和储备部门制定国家级收购监测、库存监测年度计划并组织实施，可根据实际情况开展全面监测或重点监测，监测方式可采取就地监测或异地监测。

地方粮食和储备部门应当根据上级监测计划和要求，结合本行政区域主要生产粮食品种、产量、商品量、库存量、消费量、消费方式以及气候、环境、土壤等实际情况，制定本行政区域的粮食质量安全风险年度监测计划，明确监测品种和样品数量，合理确定监测覆盖区域或库点比例，抄报上一级粮食和储备部门。

省级粮食和储备部门应当将省级年度收购监测、库存监测计划于当年4月底之前抄报国家粮食和物资储备局标准质量管理办公室。

应急监测和其他专项监测计划应当根据实际情况制定。

第12条　监测计划应当包括下列主要事项：

（一）采样、检验、结果汇总、数据报送等各环节的责任单位，以及相关单位和人员的条件、职责、义务等；

（二）监测区域、粮食品种、粮食性质、企业性质、样品数量、监测内容；

（三）采样技术方法、样品份数、重量，样品的封装、防拆封措施，保存条件，送样要求和时限等；

（四）承检机构样品接收、查验、登记、备份样品保管等要求；

（五）检验方式（如集中检验、分散检验；异地检验、现场检验等）、检验项目、检验方法、检验复核和结果判定依据、原则等；

（六）相关工作完成时限和结果报送日期、报送方式等。

第13条 收购监测主要是从农户或田间采样，重点监测新收获稻谷、小麦、玉米、大豆、花生、油菜籽、葵花籽等主要粮食、油料品种的出糙率、容重、完整粒率、含油率等常规质量指标；蛋白质、脂肪等营养品质指标；面筋含量、稳定时间等加工品质指标；食味评分、直链淀粉等食用品质指标；重金属、真菌毒素、农药残留等主要食品安全指标；以及粮食和储备部门认为有必要监测的杂粮、油料等其他特色粮油品种的相关指标。对质量安全风险隐患较大的区域，以及安全利用类、严格管控类耕地等区域种植的粮食，可增加监测密度，实施连续监测。

库存监测样品采集对象是粮食企业库存粮食。重点监测水分、杂质、容重、出糙率、不完善粒等常规质量指标；脂肪酸值、品尝评分值等储存品质指标；主要食品安全指标。鼓励开展库存粮食营养品质、加工品质等内在指标的监测。监测对象应当兼顾政策性粮食和非政策性粮食，兼顾国有粮食企业承储的粮食和非国有粮食企业承储的粮食。对于监测发现风险隐患较大的粮食企业应实施连续监测，并提高仓房（货位）的监测抽样比例。

应急监测和其他专项监测对象和指标根据实际情况确定。

第14条 各级粮食和储备部门应当建立各有侧重、上下联动、有效衔接、协同配合、结果共享的监测机制，明晰各层级重点监测品种、监测项目、监测区域等内容，避免出现重复监测和监测盲区。

国家粮食和储备部门及其垂直管理机构收购监测重点是稻谷、小麦、玉米、大豆、油菜籽等主要品种；库存监测重点是中央政府储备粮食以及中央粮食企业库存的其他粮食等。

地方粮食和储备部门收购监测重点是本行政区域内的主要粮食品种、特色粮食品种；库存监测重点是本行政区域内最低收购价粮、国家临时存储粮等其他中央事权库存粮食以及地方储备粮食和其他地方事权库存粮食。

第三章　采样与检验

第 15 条　国家级风险监测的采样和检验，一般由国家粮食和储备部门委托省级粮食和储备部门组织实施，也可直接委托各级国家粮食质量监测机构实施异地采样和检验。

地方各级风险监测的采样和检验，由本级粮食和储备部门负责组织实施。

实施异地监测的，被监测地区粮食和储备部门应当做好采样相关组织协调工作，被采样单位应当按要求配合做好采样等相关工作。

应采集足够数量的样品，确保监测结果具有代表性。

第 16 条　粮食和储备部门应当与承担采样和检验任务的粮食质量安全检验机构（以下简称承检机构）签订委托协议，明确委托要求以及双方权利和义务。同时明确委托方可以对采样单位和承检机构开展的采样、检验工作进行监督，监督内容主要包括与监测相关的技术能力、管理措施、保密工作等。

库存监测承检机构应当依法依规取得资质认定，熟悉粮食质量安全有关法律、法规和政策规定；政策性粮食承检机构，还应当熟悉国家政策性粮食质量安全管理要求和标准、政策规定。

风险监测的采样、检验工作应当充分发挥粮食质量监测机构作用。采样单位和采样人员应当熟悉粮食采样标准、技术规范等规定，并严格执行。

第 17 条　收购监测应当根据粮食品种及其收获时间，以田间采样或农户采样为主，采取边采样、边送样、边检验的方式，提高时效性。

对于监测过程中出现风险隐患变化情况的，适时调整监测品种、监测区域、监测项目。

第18条　收购监测应当优先选择种粮大户、家庭农场、农业合作社等规模化粮食生产主体或有代表性的种粮农户进行样品采集。采样后应当先记录样品原始水分，对于水分过高的样品，及时按要求将水分降至符合国家标准要求后方可封样。

鼓励地方粮食和储备部门按照便捷经济、共享互利的原则，与规模化粮食生产主体开展合作采样。经培训合格后，可委托规模化粮食生产主体对其种植的粮食，按要求自行采样并寄送至承检机构；监测结果及时反馈送检方。

第19条　库存监测样品采样按以下要求开展：

（一）应当遵循全面、客观的原则，根据不同事权粮食的品种、分布、库存量、储存年限以及粮食企业性质、储存条件等实际情况，按照年度监测计划，制定采样分配方案。对同一货位同一批次的粮食，年度内一般不进行重复采样。

（二）采样人员应当向粮食企业出示有效证件、粮食和储备部门出具的采样任务委托函，按照监测方案明确的相关标准、技术规范或委托方指定的方法进行采样，准确、客观、完整地填写相关信息，采样场所、储存环境、样品信息以及采样过程重要节点应当录像或拍照，确保样品的代表性、真实性。样品重量应当满足检验和复检需求，原则上不超过合理的需要量。每个小组采样人员数量不少于2人。

（三）采样现场发现明显生霉、结露、生虫和发热等异常情况，应当采用录像或拍照的方式准确记录，并及时报告委托方和相关管理单位，立即采取针对性措施调整采样方法。发现"埋样""换样"等行为的，应当重新采样取证，并积极收集相关证明，第一时间报告委托方和相关管理单位。

（四）样品用加盖采样委托部门印章和采样人员、被采样单位授权人员签字的封条进行现场封样，并采取防拆封措施。样品封样前不得离开采样人员视野。相关样品信息记录和影像资料交委托方审核并留存备查，留存时间不少于 6 年。

第 20 条　粮食企业应当积极配合采样人员实施库存监测采样，提供真实的采样仓号（货位号）、粮食品种、粮食数量、入库时间、检验数据、产地和粮情记录等信息。

粮食企业无正当理由拒绝采样的，采样人员应当及时向委托方和相关管理单位报告相关情况。

第 21 条　采样单位和人员对采集样品的代表性、真实性和信息准确性、完整性负责。不得擅自改变采样方案、调换样品和更改样品信息；不得随意改变样品的保存条件或无故迟送样品。

采样单位应当参照市场价格支付样品费用。开展合作采样的，可共同确定采样费用及支付方式。

第 22 条　样品在保存、运输过程中，应当采取有效措施保持样品原始性状，防止出现污染、变质等异常变化。采样单位应当按要求及时将样品和采样单运送或寄送至承检机构。

第 23 条　承检机构接收样品时，应当场认真检查样品包装和封条有无破损，是否存在发热、雨淋、污染和其他可能对检验结果、综合判定产生影响的情况，并核对样品信息与采样单是否相符。检查无误后，按要求做好检验和备份样品登记、标识和存放工作。

接收样品时，如发现存在样品信息有误或不全、样品撒漏或受损、封条破损等异常情况，承检机构应当采用录像或拍照的方式准确记录，当场填写样品拒收告知书，并及时向采样单位和委托方报告。

备份样品应在低温、干燥等适宜的环境中妥善保存。原则上保存时间不少于 6 个月或委托方要求的时限。特殊情况确实无法继续保存的，经委托方同意后方可处置。

第24条　根据检验工作实际需求，可采取集中检验、分散检验，异地检验、现场检验等方式进行检验。

承检机构应当按照既定的风险监测计划，开展检验、数据汇总、结果分析等工作。

第25条　承检机构应当严格按照国家有关规定或委托方的要求进行检验和结果判定，加强检验过程质量控制，确保检验结果客观、公正，判定结论准确无误。

收购监测可采用国家粮食和储备部门标准质量管理机构认可的快速检验方法进行检验。对于食品安全指标，快检结果为国家标准临界值时，应当按照国家标准规定的检验方法进行复核检验。

检验报告应当有检验人的签章，并加盖承检机构公章，按委托方要求的报送时间和报送渠道，如实向委托方报送检验数据和分析结果。

采样单、检验原始记录等相关材料应当妥善留存备查，留存时间不少于6年。

国家粮食和储备部门直接委托的风险监测任务，检验结果由承检机构汇总分析后直接报国家粮食和储备部门，同时抄送样品采集省份的省级粮食和储备部门。

第26条　承检机构对检验结果的真实性、准确性以及相关信息的完整性负责，不得瞒报、谎报、迟报、漏报、伪造检验数据和分析结果；不得出具虚假检验报告；不得利用检验结果参与有偿活动，牟取不正当利益；未经委托方允许，不得将检验任务分包、转包；发现食品安全指标不合格的样品，应当及时报告委托方和相关管理单位。

第27条　地方粮食和储备部门以及各类粮食企业不得违规干预采样、检验、数据汇总和结果上报等工作，粮食和储备部门不得隐瞒、谎报和无故拖延上报监测结果。

第 28 条　粮食和储备部门应当加强本行政区域内粮食质量安全检验机构建设与运行的指导管理,充分发挥其专业技术优势。

第 29 条　粮食企业对库存监测结果有异议且有充分理由的,可以自收到监测结果之日起 7 个工作日内,向具体组织实施监测工作的粮食和储备部门提交书面复检申请并充分说明理由。

收到复检申请的粮食和储备部门认为确有必要复检的,如本次检验结果与相关粮食质量档案数据差异较大等,应当委托省级及以上粮食质量安全检验机构对备份样品进行检验,必要时可重新采样进行复检,复检结果作为最终库存监测结果。

第 30 条　应急监测和其他专项监测采样与检验相关工作参照前述规定执行。

第四章　结果运用

第 31 条　各级粮食和储备部门对风险监测数据和信息进行收集、整理、汇总,建立健全风险监测数据库,进行趋势分析和判断,充分发挥监测数据效用,服务于政策制定和完善、风险预警和评估、监督管理和指导等工作。

第 32 条　各级粮食和储备部门应当建立风险监测信息报告通报制度。

地方粮食和储备部门应当将本部门组织开展或收到反馈的监测数据和汇总分析结果及时报告本级人民政府,同时报送上一级粮食和储备部门,风险监测结果表明可能存在食品安全隐患的,按有关要求或规定报告(通报)本级发展改革、财政、生态环境、农业农村、卫生健康、市场监管、食品安全办等相关部门以及下一级有关粮食和储备部门。库存监测结果还应当通报相关粮食企业及相关管理单位,并对发现的问题提出整改要求或建议。

省级粮食和储备部门应当将本行政区域内风险监测结果以及发现问题处理情况汇总后,按要求统一报送国家粮食和储备部门；中央政府储备粮食和中央事权粮食相关监测结果，还应当通报当地国家粮食和储备部门垂直管理机构和中储粮集团公司分（子）公司。

国家粮食和储备部门视情况将全国风险监测结果通报国家相关部门、相关省级粮食和储备部门、国家粮食和储备部门相关垂直管理机构、中央粮食企业。国家粮食和储备部门垂直管理机构应当将中央政府储备粮食质量安全监测中涉及食品安全的数据通报相关省级粮食和储备部门以及中储粮集团公司分（子）公司。

第33条　地方粮食和储备部门应当按规定通过政府网站等多种方式，适时稳妥发布收购粮食常规质量和品质测报监测信息。其他监测信息发布，按照国家或地方有关规定执行。国家粮食和储备部门直接委托相关承检机构开展监测的结果，由国家粮食和储备部门通过适当方式发布或通报。

第34条　地方粮食和储备部门应当建立风险监测隐患排查与应急处置机制。

建立健全粮食质量安全应急预案。加强风险隐患排查、应急处置和危机管控能力建设。对收购监测中发现存在风险隐患的地区，应当在当地人民政府统一领导下，按规定及时会商同级发展改革、财政、生态环境、农业农村、卫生健康、市场监管、食品安全办等相关部门，依职责采取核实、排查、科学处置等有效防控措施。必要时，按照相关应急处置预案规定开展应急处置工作。

建立重大风险处置督查督办制度。地方粮食和储备部门应当对风险隐患较重的地区（单位）进行核查和督导，依职责采取有效措施妥善处置，避免发生区域性、系统性质量安全风险，并做好突发性质量安全问题应对和处置。核查、督导和处置情况应当予以记录，并将相关情况及时报告本级人民政府。

第35条　粮食企业对存在的问题，应当严格按照法律法规和政策规定，落实质量安全主体责任，做好整改工作，确保下列各项整改措施落实到位：

（一）按照粮食权属、性质和问题类别，分类制定整改措施，明确整改时限，落实整改责任；

（二）按规定对不符合食品安全标准的粮食进行妥善处理；对于水分、杂质等不符合国家有关规定的粮食，应当及时采取通风降水、整理等有效处理措施，并加强处置期间粮情和质量安全监测；

（三）对存在的压级压价、多扣水杂、以陈顶新、以次充好等质量安全问题进行认真自查，对存在的问题严肃整改。

粮食企业应当及时将整改情况按要求报告相关粮食和储备部门。粮食企业的上一级经营管理单位应当对粮食企业的整改情况进行跟踪、督促，对整改结果进行核实。相关粮食和储备部门应当加强对整改情况的监督检查。

第36条 库存监测结果作为粮食和储备部门对粮食企业开展年度质量安全考评、信用评价，以及监督检查和依法处置等工作的重要依据。

第五章 监督管理

第37条 各级粮食和储备部门应当建立和完善风险监测工作机制、督导机制和考评机制，加强监督管理；规范工作流程，保持工作的连续性、系统性、科学性和人员的稳定性；加强对下级单位监测工作的指导和检查，将监测工作开展情况纳入粮食安全责任考核范围。

第38条 各级粮食和储备部门应当加强风险监测能力建设，定期对采样和检验技术人员进行培训，提升采样和检验人员技术水平，强化承检机构检验技术能力验证和比对考核，确保监测数据的客观、公正、准确、可靠。

第39条 各级粮食和储备部门应当按照委托协议书约定的

要求，对采样单位和承检机构是否按照国家有关规定和协议书的要求进行采样和检验，是否具备相应检验检测能力和管理水平，是否存在伪造检验数据或出具虚假报告行为等进行监督。发现存在问题的，应当及时按照有关规定和协议书的约定进行处理。

第40条　参与风险监测工作的单位和个人应当做好保密工作。未经委托方同意，任何单位和个人不得泄露或发布监测数据及相关信息。

第41条　任何单位和个人对风险监测工作中存在的违纪违法违规行为，均有权向粮食和储备等有关部门举报，粮食和储备部门接到举报后应当及时依职责按程序进行调查、处理。

第42条　粮食和储备行政管理部门和采样单位、承检机构、粮食企业等单位违反本办法等相关规定，造成不良后果的，相关部门依规依纪依法对责任单位和责任人员予以处理；构成犯罪的，按程序依法移交司法机关处理。

第六章　附　　则

第43条　本办法由国家粮食和物资储备局负责解释。

第44条　本办法自2022年4月1日起施行，有效期至2025年3月31日。

3.《粮食和物资储备行业标准化技术委员会管理办法》（2021年2月20日）

第一章　总　　则

第1条　为规范粮食和物资储备行业标准化技术委员会管理，提高粮食和物资储备行业标准制定质量，根据《中华人民共和国标准化法》等有关规定，制定本办法。

第2条　本办法所指粮食和物资储备行业标准化技术委员会（以下简称标委会），是由国家粮食和物资储备局批准组建的，从事粮食和物资储备领域一定业务范围内行业标准起草、技术审查等标准化工作的非法人技术组织。

本办法适用于标委会的构成、组建、换届、调整和监督管理。

第3条 国家粮食和物资储备局负责标委会的统一领导，制定标委会管理相关的政策和制度，决定标委会组建、调整、撤销、注销等重大事项。

国家粮食和物资储备局标准化主管单位（标准质量管理办公室）（以下简称标准化主管单位）负责标委会的规划、协调、组建和管理，履行以下职责：

（一）组织实施标委会管理相关的政策和制度；

（二）规划标委会建设布局；

（三）协调标委会的组建、换届、调整、撤销、注销等事项；

（四）组织标委会相关人员的培训；

（五）监督检查标委会的工作，组织对标委会进行考核评估；

（六）其他与标委会管理有关的职责。

第4条 标委会应当科学合理、公开公正、规范透明地开展工作，在业务范围内承担以下工作职责：

（一）提出标准化工作的政策和措施建议；

（二）编制行业标准体系，提出行业标准制修订项目建议；

（三）开展行业标准的起草、征求意见、技术审查、报批、复审和后评估，以及有关行业标准外文版的组织翻译和审查工作；

（四）开展行业标准宣贯、标准实施情况评估和标准起草人员培训工作；

（五）受标准化主管单位委托，承担归口行业标准的解释工作；

（六）组织开展国内外标准一致性比对分析，跟踪、研究国际标准化的发展趋势和工作动态；

（七）承担标准化主管单位交办的其他工作。

第二章　组织机构

第5条　标委会由委员组成，委员应当具有广泛性和代表性，可以来自生产经营单位、科研院校、检测机构、政府部门、行业学会协会、消费者等相关方。来自任意一方的委员人数不得超过委员总数的 1/2。

第6条　标委会委员一般不少于 19 人，其中主任委员 1 名，副主任委员不超过 3 名。

同一单位在同一标委会任职的委员不得超过 3 名。主任委员、副主任委员均不得来自同一单位。同一人不得同时在粮食和物资储备领域 3 个以上标委会担任委员。

第7条　标委会委员应当具备以下条件：

（一）具有中级以上专业技术职称，或者具有与中级以上专业技术职称相对应的职务；

（二）熟悉业务工作，熟悉国内粮食和物资储备领域法律和政策，具有较高理论水平、扎实的专业知识和丰富的实践经验；

（三）掌握标准化基础知识，热心标准化事业，能积极参加标准化活动，认真履行委员的各项职责和义务；

（四）制定的行业标准与国际标准密切相关的标委会，其三分之二以上的委员应熟悉行业标准国际化制度规则；

（五）在我国境内依法设立的法人组织任职的人员，并经其任职单位同意推荐；

（六）具有良好的道德修养，未被列入失信被执行人名单；

（七）标委会章程规定的其他条件。

第8条　标委会主任委员和副主任委员应当具备以下条件：

（一）业务范围内的技术专家；

（二）在业务范围内享有较高声誉，具有影响力；

（三）具有高级以上专业技术职称，或者具有与高级以上专业技术职称相对应的职务；

（四）熟悉标委会管理程序和工作流程；

（五）能够高效、公正履行职责。

第9条　标委会设秘书处，负责标委会日常工作。秘书处承担单位应当符合以下条件：

（一）在我国境内依法设立、具有独立法人资格的企事业单位或者社会团体；

（二）有较强的技术实力和行业影响力；

（三）有连续3年以上开展标准化工作的经验，牵头起草过2项以上国际标准、国家标准或者行业标准；

（四）为秘书处开展工作提供必要的经费和办公条件；

（五）安排工作人员，确保秘书处各项工作正常有效开展；

（六）标准化主管单位规定的其他条件。

第10条　标委会秘书处设秘书长1名，副秘书长不超过2名。秘书长、副秘书长应当由委员兼任，均不得来自同一单位。

秘书长应当由秘书处承担单位技术专家担任，具有较强的组织协调能力，熟悉业务范围内技术发展情况以及国内外标准化工作情况，具有连续3年以上标准化工作经历。

第11条　标委会委员应当积极参加标委会的活动，履行以下职责：

（一）开展标准需求调研，提出行业标准制修订等方面的工作建议；

（二）按时参加行业标准技术审查和标准复审，按时参加标委会年会等工作会议；

（三）履行委员投票表决事项；

（四）监督主任委员、副主任委员、秘书长、副秘书长及秘书处的工作；

（五）监督标委会经费的使用；

（六）及时反馈标委会归口标准实施情况；

（七）参与业务范围内的国际标准化工作；

（八）参加标准化主管单位及标委会组织的培训；

（九）承担标委会职责范围内的相关工作；

（十）标委会章程规定的其他职责。

委员为履行职责，有权获取标委会的相关资料和文件。

第12条　主任委员负责标委会全面工作，应当保持公平公正立场。主任委员负责签发会议决议、标准报批文件等标委会重要文件。主任委员可以委托副主任委员签发标准报批文件等重要文件。

第13条　秘书长负责秘书处日常工作，副秘书长协助秘书长开展工作。秘书处、秘书长和副秘书长具体职责由标委会章程规定。秘书处工作制度由秘书处工作细则规定。

第14条　标委会应当每年至少召开一次年会，总结上年度工作，安排下年度计划，通报经费使用情况等。全体委员应当参加年会。标委会可以根据需要不定期召开会议，研究处理相关工作。召开会议时，应当提前通知全体委员。

第15条　以下事项应当由秘书处形成提案，提交全体委员审议，并形成会议纪要：

（一）标委会章程和秘书处工作细则；

（二）工作计划；

（三）行业标准体系；

（四）行业标准制修订立项建议；

（五）行业标准送审稿；

（六）标委会委员调整建议；

（七）工作经费的预决算及执行情况；

（八）标委会章程规定应当审议的其他事项。

审议（一）、（四）、（五）、（六）、（七）事项时，应当进行投票表决，参加投票的委员不得少于3/4。参加投票委员2/3以上赞成，且反对意见不超过参加投票委员的 1/4，方为通过。表决结果应当形成决议，由秘书处存档。

第 16 条　标委会开展行业标准制修订工作的程序按照有关标准规定执行。

第 17 条　标委会委员、秘书处工作人员等在工作中涉及国家安全、国家秘密和企业商业秘密的，应当遵守国家相关法律法规要求。

第三章　组建、换届、调整

第 18 条　标委会组建应当符合以下条件：

（一）符合国家标准化发展战略、规划要求，标准化业务范围明晰，与现有的标委会无业务交叉；

（二）符合粮食和物资储备事业发展需要，标准体系框架明确，有较多的行业标准制修订工作需求；

（三）秘书处承担单位具备开展工作的能力和条件。

已有全国专业标准化技术委员会或分技术委员会能够满足粮食和物资储备行业需求的，原则上不再新增相关业务范围的标委会。

第 19 条　标委会的组建程序包括遴选、公示、筹建、成立。

第 20 条　按照标委会建设布局，结合工作实际，标准化主管单位组织遴选秘书处承担单位。秘书处承担单位填写筹建材料提交标准化主管单位评审。筹建材料应当说明标委会筹建的必要性、可行性、业务范围、标准体系框架、国内外相关技术组织情况、秘书处承担单位有关情况等。

第 21 条　经评审符合组建条件的，由标准化主管单位对外公示标委会的名称、业务范围、秘书处承担单位等。公示期为 30 日。

公示期届满，标准化主管单位报请国家粮食和物资储备局研究筹建事项，符合要求的，国家粮食和物资储备局批准筹建，并由标准化主管单位公开征集意向委员。

第 22 条 秘书处承担单位应当在国家粮食和物资储备局批准筹建后 6 个月内，向标准化主管单位报送组建方案。组建方案应当包括：

（一）标委会基本信息表；

（二）标委会委员名单和委员登记表；

（三）标委会章程草案，包括业务范围，工作原则、任务、程序，秘书处职责，秘书长和副秘书长职责，委员条件和职责，经费管理等；

（四）秘书处工作细则草案，包括工作原则、工作人员条件和职责、会议制度、文件制度、档案制度、财务制度等；

（五）行业标准体系框架及标准体系表草案；

（六）秘书处承担单位支持措施；

（七）未来 3 年工作规划以及下一年度工作计划草案；

（八）标准化主管单位规定的其他内容。

第 23 条 标准化主管单位应当将标委会委员名单向社会公示，公示期为 30 日。公示期届满，符合要求的，由标准化主管单位报请国家粮食和物资储备局公告成立。

第 24 条 标委会由标准化主管单位统一顺序编号，编号为 LSWZ/TC×××。

第 25 条 标委会委员证书由标准化主管单位统一制发。

第 26 条 标委会每届任期 5 年，任期届满应当换届。换届前应当公开征集委员，秘书处提出换届方案，于标委会任期届满前 3 个月报送标准化主管单位。换届方案应当包括：

（一）标委会基本信息表；

（二）标委会委员名单和委员登记表；

（三）标委会章程草案；

（四）秘书处工作细则草案；

（五）行业标准体系表；

（六）秘书处承担单位支持措施。

标准化主管单位按照本办法第二十三条规定进行公示，符合要求的，由标准化主管单位报请国家粮食和物资储备局批准换届。

第27条　根据工作需要，经标委会委员审议和表决，标委会可提出增加、减少、替换委员等调整建议，报送标准化主管单位审批。被调整的委员不参与对委员调整建议的投票表决。委员调整原则上每年不得超过一次，每次调整不得超过委员总数的1/5。

第28条　根据工作需要，秘书处可以向标准化主管单位申请调整业务范围、名称以及注销标委会等事项。标准化主管单位审核后报请国家粮食和物资储备局予以调整、注销。

第29条　根据标委会建设布局和业务工作变化需要，标准化主管单位可以报请国家粮食和物资储备局直接调整标委会业务范围、名称、秘书处承担单位等。对标准化工作需求很少或者相关工作可并入其他标委会的，标准化主管单位报请国家粮食和物资储备局对标委会予以注销。

第四章　监督管理

第30条　标准化主管单位应当对标委会工作进行监督检查。标准化主管单位建立考核评估制度，定期对标委会工作进行考核评估，并将考核评估结果向社会公开。

第31条　标委会应当建立内部监督检查制度，加强自律管理，并接受社会监督。

第32条　秘书处承担单位应当严格按照国家有关财务制度的规定，将标委会的工作经费纳入单位财务统一管理，单独核算，专款专用。

禁止标委会以营利为目的收取费用。严禁采取摊派、有偿署名等方式收取费用。

第 33 条 行业标准制修订补助经费按照财政经费有关规定进行列支。任何单位和个人不得截留或者挪用行业标准制修订补助经费。秘书处承担单位应当接受标准化主管单位对行业标准制修订补助经费使用情况的监督检查，应当接受审计机关的审计。

第 34 条 标委会印章由标准化主管单位统一制发，秘书处负责管理。标委会撤销、注销、变更名称时，应当在 10 个工作日内将原印章交还标准化主管单位。

标委会印章属于业务专用章，主要用于上报材料、请示工作、征求意见、召开会议、对外联络以及标准化主管单位规定的其他事项，不得超出范围使用。印章使用需经标委会主任委员或者其授权的副主任委员签字批准。

第 35 条 标委会应当按照标准档案管理的相关要求管理标准档案。标委会日常工作的文件材料应当及时归档，妥善保管。

第 36 条 标委会应当每年向标准化主管单位报送年度工作报告。

第 37 条 任何单位和个人可以向标准化主管单位或相关部门举报、投诉标委会、委员和秘书处违反本办法规定的行为。举报、投诉的受理单位应当及时调查。对查证属实的，由标准化主管单位或相关部门作出处理决定。

第 38 条 标委会有下列情形之一的，标准化主管单位责令其限期整改：

（一）未按计划完成行业标准制修订和复审任务，且无正当理由的；

（二）行业标准质量出现严重问题的；

（三）未按本办法有关规定履行表决程序的；

（四）未按规定使用和管理工作经费的；

（五）违规使用标委会印章的；

（六）考核评估不合格的；

（七）存在其他违规情形的。

限期整改期间，标准化主管单位不再向其下达新的工作任务。整改期满后仍不符合要求的，标准化主管单位报请国家粮食和物资储备局调整秘书处承担单位或者重新组建、撤销标委会。

被撤销的标委会的工作并入标准化主管单位指定的标委会。

第39条　秘书处承担单位有下列情形之一的，标准化主管单位报请国家粮食和物资储备局同意后，对秘书处承担单位进行调整：

（一）秘书处工作不力，致使标委会无法正常开展工作的；

（二）利用标委会工作为本单位或者相关方谋取不正当利益的；

（三）违反规定使用标委会经费，情节严重的；

（四）存在其他重大违规情形的。

第40条　标委会有下列情形之一的，标准化主管单位报请国家粮食和物资储备局同意后，重新组建：

（一）排斥相关方参与行业标准制修订活动、为少数相关方谋取不正当利益，严重影响行业标准制修订工作的公正、公平的；

（二）在工作中有弄虚作假行为的；

（三）连续三年不开展工作的；

（四）存在其他重大违法违规情形的。

重新组建期间，标委会停止一切活动。

第41条　委员有下列行为之一的，由标委会报请标准化主管单位撤销其委员资格：

（一）未履行本办法和标委会章程规定的职责的；

（二）连续两次无故不参加投票表决的；

（三）利用委员身份为相关企业、产品进行宣传或代言，或利用委员身份为本人、他人或其他组织谋取不正当利益的；

（四）存在违法违纪行为的；

（五）违反保密义务的；

（六）存在其他给标委会造成不良影响行为的。

对于违反保密义务、利用委员身份为企业产品宣传代言等严重违法违规行为的，列入黑名单，不得再次参与粮食和物资储备行业标准制修订工作，不得再次加入标委会。

第42条 对违反本办法有关规定的标委会直接责任人，由标准化主管单位通报其所在单位，由所在单位视情节依规给予处分。

第五章 附　　则

第43条 本办法由国家粮食和物资储备局标准质量管理办公室负责解释。

第44条 本办法自印发之日起施行，有效期5年。

附件：（略）

4.《粮食和物资储备标准化工作管理办法》（2021年1月14日）

第一章 总　　则

第1条 为贯彻落实新发展理念，加强粮食和物资储备标准化工作，充分发挥标准引领作用，推动粮食和物资储备事业高质量发展，根据《中华人民共和国标准化法》等法律法规，制定本办法。

第2条 粮食和物资储备领域国家标准的拟订与行业标准的制定，国家标准和行业标准的实施与监督检查，以及对相关团体标准的指导等工作，适用本办法。

第3条 粮食和物资储备标准化工作的主要任务是：贯彻国家有关标准化法律法规，建立健全粮食和物资储备标准化工作机制，制定并实施粮食和物资储备标准化工作规划计划，建立完善粮食和物资储备标准体系，制定、组织实施粮食和物资储备标准，以及对粮食和物资储备标准的制定、实施进行监督。

第4条　粮食和物资储备标准化工作纳入粮食和物资储备事业发展规划，并保障所需必要经费。粮食和物资储备标准相关研究纳入粮食和物资储备科研计划，有关重要研究成果应当适时转化为粮食和物资储备相关标准。

第5条　鼓励企业、社会团体和教育、科研机构等参与或开展粮食和物资储备标准化工作。

第6条　积极推动参与国际标准化活动，加强粮食和物资储备标准化对外合作与交流，立足实际，对接国际，转化国际先进标准，参与制定国际标准。

第二章　组织管理

第7条　粮食和物资储备标准化工作遵循统一领导、归口管理、分工负责的原则。

第8条　国家粮食和物资储备局统一领导本部门、本行业的标准化工作，制定粮食和物资储备标准化相关规章制度，决定重要事项。

国家粮食和物资储备局标准化主管单位（标准质量管理办公室）（以下简称标准化主管单位）归口管理粮食和物资储备标准化工作，组织拟订粮食流通和物资储备、粮食质量国家标准及行业标准，主要承担下列职责：

（一）组织贯彻落实国家标准化法律法规和方针政策，拟订粮食和物资储备标准化相关规章制度；

（二）组织粮食和物资储备标准体系建设，编制、组织实施标准化发展规划计划；

（三）组织粮食和物资储备国家标准制修订项目申报、报批和复审等工作；

（四）组织粮食和物资储备行业标准制修订项目立项、技术审查、编号、发布、出版、备案和复审等工作；

（五）组织粮食和物资储备国际标准制修订项目申报，参与

230

国际标准化活动；

（六）对粮食和物资储备领域标准化技术委员会进行管理、指导和协调；

（七）组织粮食和物资储备标准宣贯、实施和监督；建立标准制定与科技创新、产业发展协同机制，完善信息公开服务平台；

（八）组织开展粮食和物资储备标准化试点示范；

（九）综合指导地方粮食和物资储备标准化工作；

（十）指导粮食和物资储备团体标准化工作；

（十一）归口管理粮食和物资储备标准化其他相关工作。

第9条　国家粮食和物资储备局有关司局单位、垂直管理局根据各自职责承担下列工作：

（一）参与粮食和物资储备标准化发展规划编制和实施，参与有关标准体系框架设计；

（二）提出标准项目需求和制修订建议，参与相关标准立项、起草、技术审查、复审等工作；

（三）参与相关标准的宣贯和监督，将标准实施纳入工作计划并具体组织实施，向标准化主管单位反馈标准实施过程中的问题和建议。

第10条　各省级粮食和储备部门主要承担下列职责：

（一）贯彻落实国家有关标准化法律法规和方针政策，制定相关制度；

（二）组织制定本行政区域粮食和物资储备标准化工作规划计划并实施，组织申报粮食和物资储备标准制修订项目；

（三）组织粮食和物资储备标准在本行政区域内的实施和监督，向标准化主管单位反馈标准实施过程中的问题和建议；

（四）其他标准化工作相关任务。

第11条　粮食和物资储备领域标准化技术委员会（含分技

术委员会）归口负责相关工作领域国家标准和行业标准的起草、征求意见、技术审查、复审等工作。

第三章　标准的制定

第 12 条　下列领域的技术要求，可以制定粮食和物资储备标准（含标准样品）：

（一）粮食领域：

1. 粮食行业通用技术术语、图形符号、编码、图例、图标；

2. 原粮（含饲料用粮）及制品、油料油脂及制品质量要求；粮油加工过程、扦样、检验方法，及包装、储藏、运输、溯源等技术要求；

3. 粮油加工厂、粮库、油库，粮油加工与储运设施、设备，及粮油检验仪器的设计、生产、测试、操作等技术要求；

4. 粮食行业管理，粮油贸易、工业生产，粮油企业分等分级等技术要求；

5. 粮食储运机械、粮油加工机械、售粮机械、粮食检验仪器、粮食食品机械等技术要求；

6. 粮食信息化建设技术要求；

7. 其他粮食有关基础通用技术要求。

（二）物资储备领域：

1. 国家物资储备术语、图形符号、标识分类与编码；

2. 国家储备物资品种和质量要求；

3. 国家储备物资包装、质量检验、损溢处置等技术要求；

4. 国家储备物资出入库、装卸、码垛、储存等相关技术和管理要求；

5. 国家物资储备专用仓库设计规范，相关项目实施技术要求，储备仓库设施设备配置、安装、使用、维护、停用、报废和可靠性评价等技术要求；

6. 国家物资储备信息化建设技术要求；

7. 其他物资储备有关基础通用技术要求。

第13条 制定粮食和物资储备标准应当在科学技术研究成果和社会实践经验的基础上，以需求为牵引，深入调查论证，广泛征求意见，保证标准的科学性、规范性、时效性，提高标准质量。

第14条 粮食和物资储备强制性标准应当突出安全底线要求；推荐性标准应当符合经济社会发展实际，突出标准引领作用。

对涉及人身健康和生命财产安全、国家安全以及满足经济社会管理基本需要的粮食和物资储备领域相关技术要求，应当制定强制性国家标准。

对满足基础通用、与强制性国家标准配套、需要在全国范围内统一的粮食和物资储备领域相关技术要求，可以制定推荐性国家标准。

对没有推荐性国家标准、需要在粮食和物资储备行业范围内统一的相关技术要求，可以制定行业标准。

为满足市场和创新需要，对粮食和物资储备领域新技术、新业态、新模式和新产品，可以由相关社会团体协调相关市场主体共同制定团体标准。

推荐性国家标准、行业标准的技术要求不得低于强制性国家标准的相关技术要求。粮食和物资储备团体标准不得低于国家标准、行业标准相关技术要求。

第15条 粮食和物资储备标准制定包括项目立项、起草、征求意见、技术审查、批准发布等环节，具体细则按有关标准规定执行。

第16条 粮食和物资储备标准制修订应当纳入标准制修订计划。立项时应当对有关行政主管部门以及企业、社会团体、消费者和教育、科研机构等方面的实际需求进行详细调查，对制修订标准的必要性、可行性充分进行论证评估。国家标准制修订计划由标准化主管单位报国务院标准化行政主管部门批准后下达，行业标准制修订计划由标准化主管单位报国家粮食和物资储备局批准后下达。

第 17 条　粮食和物资储备标准制修订项目由负责起草单位牵头实施。制定项目一般不超过 24 个月，修订项目一般不超过 18 个月。

第 18 条　粮食和物资储备标准制修订计划下达后一般不作调整，特殊情况需要调整的，由负责起草单位按规定程序提出书面调整申请，报立项批准部门审批。

第 19 条　起草粮食和物资储备标准应当符合《标准化工作导则》等基础性系列国家标准的要求。在制修订过程中，应当按照便捷有效的原则采取多种方式征求各有关方面意见，组织对标准内容进行调查分析、实验验证、科学论证，并做到有关标准之间的协调配套。

第 20 条　粮食和物资储备国家标准由标准化主管单位报国务院标准化行政主管部门批准、编号、发布。行业标准由标准化主管单位报国家粮食和物资储备局批准、编号、发布，并向国务院标准化行政主管部门备案。团体标准由粮食和物资储备相关社会团体批准、编号、发布。

第 21 条　粮食和物资储备标准制修订过程中形成的有关资料，应当按照档案管理的有关规定及时整理归档。

第 22 条　粮食和物资储备标准化工作中涉及国家安全、国家秘密的，应当遵守国家相关法律法规要求。

第 23 条　为促进国际贸易、经济、技术交流与合作，对于已发布或已立项的粮食和物资储备标准，可编译标准外文版。鼓励标准及其外文版同步立项、同步制定、同步发布。

第四章　标准的实施

第 24 条　粮食和物资储备国家标准、行业标准由标准化主管单位组织宣贯和实施，团体标准由社会团体组织推广和应用。

对于强制性标准或重要推荐性标准，应当在标准起草过程中同步编写宣贯教材。

第 25 条　粮食和物资储备标准发布日期与实施日期之间应当留出合理时间作为标准实施过渡期。在过渡期内，相关方可开展标准试行有关工作。

第 26 条　各有关单位应当将实施粮食和物资储备标准所需的人员、技术条件等纳入本单位的业务建设、技术改造和培训工作，将所需经费列入预算管理，将标准实施的相关要求作为管理考核目标。

第 27 条　标准化主管单位应当建立标准实施信息反馈和评估机制，采取多种形式收集标准实施信息。对于存在协调性、一致性、规范性及其他技术问题的标准，应当及时开展研究、评估，并纳入标准制修订计划。

第 28 条　有关单位应当配合标准化主管单位开展标准实施情况评估，及时反馈意见建议。

第 29 条　标准化主管单位应当根据标准实施信息反馈和评估情况，组织标准化技术委员会、有关单位等对标准进行复审。复审周期一般不超过 5 年。

复审结论为需要修订的标准，按照相关程序进行修订。

复审结论为废止的标准，属于国家标准的，由标准化主管单位向国务院标准化行政主管部门提出废止建议；属于行业标准的，在国家粮食和物资储备局政府网站公示 30 天，未收到异议或异议已处理的，标准化主管单位报国家粮食和物资储备局批准后，由国家粮食和物资储备局公告废止。

复审结论为继续有效的标准，属于国家标准的，由标准化主管单位向国务院标准化行政主管部门报告；属于行业标准的，自动有效。

第
九
章

团体标准由有关社会团体组织复审，确定标准修订、废止或继续有效。

第30条　鼓励开展粮食和物资储备标准化试点示范和宣传工作，传播标准化理念，推广标准化经验，充分发挥粮食和物资储备标准对深化改革、转型发展的引领和支撑作用。

第五章　监督管理与奖励

第31条　标准化主管单位对粮食和物资储备标准的制修订进行指导和监督。标准化主管单位牵头有关司局单位、垂直管理局、省级粮食和储备部门按照职责分工对相关标准的实施进行监督检查。

第32条　粮食和物资储备标准制修订项目未按时完成起草、征求意见或技术审查等工作的，标准化主管单位责令标准化技术委员会和负责起草单位限期改正。

第33条　粮食和物资储备推荐性国家标准、行业标准、团体标准低于强制性国家标准相关技术要求的，标准化主管单位责令负责起草单位和社会团体及时改正。

第34条　标准化主管单位应当主动回应影响较大的国家标准、行业标准相关社会质疑；有关社会团体应当主动回应影响较大的团体标准相关社会质疑。对于发现确实存在问题的，要及时改正。

第35条　任何单位和个人有权向标准化主管单位或相关部门举报、投诉违反本办法规定的行为。

对举报、投诉，受理单位可采取约谈、调阅材料、实地调查、专家论证等方式进行调查处理，有关单位应当主动予以配合。

第36条　粮食和物资储备标准及相关研究成果纳入专业技术职称任职资格评审条件。

第37条　对于技术水平高并取得显著成效的标准，纳入粮食和物资储备科学技术成果奖励范围。对于标准化工作突出的单位和个人，纳入粮食和物资储备表彰范围。

第六章 附 则

第 38 条 粮食和物资储备工程建设相关标准化工作可参照本办法执行。

第 39 条 本办法由国家粮食和物资储备局标准质量管理办公室负责解释。

第 40 条 本办法自印发之日起施行，有效期 5 年。原国家粮食局印发的《粮油行业标准管理办法》（国粮通〔2007〕7 号）自行废止。

5.《国家粮油标准研究验证测试机构管理暂行办法》（2022 年 4 月 13 日）

第一章 总 则

第 1 条 为加强国家粮油标准研究验证测试机构管理，保证粮油标准的科学性、规范性、时效性，提高粮油标准质量和可操作性，促进标准有效实施，根据《中华人民共和国标准化法》和《国家标准化发展纲要》，以及《粮食和物资储备标准化工作管理办法》（国粮发规〔2021〕13 号）等有关规定，制定本办法。

第 2 条 国家粮油标准研究验证测试机构申报、审核、命名、研究验证测试、监督和管理等工作，适用本办法。

第 3 条 本办法所指国家粮油标准研究验证测试机构（以下简称标准验证机构），是指由国家粮食和物资储备局命名的，承担国家粮食和物资储备局标准质量管理办公室（以下简称标准质量管理办公室）或者粮油标准负责起草单位委托的标准项目研究、比对分析、试验验证和符合性测试等任务的机构。

标准验证机构主要依托符合条件和要求的粮食质量安全检验机构设立，鼓励符合条件和要求的社会涉粮高校、科研院所、检验机构等积极参与。

第 4 条　标准验证机构分为国家粮油标准研究验证测试中心（以下简称验证中心）、国家粮油标准验证测试工作站（以下简称验证工作站）。对具备国际标准化工作能力的验证中心，通过相应的遴选程序后可同时命名为粮油国际标准研究中心。

符合条件的验证工作站可以申请成为验证中心。升级流程按照命名流程执行。

第 5 条　标准验证机构遵循统一指导、归口管理、分工负责的原则。国家粮食和物资储备局制定标准验证机构管理办法，确认标准验证机构的命名、撤销等重大事项；标准质量管理办公室指导、协调具体事项；省级粮食和储备部门负责本行政区域、有关中央企业负责本单位标准验证机构的管理和评估工作。

第二章　任务分工

第 6 条　标准质量管理办公室在国家粮食和物资储备局领导下，负责国家粮油标准研究验证测试体系建设，主要承担下列任务：

（一）拟订并组织实施标准验证机构管理办法；

（二）合理布局标准验证机构；

（三）指导标准验证机构开展研究验证测试工作；

（四）建立健全标准验证工作体系；

（五）协调标准验证机构命名、挂牌、撤销等事项；

（六）组织开展对标准验证机构能力和业务水平的监督评估；

（七）其他与标准验证机构研究验证测试有关的工作。

第 7 条　省级粮食和储备部门等单位承担下列任务：

（一）组织遴选、推荐标准验证机构；

（二）指导标准验证机构执行相关管理政策和制度；

（三）配合标准质量管理办公室，对标准验证机构能力和业务水平开展监督评估；

（四）受标准质量管理办公室委托，承担与标准验证机构研究验证测试有关的其他工作。

第8条 标准验证机构受委托在粮油领域承担下列任务：

（一）国家标准、行业标准、地方标准制修订、实施过程中的关键技术指标、检验方法的研究、试验验证、测试分析；

（二）国际标准、国外有关标准的研究、制定、验证；

（三）团体标准、企业标准验证、测试分析等工作；

（四）产品与标准的符合性测试；

（五）科技成果转化为技术标准的可行性评估；

（六）标准必要专利评估；

（七）标准的宣贯、培训和推广；

（八）其他与粮油标准验证有关的工作。

第三章 申报和审核

第9条 标准验证机构应当具备健全的内部管理控制制度，并满足下列基本条件：

（一）具有独立法人资格；

（二）有必要的工作经费；

（三）通过检验检测机构资质认定且在有效期内；

（四）具有与承担的粮油标准研究验证测试任务相适应的实验室条件、技术力量和有效运行的质量管理体系。

第10条 标准验证机构应当深入落实有关法律法规和标准、政策规定，坚持深化改革，加快转型发展，并具备下列能力：

（一）验证中心：牵头或者参与标准研究和制修订项目，独立开展各类标准的验证，指导验证工作站的验证；开展粮油质量指标、品质指标、食品安全指标等测试分析；独立开展粮油标准的实施效果评估；组织开展粮油标准的宣贯、培训和推广；开展产品与标准的符合性测试。

（二）验证工作站：参与各类标准的验证；开展粮油质量指标、品质指标、部分食品安全指标等测试分析；参与粮油标准的实施效果评估；组织开展粮油标准宣贯、培训和推广；开展产品与标准的符合性测试。

（三）粮油国际标准研究中心：除了具备验证中心应当具备的能力和水平外，能够参与国际食品法典委员会（CAC）和国际标准化组织（ISO）等国际组织的粮油标准研究、制修订等工作；提出粮油国际标准新工作项目提案并承担具体制定任务；承担粮油国际标准或者国外先进标准采标；独立编译粮油标准外文版；承担涉外粮油标准化培训。

第11条　符合条件的粮食质量安全检验机构、社会涉粮检验机构等单位，可按要求向所在地省级粮食和储备部门、有关中央企业等单位申报。粮食行业中央级科研院所直接向标准质量管理办公室申报。

第12条　省级粮食和储备部门、有关中央企业等单位应当对申报材料等进行认真审核，遴选后向标准质量管理办公室推荐，并对推荐材料的真实性等负责。

第13条　标准质量管理办公室对申报材料进行初审，符合条件的纳入专家评估范围。

第14条　标准质量管理办公室组织专家组对申报材料进行评估。必要时，组织对申报单位进行实地核查。

第15条　标准质量管理办公室对专家评估结果进行审核并按程序报批，符合要求的机构确认为标准验证机构，向社会公布，并进行挂牌。

第16条　标准验证机构实行统一命名，分别为"国家粮油标准研究验证测试中心+（依托单位规范简称）"、"国家粮油标准验证测试工作站+（依托单位规范简称）"、"粮油国际标准研究中心（×××）"，其中×××为具体领域。

第17条　标准质量管理办公室按规定为验证中心、验证工作站和粮油国际标准研究中心统一制发证书和专用印章。证书上载明机构名称、有效期等信息。专用印章名称为"国家粮油标准研究验证测试中心+（依托单位规范简称）+验证测试专用章"、"国家粮油标准验证测试工作站+（依托单位规范简称）+验证测试专用章"。

第18条　标准验证机构证书有效期为3年。

标准验证机构在证书有效期届满前3个月提出延续申请，经省级粮食和储备部门、有关中央企业等单位审核后，报标准质量管理办公室。标准质量管理办公室根据申请机构完成任务、机构自身建设等情况进行审核，研究提出是否延续命名的建议，按程序报批。确认延续的，延续有效期为3年。

标准验证机构未按要求提出延续申请的，标准验证机构证书在有效期届满后自动失效。

证书自动失效、命名被撤销的标准验证机构，应当在标准质量管理办公室公布后15个工作日内，将专用印章交还标准质量管理办公室，并摘除标牌。

第四章　内部管理

第19条　标准验证机构应当按照对检验检测机构样品管理、仪器设备管理与使用、检验检测规程或者方法、数据传输与保存等要求，加强能力建设，持续提升标准验证技术水平。

第20条　标准验证机构应当建立健全标准验证工作制度和流程，确保标准验证工作科学、规范、高效、有序。

第21条　标准验证机构应当注重标准化人才队伍建设，创新人才培养模式，加大优秀中青年人才培养力度，不断提升素质和能力水平。

第22条　标准验证机构应当按照国家有关法律法规、政策和标准等规定开展标准验证测试工作，合理确定验证时机，科学制定验证方案，规范准备验证样品，合理选择验证参数，正确评估验证结果。

第九章

验证报告应当客观、公正、及时，相关资料档案应当妥善保管，并做到随时备查，可以溯源。

第23条　标准验证实行标准验证机构与研究验证测试人员负责制。验证报告由研究验证测试直接责任人和技术负责人或者授权签字人签字，加盖标准验证机构专用印章。

第24条　标准验证机构应当履行验证测试数据资料保密义务，未经委托方同意，不得擅自公开或者向他人提供。

第25条　标准验证机构专用印章限于标准验证报告，且应当在验证机构证书有效期内使用。

验证机构对专用印章的使用应当严格审批，进行专门登记，注明事由、时间、经办人和审批人等。印章使用登记应当永久保存。

第26条　标准验证机构发生机构资质、隶属关系、单位性质变化，及主要负责人和办公地址变更等重要情况，应当及时向标准质量管理办公室报告。机构资质变化后不再满足标准验证机构基本条件的，由标准质量管理办公室按程序报批后撤销标准验证机构命名。

标准验证机构应当于每年 12 月底前，向标准质量管理办公室报送本年度标准验证工作总结。

第27条　标准验证机构应当及时向标准质量管理办公室和标准负责起草单位反馈标准实施中发现的问题，提出相关意见建议。

第五章　监督评估

第28条　标准质量管理办公室通过现场查验或者材料审核等方式，定期或者不定期对标准验证机构进行监督评估。

省级粮食和储备部门对本行政区域、有关中央企业对本单位内标准验证机构进行监督评估，并及时向标准质量管理办公室报告有关情况。

第 29 条　标准验证机构未能有效履行职责，或者未规范使用标准验证机构证书或者专用印章的，标准质量管理办公室提出限期整改要求。

标准验证机构未在规定时限内整改或者整改后仍然不符合要求的，标准质量管理办公室按程序报批后，撤销标准验证机构命名，并收回机构证书和专用印章。

第 30 条　标准验证机构违反下列负面清单事项之一的，标准质量管理办公室按程序报批后，撤销标准验证机构命名，收回机构证书和专用印章：

（一）禁止出具虚假验证报告；

（二）禁止开展可能影响验证结果公正性的经营活动或者其他业务活动；

（三）禁止以验证机构名义谋取不正当利益；

（四）禁止向有关利益单位违规提供验证测试数据。

第 31 条　粮食和储备部门、有关中央企业相关人员在组织遴选、推荐标准验证机构，提出延续申请等过程中，发生弄虚作假等行为的，经核实后，由相关单位依规依纪依法给予相应处分。

第六章　附　　则

第 32 条　本办法由国家粮食和物资储备局负责解释。

第 33 条　本办法自印发之日起施行，有效期 5 年。原国家粮食局印发的《国家粮油标准研究验证测试机构管理暂行办法》（国粮办发〔2014〕33 号）同时废止。

第六十一条　粮食安全监督检查措施

县级以上人民政府有关部门依照职责开展粮食安全监督检查，可以采取下列措施：

（一）进入粮食生产经营场所实施现场检查；

（二）向有关单位和人员调查了解相关情况；

（三）进入涉嫌违法活动的场所调查取证；

（四）查阅、复制有关文件、资料、账簿、凭证，对可能被转移、隐匿或者损毁的文件、资料、账簿、凭证、电子设备等予以封存；

（五）查封、扣押涉嫌违法活动的场所、设施或者财物；

（六）对有关单位的法定代表人、负责人或者其他工作人员进行约谈、询问。

县级以上人民政府有关部门履行监督检查职责，发现公职人员涉嫌职务违法或者职务犯罪的问题线索，应当及时移送监察机关，监察机关应当依法受理并进行调查处置。

● 行政法规及文件

1. 《粮食流通管理条例》（2021 年 2 月 15 日）

第 38 条　粮食和储备行政管理部门依照本条例对粮食经营者从事粮食收购、储存、运输活动和政策性粮食的购销活动，以及执行国家粮食流通统计制度的情况进行监督检查。

粮食和储备行政管理部门在监督检查过程中，可以进入粮食经营者经营场所，查阅有关资料、凭证；检查粮食数量、质量和储存安全情况；检查粮食仓储设施、设备是否符合有关标准和技术规范；向有关单位和人员调查了解相关情况；查封、扣押非法收购或者不符合国家粮食质量安全标准的粮食，用于违法经营或者被污染的工具、设备以及有关账簿资料；查封违法从事粮食经营活动的场所。

● 部门规章及文件

2. 《粮食储备管理问责办法（试行）》（2021 年 7 月 9 日）

第 6 条　粮食和储备行政管理部门、事业单位违反本办法规定，有下列情形之一的，由其上一级管理部门（单位）进行问责处理；对管理人员和直接责任人员，应当依规依纪依法给予问责：

（一）不尽责、不担当、不作为，玩忽职守、弄虚作假，造成严重不良影响或者重大损失的；

（二）违反规定乱决策、乱拍板、乱作为，事前不请示、事后不报告，造成严重不良影响或者重大损失的；

（三）发现粮食储备数量、质量、储存安全、安全生产等方面存在违法违规问题，不责成相关承储企业限期整改造成不良影响的；

（四）对群体性、突发性事件应对不力，处置不当，导致事态严重恶化的；

（五）接到投诉举报、发现违法违规行为不及时处理的；

（六）干预储备企业正常生产经营，检查不客观、公正，造成严重不良影响或者重大损失的；

（七）在行政活动中，强令、授意实施违法行政行为的；

（八）利用职权提出不合理要求，获取不正当利益的；

（九）拒不执行上级提出的问责决定，履行问责职责不到位的；

（十）其他应当问责的情形。

第7条　粮食储备企业违反本办法，有下列情形之一的，由粮食和储备行政管理部门责令整改，并由其上一级管理部门（单位）予以问责；对管理人员和直接责任人员，应当依规依纪依法予以问责：

（一）政府储备主体责任履行不到位的；

（二）不执行国家粮食储备管理政策或者消极应付、变通执行，面对急难险重任务不积极作为、未有效处置的；

（三）拒不执行或者擅自改变储备粮收购、销售、轮换计划和动用命令的；

（四）内部管控不规范，重要管理档案、账簿及原始凭证等材料严重缺失、伪造或者篡改的；

（五）发现储备粮数量、质量存在问题不及时纠正，或者发现危及粮食储存安全的重大问题和安全生产隐患，不立即采取有效措施并按规定报告的；

（六）拒绝、阻挠、干涉粮食和储备行政管理、财政、审计等部门的监督检查人员依法履行监督检查职责的；

（七）拒不执行上级决定，未按要求责令企业整改或者对直接负责的主管人员和其他直接责任人员给予处理的；

（八）其他应当问责的情形。

第8条 有下列情形之一的，可以从轻或者减轻问责：

（一）主动交代违规违纪违法问题或者检举他人违规违纪违法问题经查证属实的；

（二）对检查发现的问题能够主动整改到位的；

（三）主动挽回损失、消除不良影响，或者有效阻止严重危害后果发生的；

（四）积极配合调查或者有立功表现的；

（五）有其他从轻、减轻情节的。

第9条 有下列情形之一的，应当从重或者加重问责：

（一）对职责范围内发生问题不及时采取措施，导致危害扩大或者造成重大损失的；

（二）对职责范围内发生的问题推卸、转嫁责任的；

（三）在调查中，对应当问责的问题线索知情不报或者对发生的问题进行掩盖、袒护，故意为被调查对象开脱责任的；

（四）其他法规对从重加重情形有特别规定的，按相关规定进行问责。

第10条 符合本办法规定应当予以问责的情形，情节轻微，没有造成严重后果的，可不予问责。已经履职尽责，但因不可抗力、难以预见等因素造成损失的，可不予或者免予问责。

第三章　问责线索调查

第11条　对下列途径发现的问题线索需要问责的，应当按照问题线索来源、管理权限和程序由相关部门和单位进行调查：

（一）上级粮食和储备行政管理部门的监督检查；

（二）纪检监察、审计等机构的监督检查；

（三）本单位的内部监督检查；

（四）行政诉讼、行政复议；

（五）公民、法人和其他组织的投诉、控告、检举；

（六）公共媒体披露符合本办法规定的应当予以问责的情形；

（七）其他途径。

第12条　问题调查应当组成调查组，实行组长负责制，依规依纪依法开展调查。查明事实后，调查组应当撰写事实材料，听取被调查对象陈述和申辩，并记录在案；对合理意见，应当予以采纳；不予采纳的，应当说明理由。被调查对象应当在事实材料上签署意见，对签署不同意见或者拒不签署意见的，调查组应当作出说明或者注明情况。

调查工作结束后，调查组应当集体讨论，形成调查结论，撰写调查报告。调查报告应当包括被调查对象基本情况、调查依据、调查过程，问责事实，调查对象的态度、认识及其申辩，具体问责处理意见建议及依据，调查组组长及有关人员签名等内容。问责处理意见建议应当履行审批手续。

第13条　被调查单位及个人应当积极配合，如实提供调查所需资料，保证客观、详细、准确，并对所提供资料的真实性、完整性负责。

第14条　实施协助调查制度。涉及多个辖区、单位的问题，主办单位可商请相关单位协助调查取证。

第四章 问责方式与实施

第15条 粮食和储备行政管理部门、事业单位问责方式：责令作出书面检查、通报批评；其工作人员问责方式：谈话提醒、责令检查、诫勉、组织调整。

粮食储备企业问责方式：责令作出书面检查、通报批评；其工作人员问责方式：组织处理、扣减薪酬、禁入限制、辞退或解聘。

粮食和储备行政管理部门、事业单位、储备企业工作人员违反本办法规定的，按照法律法规和其他有关规定应当给予纪律处分的，不得以前款规定的问责方式代替纪律处分，也不得以纪律处分代替前款规定的问责方式，需要给予处分或者作出其他处理的，由任免机关、单位或者纪检监察机关处理；涉嫌犯罪的，移送有关机关依法处理。

问责方式可以单独使用，也可以依据规定合并使用。问责方式有影响期的，按照有关规定执行。

法律、行政法规对问责方式另有规定的，从其规定。

第16条 对粮食和储备行政管理部门、事业单位进行问责，按照管理权限由上一级管理部门（单位）决定并组织实施；对储备企业进行问责，由上一级管理部门（单位）决定并组织实施，也可由粮食和储备行政管理部门提出建议，由其上一级管理部门（单位）组织实施；对粮食和储备行政管理部门、事业单位、储备企业工作人员进行问责，按照管理权限由本级或者上一级管理部门（单位）决定，提交纪检监察机关、任免机关按规定组织实施。

（一）对粮食和储备行政管理部门、事业单位和储备企业工作人员实施问责应当区分管理责任和直接责任，并根据行为性质、主观故意或者重大过失、责任划分、情节轻重等因素确定问责具体适用。

（二）对问责进行调查的，应当及时调查处理，自决定调查之日起 60 日内作出问责处理决定。情况复杂的，经问责机关（单位）主要负责人批准，可以适当延长办理期限，但延长期限不得超过 30 日。

（三）问责处理决定应当在 3 个工作日内送达受问责单位或者人员；有关机关要求处理或者公民、法人和其他组织实名投诉、控告、检举的，应当告知其处理结果。

（四）实行终身问责。对失职失责性质恶劣后果严重的，不论其责任人是否调离、转岗、提拔或者退休等，都应当实施问责。

第 17 条　被问责单位和人员对问责处理决定不服的，可向问责机关（单位）提出申诉，问责机关（单位）应当根据申诉情况及时作出复查决定；对复查决定仍不服的，可向问责机关（单位）上一级机关申请复核，问责机关（单位）上一级机关应当根据申请复核情况作出复核决定。经复查复核，认定原问责决定错误的，原问责机关（单位）应当及时予以纠正，并在原问责信息发布范围内公布复查复核决定；造成经济损失的，应当依法予以补偿。

申诉、复核的处理时间、范围、程序、方式等按被问责单位、人员性质，依照相关法律法规具体实施。

3.《粮食和物资储备执法督查工作规程》（2020 年 9 月 11 日）

第一章　总　　则

第 1 条　为严格粮食和物资储备执法督查工作程序，规范执法督查行为，根据《中华人民共和国行政处罚法》《粮食流通管理条例》《中央储备粮管理条例》等有关法律法规、规章制度规定，制定本规程。

第 2 条　本规程适用于粮食和物资储备部门（以下简称粮食和储备部门）根据"三定"规定职责，依法依规履行执法督查职能所开展的相关工作。法律、法规、规章等另有规定的，从其规定。

第3条　执法督查包括日常检查、专项检查和案件调查。

日常检查是指粮食和储备部门依照法定职权对不特定对象或者不特定事项进行检查。

专项检查是指粮食和储备部门依照法定职权针对某类或者多类重点事项对特定对象进行检查。

案件调查是指粮食和储备部门根据投诉举报、上级交办、其他机关移送等途径获得的，以及日常检查、专项检查发现的问题线索对特定对象进行检查。

第4条　执法督查一般包括组织、实施、报告、案件调查结果审核、决定与执行、材料归档等基本程序。

第5条　执法督查遵循"公正、公开"的原则，应依照权限和程序进行，防止权力寻租、滥用职权等行为。

第6条　粮食和物资储备执法督查实行分级负责制。国家粮食和物资储备局负责全国范围内粮食和物资储备执法督查的指导和监督，组织实施全国性或者跨区域的执法督查任务，组织实施重大涉粮案件调查；

国家粮食和物资储备局各垂直管理局依照法定职责或者国家粮食和物资储备局指令，负责辖区内粮食和物资储备执法督查任务；

地方粮食和储备部门依照法定职责负责本辖区内粮食和物资储备执法督查的指导和监督，组织实施涉及本辖区的执法督查任务，组织实施本辖区内涉粮案件调查。

建立国家粮食和物资储备局、各垂直管理局、地方粮食和储备部门相协同联动的执法督查机制，形成监管合力。

第7条　各级粮食和储备部门按照管理权限管辖本规程第六条规定的执法督查事项。

上级粮食和储备部门可将其管辖的执法督查事项指定下级粮食和储备部门管辖，必要时也可将下级粮食和储备部门管辖范围的执法督查事项指定其他粮食和储备部门管辖。

粮食和储备部门对执法督查事项有争议的，由其共同的上级粮食和储备部门确定。

粮食和储备部门认为所管辖的执法督查事项重大、复杂，需要由上级粮食和储备部门管辖的，可以报请上级粮食和储备部门管辖，是否管辖由上级粮食和储备部门视具体情况予以确定。

第8条　执法督查实行层级监督。下级粮食和储备部门对上级粮食和储备部门指出的不当执法督查行为，应进行改正。

第9条　粮食和物资储备执法督查实行持证上岗制度。从事执法督查的人员还应具备下列条件：

（一）熟悉有关法律、法规、规章、政策；

（二）掌握相关专业知识、技能；

（三）具备一定的综合分析和文字表达能力。

有关执法督查证件管理和人员条件规定，按照本地司法行政管理部门或本部门有关规定执行。

第10条　开展案件调查等执法督查活动前，参与执法督查工作人员应告知检查对象，如检查对象认为执法督查人员与其存在利害关系，可能影响检查公正开展的，有权申请执法督查人员回避；参与执法督查工作人员有下列情形之一的，应主动申请回避。

（一）与检查对象主要负责人、实际控制人或者代理人是近亲属或者有利害关系的；

（二）有其他可能影响检查公正执行情形的。

参与执法督查人员的回避，由组织执法督查活动的粮食和储备部门负责人决定。

第11条　粮食和储备部门应充分运用互联网、大数据等技术手段，依托各地建立的粮食和物资储备在线监管系统以及行政执法信息平台，开展跨区域跨部门综合执法、"双随机"抽查，加强检查信息归集互享和关联整合，提高工作效能。

第二章　检查组织

第 12 条　粮食和储备部门开展日常检查和专项检查应提前编制年度执法督查计划，并报上级粮食和储备部门备案。计划应包括检查依据、事项、范围、方式、时间等内容。

执法督查计划编制应以强化事中事后监管为重点，按照依法履职、着眼全面、突出重点、注重实效的原则，做到科学合理。严格按计划组织实施，原则上不得变更。

上级粮食和储备部门有特殊安排和要求的，应及时调整年度执法督查计划。

第 13 条　粮食和储备部门组织执法督查可采取单独检查、联合检查、跨区域检查等方式进行。

第 14 条　粮食和储备部门对信用信息共享平台确认等级为"优良"的检查对象，经本部门集体研究后，可减少执法督查频次。应对下列事项或者对象依法依规进行重点检查：

（一）对辖区粮食和物资储备安全有重大影响的事项；

（二）被多次投诉举报的；

（三）被列入经营异常名录或者有严重违法违规记录等情形的；

（四）其他需要重点检查的。

第 15 条　对以下问题线索，粮食和储备部门按相关规定认为检查对象存在涉粮涉储违法违规事实，可能危及粮食和物资储备安全，需要追究党纪政纪或法律责任的，应组织案件调查。

（一）日常检查、专项检查发现的；

（二）上级部门转办交办和其他部门移交的；

（三）公民、法人及其他组织通过 12325 监管热线举报的；

（四）新闻媒体曝光；

（五）其他渠道发现违法违规线索。

案件受理信息登记、分办、转办、立案、调查报告、结果审理和反馈等事项，按照 12325 监管热线管理工作规则及本部门有关规定执行。

第 16 条　粮食和储备部门在组织实施执法督查活动时，应对活动的合法性、社会稳定性和风险可控性进行预判和评估，依法妥善处置可能引发的不稳定因素。

第三章　检查实施

第 17 条　除直接涉及重大粮食和物资储备安全等特殊事项及案件调查外，粮食和储备部门实施执法督查应按照国务院"双随机、一公开"要求进行。鼓励通过结果信息共享、"互联网+监管"等手段实现执法督查目的。

第 18 条　开展执法督查前，一般应制定实施方案，并报请本部门负责人批准后实施。批准程序按本部门的有关管理制度执行。

第 19 条　现场检查前，应根据执法督查目的和工作需要，成立检查组。检查组实行组长负责制。

第 20 条　开展执法督查前，一般应向检查对象下达执法督查通知书，告知执法督查的事项和依据，以及拒绝、阻挠、干涉执法督查应承担的法律责任。粮食和储备部门认为提前通知可能会造成不利影响的，可不通知检查对象或者到达检查现场后当面出示执法督查通知书。

第 21 条　开展执法督查可根据工作需要，梳理相关法律法规、规章制度、技术规范、标准等。对检查人员进行必要的培训辅导，使其熟练准确掌握检查依据、方法和技能。提前了解检查对象经营管理现状等基本情况，分析研判可能存在的问题和薄弱环节，提高检查的针对性。

第22条 实施执法督查时，执法督查人员不得少于两人，应向检查对象出示行政执法证件。

第23条 粮食和储备部门根据工作需要，可邀请检验检测机构、科研院所、行业专家等辅助开展执法督查，提供专业参考意见。

第24条 检查对象应提供完整真实的材料，并对材料真实性负责。执法督查人员应及时清点，列表登记，并履行交接手续，指定专人负责，保证交接材料的安全完整。检查结束后，应及时归还。

第25条 粮食和储备部门实施执法督查应制作现场检查记录、笔录等文书。具体执法督查文书制作要求按照国家粮食和物资储备局或者本地执法督查有关规定执行。

第26条 检查组应通过集体研究讨论的方式，确定检查发现的问题和基本结论。

第27条 现场检查工作结束后，检查组可书面或者口头向检查对象反馈检查结果等情况，也可要求检查对象在规定时间内提供书面或者口头说明。检查对象对检查结果有异议的，检查组应视具体情况，确定是否进一步取证。

第28条 粮食和储备部门实施执法督查时，应根据本部门执法督查全过程音像记录有关规定，对现场检查、调查取证、决定执行等进行全过程音像记录。

第29条 粮食和储备部门实施执法督查过程中引发不稳定因素或者造成社会负面舆情等风险的，应及时应对，依法妥善处理，并按规定程序上报。

第四章 取证要求

第30条 粮食和储备部门实施案件调查时可采取以下方式进行取证：

（一）听取检查对象情况说明；

（二）询问当事人或者有关人员；

（三）检查与粮食和物资储备有关的财、物、现场；

（四）查询、复制、核对有关的账簿、单据、凭证、文件、电子信息及其他资料；

（五）对检查对象或者关联单位账务资料中的数据进行验算或者计算；

（六）委托、聘请有资质的机构，对有关物品进行鉴定、检测、评估；

（七）法律、法规、规章规定的其他方式。

第31条　需要收集的证据在异地的，粮食和储备部门可书面委托证据所在地的粮食和储备部门协助收集。受委托部门应在收到委托书后，及时完成收集证据工作并反馈。委托部门必要时可派人参与受委托部门的取证工作。

第32条　取证应依照法定程序，全面、客观、公正地收集证据，并符合以下规定：

（一）告知检查对象或者有关人员不如实提供证据、证言，以及作伪证、隐匿证据应负的法律责任；

（二）不得以偷拍、偷录、窃听等手段获取侵害他人合法权益的证据材料；

（三）不得以利诱、欺诈、胁迫、暴力等不正当手段获取证据材料；

（四）告知检查对象或者证据提供人对涉及国家秘密、商业秘密的证据作出明确标注。

第33条　书证一般应收集与原件核对无误的复制件、影印件、照片、抄录件或者节录本，注明"经核对无误，与原件一致"及该书证的出处，在"经核对无误，与原件一致"处加盖提供该书证部门的印章或者当事人签名摁指印，并注明收集人及收集时间；收集报表、图纸、会计账册、专业技术资料、科技文献等书证的，应制作说明材料。

第34条 物证收集一般应收集与原物核对无误的复制件或者证明该物证的照片、录像等其他证据。收集物证，应载明获取该物证的时间、原物存放地点、发现地点、发现过程以及该物证的主要特征，并要求检查对象对物证进行妥善保管。

第35条 视听资料一般需收集复制件、打印件；声音资料应附有该声音内容的文字记录；收集视听资料应注明收集人、储存位置、存储介质特征及存放位置，并由执法督查人员、持有者（提供者）签字摁手印或者盖章。取证过程中使用执法音像记录设备产生的证据材料，按照《国家粮食和物资储备局粮食行政执法音像记录设备使用管理规定》和本部门有关规定执行。

第36条 通过询问证人和收集证人的书面证言的方式收集证人证言。询问证人应个别进行，且全程录音或者录像，并制作询问笔录。询问前应向证人表明身份，告知其应履行的义务和享有的权利。询问笔录应交被询问人核对或者向其宣读，询问笔录有修改的，应由被询问人在改动处摁指印，核对无误后，由被询问人在尾页结束处写明"以上笔录我已看过（或者已向我宣读），与我说的相符"，并逐页签名、摁指印；书面证人证言应写明证人的姓名、身份证号码、年龄、性别、职业、住址等基本信息，并有证人的签名；证人不能签名的，应以盖章或者摁指印的方式证明。

第37条 陈述申辩资料应载明陈述申辩人姓名、身份证号码、年龄、性别、职业、住址等基本信息；载明陈述申辩的日期、时间、地点；执法督查人员、陈述申辩人员签名；不能签名的，应以盖章或者摁指印的方式证明。

第38条 粮食和储备部门可根据需要委托具有相应资质的鉴定检测机构，对涉嫌违法违规行为有关的物品进行鉴定检测。鉴定检测机构出具的鉴定检测意见，应由鉴定检测人签名和鉴定检测部门盖章；通过分析获得的鉴定、检测结论，应说明分析过程。

第39条 执法督查人员可根据需要制作勘验笔录、现场笔录。勘验笔录、现场笔录应载明时间、地点和事件等内容，必要时绘制现场方位图，并由执法督查人员和当事人当场签字确认。

第40条 执法督查人员应遵循有关技术标准，全面、客观、及时收集、提取涉事电子数据，确保电子数据的完整真实。可通过现场提取、网络在线、冻结、调取等方式收集电子数据，并通过打印、拍照或者录像等方式固定相关证据。收集电子数据应说明电子数据来源、存储位置、原始存储介质特征和存放位置情况，由执法督查人员、电子数据持有者（提供者）签名或者盖章。必要时，可以聘请专业技术人员在执法督查人员主持下进行收集、提取电子数据或对电子数据的完整性进行校验。

第41条 执法督查人员在取证过程中发现证据可能灭失或者以后难以取得的，经粮食和储备部门负责人批准可先行登记保存，并应在7个工作日内做出处理决定。如在先行登记保存期限内仍无法终结检查的，可通过记录、复制、拍照、录像或者送交鉴定等方式转化为书证、物证、视听资料、鉴定结论等。

第42条 执法督查人员现场检查发现问题线索，需收集证据的，应编制执法督查证据提取单，并交检查对象签名，拒绝签名的，应注明原因。

第43条 检查组应及时对证据材料的真实性、合法性和关联性进行审查，发现证据材料存在瑕疵的，应补充更正。

第五章 检查报告

第44条 检查组根据检查了解掌握的情况，在综合分析、归类、整理、核对的基础上，及时撰写提交执法督查报告。

第45条 执法督查报告应内容完整、语言简练、表达准确、格式规范。主要内容包括：

（一）检查的依据或者案件来源；

（二）检查对象基本情况；

（三）检查时间和检查事项所属期间；

（四）检查方式方法、采取的措施；

（五）认定的违法违规事实及性质、手段；

（六）检查对象对认定事实的意见；

（七）提出的决定建议及依据；

（八）相关证据清单；

（九）其他应说明的事项。

第46条 执法督查报告应经检查组集体讨论并由组长审定。组长对执法督查报告的真实性、准确性、完整性负责。

第47条 检查组一般应于检查结束10个工作日内，向具体组织执法督查活动的部门提交书面执法督查报告；特殊情况经批准，报告提交时间可适当延长，但最长不得超过30个工作日。

第六章 案件调查结果审核

第48条 粮食和储备部门应建立案件调查结果审核制度。国家粮食和物资储备局检查组在案件调查结束后，向执法督查部门提请审核。其他粮食和储备部门参照执行。审核材料主要包括：检查通知书、检查工作方案、检查报告、证据提取单等相关材料。

第49条 具体组织执法督查活动的部门承担审核工作，并出具审核意见，督促检查组做好后续工作。必要时可邀请公职律师、专家参加，检查人员不得参与审核结论确定工作。

第50条 审核工作应遵循事实清楚、程序合法、证据确凿、定性准确的原则。重点审核以下内容：

（一）认定的事实是否清楚；

（二）程序是否合法合规；

（三）证据是否真实、充分；

（四）法律依据是否准确；

（五）提出的决定建议是否适当；

（六）其他需要审核的事项。

第51条 审核意见主要包括：

（一）审核无异议的，出具审核通过意见；

（二）材料不完整、事实认定不清、证据不真实不充分的，退回检查组重新调查；

（三）不符合法定程序或者适用法律依据不准确，提出决定建议不恰当的，要求检查组修正弥补。

第七章　检查决定与执行

第52条 粮食和储备部门依据有关法律法规、执法督查报告、案件调查结果审核意见，分别作出以下处理。检查人员不得直接参与纪律处理意见提出、行政处罚决定确定工作。

（一）对未发现违法行为的，予以记录或者结案；

（二）对发现违法违规行为轻微并及时纠正，没有造成危害后果的，作出不予行政处罚的决定；

（三）对有违法违规行为且未给予行政处罚的，依法提出追究责任人责任等纪律处理意见；

（四）对有违法违规行为且应给予行政处罚的，依法作出行政处罚决定；

（五）违法违规行为同时涉及纪律处理、行政处罚的，应依法作出行政处罚决定，提出纪律处理意见；

（六）对不属于本部门职权范围的事项，按照相关规定移送有关部门。

第53条 需要追究党政责任的，应提出纪律处理意见，报本部门负责人集体研究确定。对属于本部门管理的检查对象，按干部管理权限移送相应纪检监察机关、人事部门处理；对不属于本部门管理的检查对象，移送有管理权限的部门单位处理，处理结果按要求反馈。纪律处理决定可以采用当面送达、邮寄送达等方式。检查对象对纪律处理决定不服的，可在规定时间内向有关部门提出申诉。

第54条　粮食和储备部门发现违法行为需要实施行政处罚的，依照《中华人民共和国行政处罚法》以及粮食和物资储备行政处罚程序规定等有关制度办理。作出行政处罚前，粮食和储备部门应充分听取当事人的意见，对当事人提出的事实、理由和证据，应当进行复核。作出责令停产停业、吊销许可证或者执照、较大数额罚款等行政处罚决定之前，应告知当事人有要求举行听证的权利。当事人应在行政处罚决定期限内予以履行，对处罚决定不服的，可申请行政复议或者提起行政诉讼。

第55条　作出移送决定的，粮食和储备部门应依照粮食和物资储备涉嫌违纪违法案件移送纪检监察和司法机关的有关规定，移送有管辖权的部门单位处理。

第56条　作出的行政处罚属于重大执法决定的，由具体组织执法督查活动的部门按照《国家粮食和物资储备局重大执法决定法制审核暂行办法》或者本部门相关规定，提交本部门法制工作机构进行审核。

第57条　粮食和储备部门应建立执法督查追踪工作机制，定期回访，对检查对象整改情况进行抽查，及时掌握检查对象对下达的纪律处理、行政处罚决定的执行情况，督促整改到位。

第58条　对存在违法违规行为的检查对象，经粮食和储备部门负责人批准后，按照联合惩戒有关规定，及时将相关违法违规信息上传至信用信息共享平台，公开其违法违规行为及纪律处理、行政处罚决定。

第八章　检查材料归档

第59条　具体组织执法督查活动的部门应在检查终结后，按照《归档文件整理规则》（DA/T22-2015）要求，及时收集所形成的文件材料，定期向本部门档案管理机构归档。

转办、分办案件的执法督查档案由承办单位管理，转办单位应制作案件管理台账，规范管理举报材料、来往函件、承办单位提交的报告等资料。

第 60 条　执法督查归档文件材料应包括：

（一）检查依据或者案件来源；

（二）检查方案；

（三）执法督查文书；

（四）检查工作底稿；

（五）检查工作报告；

（六）相关证据材料；

（七）往来函件；

（八）其他相关材料。

第 61 条　执法督查归档材料的借阅应严格执行审批制度，履行调阅手续，具体按照《国家粮食和物资储备局粮食行政执法记录信息资料调阅使用管理办法》或者本部门相关规定执行。

第九章　检查行为规范

第 62 条　粮食和储备部门应平等对待检查对象，充分保障检查对象的合法、正当权益。执法督查人员行使职权时，应公正检查、文明检查。用语可参照《国家粮食和物资储备局粮食行政执法规范用语》或者本部门规定执行。

第 63 条　执法督查人员行使职权时，应严格遵守中央八项规定及其实施细则，不得有下列行为：

（一）向检查对象推销商品、介绍业务等与执法督查工作无关的行为；

（二）利用检查之便为个人、他人、企业谋取不当利益；

（三）超规格接待陪同，超标准乘坐交通工具、用餐；

（四）接受礼品、礼金和有价证券；

（五）向检查对象借款、报销费用；

（六）参加检查对象提供的宴请、娱乐、旅游等活动；

（七）其他违反生活纪律的情形。

第 64 条 执法督查人员应遵守工作纪律，恪守职业道德，不得有下列行为：

（一）玩忽职守，不履行法定义务；瞒案不报、压案不查等不作为或者乱作为；

（二）违反法定程序、超越权限等滥用职权；

（三）不按程序和要求开展执法督查，造成不良后果；

（四）弄虚作假，故意夸大或者隐瞒案情；

（五）未经批准私自会见检查对象；

（六）泄露国家秘密、工作秘密，向检查对象通风报信、泄露案情；

（七）借检查之名非法干预检查对象正常生产经营活动；

（八）其他违纪违法行为。

第 65 条 有下列行为之一的，由粮食和储备部门责令有关人员改正：

（一）实施执法督查没有出示行政执法证件的；

（二）擅自对检查对象开展检查的；

（三）未按要求进行回避的；

（四）有其他不当行为的。

第 66 条 执法督查人员违反本规程第六十三条、第六十四条规定的，由粮食和储备部门依据《中华人民共和国公职人员政务处分法》《粮食流通管理条例》《中央储备粮管理条例》等相关法律法规，依法给予行政处分，构成犯罪的，依法移送司法机关。

第十章 附 则

第 67 条 本规程中所指时限以工作日计算，不含法定节假日。

第 68 条　依照法律、法规或者规章的规定，接受各级粮食和储备部门委托行使粮食和储备执法督查行政职能的组织，开展执法督查活动，适用本规程。

第 69 条　本规程由国家粮食和物资储备局负责解释。

第 70 条　本规程自印发之日起施行，原国家粮食局《粮食监督检查工作规程（试行）》自行废止。

● 地方性法规及文件

4. 《江西省粮食流通条例》（2023 年 9 月 27 日）

第 47 条　县级以上人民政府粮食主管部门在监督检查过程中，可以采取以下措施：

（一）进入粮食经营场所，查阅、复制有关资料、凭证；

（二）向有关单位和人员调查了解相关情况；

（三）查封、扣押非法收购或者不符合国家粮食质量安全标准的粮食，用于违法经营或者被污染的工具、设备以及有关账簿资料；

（四）查封违法从事粮食经营活动的场所。

被监督检查对象对粮食流通行政执法人员依法履行职责，应当予以配合。任何单位和个人不得拒绝、阻挠、干涉粮食流通行政执法人员依法履行职责。

5. 《辽宁省地方储备粮管理条例》（2021 年 5 月 27 日）

第 13 条　粮食和储备行政管理部门、财政部门对本行政区域内的运营管理企业、承储企业可以行使下列监督检查职权：

（一）进入承储企业检查地方储备粮的数量、质量、品种和储存安全情况，检查粮食仓储设施、仓储条件是否符合国家标准和技术规范以及安全生产法律、法规的要求。

（二）向有关单位和人员了解地方储备粮收储、轮换计划以及动用命令和有关财务的执行情况；

（三）调阅、复制地方储备粮管理的有关资料、凭证；

（四）对承储企业报送的购销数量、轮换进度、库存规模、质量安全等信息统计执行情况进行监督检查；

（五）法律、法规规定的其他职权。

第六十二条　对落实耕地保护和粮食安全责任制情况的考核

国务院发展改革、自然资源、农业农村、粮食和储备主管部门应当会同有关部门，按照规定具体实施对省、自治区、直辖市落实耕地保护和粮食安全责任制情况的考核。

省、自治区、直辖市对本行政区域耕地保护和粮食安全负总责，其主要负责人是本行政区域耕地保护和粮食安全的第一责任人，对本行政区域内的耕地保护和粮食安全目标负责。

县级以上地方人民政府应当定期对本行政区域耕地保护和粮食安全责任落实情况开展监督检查，将耕地保护和粮食安全责任落实情况纳入对本级人民政府有关部门负责人、下级人民政府及其负责人的考核评价内容。

对耕地保护和粮食安全工作责任落实不力、问题突出的地方人民政府，上级人民政府可以对其主要负责人进行责任约谈。被责任约谈的地方人民政府应当立即采取措施进行整改。

第六十三条　外商投资粮食生产经营

外商投资粮食生产经营，影响或者可能影响国家安全的，应当按照国家有关规定进行外商投资安全审查。

县级以上人民政府发展改革、农业农村、粮食和储备等主管部门应当加强粮食安全信用体系建设,建立粮食生产经营者信用记录。

单位、个人有权对粮食安全保障工作进行监督,对违反本法的行为向县级以上人民政府有关部门进行投诉、举报,接到投诉、举报的部门应当按照规定及时处理。

● 部门规章及文件

1.《政策性粮食购销违法违规行为举报奖励办法(试行)》(2023 年 7 月 22 日)

第 1 条 为鼓励举报政策性粮食购销违法违规行为,动员社会力量参与政策性粮食购销领域监督,坚决维护国家粮食安全,根据《粮食流通管理条例》、《中央储备粮管理条例》等法律法规规章,制定本办法。

第 2 条 举报奖励遵循依法保护举报人合法权益、自愿领取、奖励适当的原则。

第 3 条 自然人(以下称举报人)可通过 12325 等热线电话、政府网站、信函以及其他渠道,向各级粮食和物资储备行政管理部门(以下简称粮食和储备部门)、国家粮食和物资储备局垂直管理局(以下简称垂直管理局)举报。

国家粮食和物资储备局线索的接收受理、办理等事项,依照《12325 全国粮食和物资储备监管热线举报处理规定》(国家粮食和物资储备局公告 2021 年第 5 号)等处理。

第 4 条 举报人向粮食和储备部门、垂直管理局反映从事政策性粮食购销经营活动涉嫌违反《粮食流通管理条例》、《中央储备粮管理条例》等规定的行为,以及竞买政策性粮食时恶意违约等违反合同规定的行为,且属于粮食和储备部门、垂直管理局管辖范围，经查证属实应予奖励的，适用本办法。

第5条 奖励举报人须同时符合下列条件：

（一）有明确的被举报对象和具体违法违规线索，并提供了有效证据；

（二）举报事项事先未被粮食和储备部门、垂直管理局掌握，或者虽有所掌握，但举报人提供的情况更为具体详实；

（三）举报事项经查证属实；

（四）举报人愿意得到举报奖励，并提供可供核查且真实有效的身份信息、联系方式等；

（五）其他依法依规应予奖励的必备条件。

第6条 有下列情形之一的，不予奖励或者不予重复奖励：

（一）举报人为粮食和储备部门、垂直管理局工作人员或者其他具有法定职责人员的；

（二）在收到举报前，政策性粮食违法违规行为人已主动供述本人及其同案人员的违法违规事实，或者在被调查处理期间检举揭发其他违法违规行为的；

（三）粮食和储备部门、垂直管理局对举报事项作出处理决定前，举报人主动撤回举报的；

（四）举报人就同一违法违规行为多处、多次举报的，不予重复奖励；

（五）举报人身份无法确认或者无法与举报人取得联系的；

（六）举报前，相关政策性粮食违法违规行为已进入诉讼等法定程序的；

（七）其他依法依规不予奖励的情形。

第7条 地方各级粮食和储备部门查处的案件举报奖励由本部门负责发放，垂直管理局查处的案件举报奖励由国家粮食和物资储备局统一发放。

对符合奖励条件的举报人，综合考虑查实违法违规行为的危害程度、对国家造成的经济损失、线索质量以及行政处罚罚款金额等因素，给予作出行政处罚罚款金额 3% 以下的一次性资金奖励，最高不超过 150000 元，最低不少于 1500 元。

第 8 条　举报奖励所需资金按程序纳入县级及以上粮食和储备部门年度预算，垂直管理局举报奖励所需资金统一列入国家粮食和物资储备局部门年度预算，接受审计监督和财会监督。

第 9 条　多人、多次举报的，奖励按照以下规则发放：

（一）同一违法违规行为由两个及两个以上举报人分别举报的，奖励最先举报人，举报次序以粮食和储备部门、垂直管理局受理举报的登记时间为准；

（二）两个及两个以上举报人联名举报同一违法违规行为的，按同一举报奖励。

第 10 条　对政策性粮食购销违法违规行为作出处理决定后 30 个工作日内，由查处举报的粮食和储备部门、垂直管理局启动奖励程序。

粮食和储备部门应当在作出奖励决定之日起 10 个工作日内，以适当方式将奖励决定告知举报人。

举报人放弃奖励的，终止奖励程序。

第 11 条　举报人应当在收到领取奖励通知之日起 30 个工作日内，凭本人有效身份证明领取奖励。委托他人代领的，受托人须同时持有举报人授权委托书、举报人和受托人的有效身份证明。

举报人逾期未领取奖励的，视为主动放弃。

联名举报的举报人应当推举一名代表领取奖励，并自行进行内部分配。

第 12 条　粮食和储备部门应当开辟便捷的兑付渠道，便于举报人领取举报奖励资金。

举报奖励资金原则上应当使用非现金的方式兑付，按国库集中支付规定办理。

第 13 条　发放举报奖励资金时，应当严格审核。

举报奖励资金发放后，发现存在以伪造材料、隐瞒事实等方式骗取举报奖励的，或者存在其他不符合领取奖励的情形，发放奖励的粮食和储备部门查实后有权收回举报奖励，并依法追究当事人相应责任。

第 14 条　举报人应当对举报内容及其提供材料的真实性负责，捏造、歪曲事实或者诬告陷害他人的，应当依法承担相关法律责任。

第 15 条　粮食和储备部门、垂直管理局应当严格为举报人保密，不得以任何方式泄露举报人身份等相关信息。粮食和储备部门、垂直管理局相关工作人员泄露举报人信息的，依规依纪依法给予严肃处理。

第 16 条　地方各级粮食和储备部门、垂直管理局和财政部门可依据本办法，制定实施细则，对奖励的标准、发放程序等作出具体规定。

第 17 条　本办法由国家粮食和物资储备局、财政部负责解释，自发布之日起施行，有效期 5 年。

2.《粮食企业信用监管办法（试行）》（2022 年 1 月 13 日）

第 1 条　为规范粮食企业信用监管活动，依据《粮食流通管理条例》等有关法律法规和党中央、国务院相关文件，制定本办法。

第 2 条　本办法适用于全国范围内从事粮食（含大豆、油料、食用植物油）收购、储存和政策性粮食购销等经营活动，以及执行国家粮食流通统计制度的企业。

第 3 条　本办法所称信用监管，是指以促进粮食企业守法经营和诚信自律为目的，由粮食和储备部门主导，根据粮食企业信用信息科学研判企业信用状况，并依法依规开展分级分类监管。

第4条 粮食企业信用信息包括企业基本信息，粮食和储备部门产生的行政处罚、奖励信息，以及其他国家机关产生的信用信息。

第5条 国家粮食和物资储备局指导全国粮食企业信用监管工作，建立全国粮食企业信用监管平台。粮食企业信用信息归集、公示、修复，以及信用评价等工作通过全国粮食企业信用监管平台开展。地方粮食和储备部门、国家粮食和物资储备局各垂直管理局（以下简称"垂直管理局"）按照管辖权限，负责本辖区粮食企业信用监管工作的具体组织、实施。

第6条 各级粮食和储备部门应严格执行全国公共信用信息基础目录，依法归集、使用并共享粮食企业信用信息，褒扬诚信，惩戒失信；支持粮食企业信用信息在其他领域的合法应用；充分发挥信用管理在粮食行业发展中的引导作用。

第7条 各级粮食和储备部门依托粮食企业信用监管平台归集信用信息，原则上以独立法人为单位，通过统一社会信用代码进行。

第8条 粮食企业基本信息鼓励通过端口方式对接全国信用信息共享平台、粮食行业"双随机"抽查应用系统等自动获取。粮食企业通过统一社会信用代码在粮食企业信用监管平台及时更新维护本企业基本信息，地市级、区县级粮食和储备部门负责核验粮食企业录入数据的真实性。

粮食和储备部门产生的行政处罚、奖励等信用信息，由具有管辖权的粮食和储备部门自行政处罚、奖励等决定作出之日起7个工作日内，将有关信用信息录入粮食企业信用监管平台，并共享至全国信用信息共享平台、国家企业信用信息公示系统。

其他国家机关产生的信用信息通过部门间签订数据共享协议等方式获取。

第9条 粮食和储备部门应当通过粮食企业信用监管平台及

时公示下列信息：

（一）企业注册登记或者备案及企业相关人员等基本信息；

（二）粮食和储备部门产生的具有一定社会影响的行政处罚信息；

（三）粮食和储备部门产生的奖励信息；

（四）其他国家机关产生的依法可公开的信用信息。

公示信息涉及国家秘密、国家安全、社会公共利益、商业秘密或者个人隐私的，应当依照法律、行政法规的规定办理。

第10条　粮食和储备部门应加强对粮食企业信用信息公示管理：

（一）企业注册登记或者备案及企业相关人员等基本信息进行永久公示。企业基本信用信息变更的，应及时在粮食企业信用监管平台进行更新维护；

（二）粮食和储备部门产生的具有一定社会影响的行政处罚信息，最短公示期为1年；最短公示期满但未进行信用修复的，应继续公示，直至完成信用修复。公示期以在粮食企业信用监管平台上的实际公示时长为准；

（三）粮食和储备部门产生的奖励信息进行永久公示。奖励被撤销的，作出撤销决定的部门应及时在粮食企业信用监管平台进行更新维护；

（四）其他国家机关产生的信用信息变更后，具有管辖权的粮食和储备部门应及时更新相关信息。

第11条　各级粮食和储备部门依照权限，对归集的信用信息数据进行更新和维护，实行动态管理。

第12条　粮食企业信用评价是指粮食和储备部门依据有关法律法规和粮食企业信用信息，按照统一的信用评价标准，采取规范的程序、方法对粮食企业信用状况进行评价，确定其信用等级的活动。

粮食企业信用评价由各级粮食和储备部门按照管辖权限和本办法有关规定，依托全国粮食企业信用监管平台开展。法律法规另有规定的，从其规定。

粮食企业信用评价标准由国家粮食和物资储备局制定，并结合粮食行业自身特点和重要影响因素对评价指标和权重进行适时调整。

第 13 条　粮食企业信用评价周期为一年，评价时间从每年 1 月 1 日起至 12 月 31 日止。年度信用评价工作应于每年 1 月底前完成上年度信用评价工作。自注册之日起不满一年的企业，不纳入当期评价范围，相关记录转入下年度。

第 14 条　粮食企业信用评价采取年度评价指标得分方式，根据粮食企业信用信息和上年度的信用评价等级情况进行综合评价。

第 15 条　粮食企业信用等级从高到低依次分为 A、B、C 三级。信用评价结果作为各级粮食和储备部门的内部决策依据参考，原则上不对外公开；被评价企业可以申请查询本企业评价结果。

第 16 条　对信用等级为 A 级的粮食企业，粮食和储备部门可以采取以下激励措施：

（一）在粮食流通领域财政性资金和项目申报、评优评先、政策性粮食收储、成品粮应急保供定点时，符合法律法规规定的条件下列为优先选择对象；

（二）在"双随机"检查时，降低抽查比例、频次。

第 17 条　对信用等级为 C 级的粮食企业，粮食和储备部门可以采取以下措施：

（一）依法限制享受粮食流通领域相关扶持政策；

（二）在"双随机"检查时，加大抽查比例、频次。

第 18 条　粮食企业失信行为是指被国家机关依法给予警告

以上行政处罚的行为。

第 19 条　由粮食和储备部门认定的失信行为，粮食企业失信行为纠正后，可向作出失信认定的粮食和储备部门提出信用修复申请。申请时，应一并提交信用修复承诺书、已纠正失信行为的证明材料或信用报告等。粮食和储备部门确已掌握失信行为纠正信息的，可不要求申请人提供证明材料。粮食和储备部门收到信用修复申请后，5 个工作日内作出受理决定，并出具受理通知书或者不予受理通知书。自受理之日起 15 个工作日内作出是否修复的决定，符合修复条件的，及时进行修复；不符合修复条件的，告知申请企业不予修复的理由。

第 20 条　粮食企业失信信息最短公示期满，且粮食和储备部门同意修复后，自同意修复之日起，撤销公示，在粮食企业信用监管平台中保存 5 年，5 年内未发生同类失信行为的，删除或屏蔽该记录；5 年内再次发生同类失信行为的，该记录信息的保存期限重新计算。

第 21 条　其他国家机关认定的失信行为的信用修复，按照认定机关规定执行。完成信用修复后，具有管辖权的粮食和储备部门应及时在粮食企业信用监管平台撤销相关信息公示。相关信息的处理按照本办法第二十条规定执行。

第 22 条　失信信息修复后，不再作为信用评价依据。

第 23 条　信用修复工作统一在粮食企业信用监管平台进行。

第 24 条　对下列情形，粮食企业可以向具有管辖权的粮食和储备部门提出异议申请，并提供证明材料。粮食和储备部门应自收到申请 5 个工作日内作出受理决定，并在 15 个工作日内完成审核。

（一）认为粮食和储备部门公示的信用信息不准确的；

（二）对粮食和储备部门采集本部门作出的行政处罚等信用信息行为有异议的；

（三）对粮食和储备部门作出信用修复申请不予受理、不予信用修复决定有异议的；

（四）其他认为粮食和储备部门因信用信息归集侵犯其合法权益的。

粮食企业对粮食和储备部门针对异议申请作出的相关决定、处理结果不服的，可以依法提起行政复议、行政诉讼。

第25条　各级粮食和储备部门发现采集的信用信息确有错误的，应在粮食企业信用监管平台及时更正或删除。

第26条　各级粮食和储备部门应依法履职，对在粮食企业信用监管工作中不作为、乱作为，造成不良社会影响的，要依法依规依纪追究单位和相关责任人责任。

第27条　各省级粮食和储备部门、各垂直管理局依据本办法，结合工作实际，制定具体实施细则。

第28条　本办法由国家发展和改革委员会、国家粮食和物资储备局负责解释。

第29条　本办法自发布之日起实施，有效期5年。

第十章　法律责任

第六十五条　不履行粮食安全保障工作职责的法律责任

违反本法规定，地方人民政府和县级以上人民政府有关部门不履行粮食安全保障工作职责或者有其他滥用职权、玩忽职守、徇私舞弊行为的，对负有责任的领导人员和直接责任人员依法给予处分。

● **法　律**

1.《刑法》（2023年12月29日）

第165条　国有公司、企业的董事、监事、高级管理人员，利用职务便利，自己经营或者为他人经营与其所任职公司、企业同类的营业，获取非法利益，数额巨大的，处三年以下有期徒刑或者拘役，并处或者单处罚金；数额特别巨大的，处三年以上七年以下有期徒刑，并处罚金。

其他公司、企业的董事、监事、高级管理人员违反法律、行政法规规定，实施前款行为，致使公司、企业利益遭受重大损失的，依照前款的规定处罚。

第166条　国有公司、企业、事业单位的工作人员，利用职务便利，有下列情形之一，致使国家利益遭受重大损失的，处三年以下有期徒刑或者拘役，并处或者单处罚金；致使国家利益遭受特别重大损失的，处三年以上七年以下有期徒刑，并处罚金：

（一）将本单位的盈利业务交由自己的亲友进行经营的；

（二）以明显高于市场的价格从自己的亲友经营管理的单位采购商品、接受服务或者以明显低于市场的价格向自己的亲友经营管理的单位销售商品、提供服务的；

（三）从自己的亲友经营管理的单位采购、接受不合格商品、服务的。

其他公司、企业的工作人员违反法律、行政法规规定，实施前款行为，致使公司、企业利益遭受重大损失的，依照前款的规定处罚。

第169条　国有公司、企业或者其上级主管部门直接负责的主管人员，徇私舞弊，将国有资产低价折股或者低价出售，致使国家利益遭受重大损失的，处三年以下有期徒刑或者拘役；致使国家利益遭受特别重大损失的，处三年以上七年以下有期徒刑。

其他公司、企业直接负责的主管人员，徇私舞弊，将公司、企业资产低价折股或者低价出售，致使公司、企业利益遭受重大损失的，依照前款的规定处罚。

第397条　国家机关工作人员滥用职权或者玩忽职守，致使公共财产、国家和人民利益遭受重大损失的，处三年以下有期徒刑或者拘役；情节特别严重的，处三年以上七年以下有期徒刑。本法另有规定的，依照规定。

国家机关工作人员徇私舞弊，犯前款罪的，处五年以下有期徒刑或者拘役；情节特别严重的，处五年以上十年以下有期徒刑。本法另有规定的，依照规定。

第410条　国家机关工作人员徇私舞弊，违反土地管理法规，滥用职权，非法批准征收、征用、占用土地，或者非法低价出让国有土地使用权，情节严重的，处三年以下有期徒刑或者拘役；致使国家或者集体利益遭受特别重大损失的，处三年以上七年以下有期徒刑。

● 行政法规及文件

2.《粮食流通管理条例》（2021年2月15日）

第42条　违反本条例规定，粮食和储备行政管理部门和其他有关部门不依法履行粮食流通管理和监督职责的，对负有责任的领导人员和直接责任人员依法给予处分。

● 地方性法规及文件

3.《辽宁省地方储备粮管理条例》（2021年5月27日）

第17条　违反本条例规定，粮食和储备行政管理部门、财政部门和其他有关部门以及运营管理企业不依法履行地方储备粮管理和监督职责，有下列情形之一的，对负有责任的领导人员和直接责任人员依法给予处分；构成犯罪的，依法追究刑事责任：

（一）未制定地方储备粮的储备规模、品种结构和总体布局方案的；

（二）未下达地方储备粮收储、轮换、动用等计划的；未按照计划组织实施的；

（三）未按照有关规定及时、足额拨付本级地方储备粮的贷款利息、管理费用等财政补贴的；

（四）违法、违规选定承储企业的；

（五）接到举报，发现违法行为未及时处理的；

（六）其他滥用职权、玩忽职守、徇私舞弊的行为。

4.《广东省粮食安全保障条例》（2021年9月29日）

第34条　县级以上人民政府未按照本条例规定落实粮食安全保障责任，有下列情形之一的，由上级人民政府通报批评，对政府主要负责人、负有责任的主管人员和其他直接责任人员依法给予处分；构成犯罪的，依法追究刑事责任：

（一）未采取措施保护基本农田，致使粮食播种面积未达到当年省人民政府下达的指标的；

（二）粮食储备和粮食风险基金未达到上级人民政府核定规模的；

（三）挤占、截留、挪用粮食风险基金的；

（四）出现粮食紧急情况时没有及时采取有效措施，造成粮食价格异常波动、粮食抢购等社会不稳定事件的；

（五）未按照规定核销因不可抗力造成的政府储备粮损失超过半年以上，给承储政府储备粮的企业增加经济负担的；

（六）玩忽职守、滥用职权等渎职行为的。

第35条　县级以上人民政府粮食主管部门或者其他有关部门及其工作人员违反本条例规定，有下列情形之一的，由本级人民政府或者上级人民政府有关部门视情节轻重，责令改正，通报批评，并对主要负责人、负有责任的主管人员和其他直接责任人员依法给予处分；构成犯罪的，依法追究刑事责任：

（一）未按照本条例规定履行监督检查职责，对违法行为不及时制止和处理的；

（二）委托不具备条件的企业承储政府储备粮的；

（三）未按照规定及时下达政府储备粮收储计划，造成政府粮食储备规模不落实的；

（四）未按照规定及时下达政府储备粮轮换计划，造成政府储备粮霉坏、变质的；

（五）未按照规定及时落实粮食市场调控措施或者粮食价格干预措施，造成粮食市场和社会不稳定的；

（六）挤占、截留、挪用粮食风险基金的；

（七）玩忽职守、滥用职权等渎职行为的。

● 案例指引

1. 周某某贪污、受贿、非法经营同类营业案（最高人民检察院发布粮食购销领域职务犯罪典型案例①之一）

裁判要点： 国有粮库主任、粮管所所长等企业负责人，实质上行使董事、经理职权，属于刑法第一百六十五条规定的"国有公司、企业的董事、经理"。行为人利用职务便利，安排自己经营的企业借用其任职单位的资质从事粮食收储等经营活动，属于非法经营同类营业行为。检察机关办理粮食购销领域职务犯罪案件，应加强与监察机关协作配合，注重检察一体化履职，通过公益诉讼等方式助力粮食领域综合治理，守护国家粮食安全。

2. 傅某某受贿、贪污、挪用公款、国有公司人员滥用职权案（最高人民检察院发布粮食购销领域职务犯罪典型案例②之二）

裁判要点： 本案中贪污、挪用公款、国有公司人员滥用职权的作案手段复杂且隐蔽，主要包括两个方面，一是以虚假粮食购销合同、虚增粮食交易环节进行公款套取、挪用、违规出借；二是在某粮库部分职工名下设立多个银行账户，用于存放某粮库从个体工商

① 《粮食购销领域职务犯罪典型案例》，载最高人民检察院网站，https：//www.spp.gov.cn/xwfbh/wsfbt/202312/t20231209_636320.shtml#2，2024年1月1日访问。

② 《粮食购销领域职务犯罪典型案例》，载最高人民检察院网站，https：//www.spp.gov.cn/xwfbh/wsfbt/202312/t20231209_636320.shtml#2，2024年1月1日访问。

户收回的粮款、违规出借获利及使用铁路专线运输费等公款，且无明细账目。

3. 卢某受贿、滥用职权案（最高人民检察院发布粮食购销领域职务犯罪典型案例①之四）

裁判要点： 针对受贿行为较为隐蔽、受贿犯罪与渎职犯罪相交织等情况，坚持主客观相统一，从行为性质本身对案件进行定性。投资型受贿具有一定的隐蔽性，受贿人实际出资且由他人代持则更加掩人耳目，查办此类案件要把握权钱交易本质，重点审查受贿人是否实际承担市场风险，如果收受固定回报、不承担风险则与直接贿送钱款并无区别，依法以受贿罪追责。针对行贿人多盯紧国有粮食企业"钱袋子"的牟利动机，重点审查国家工作人员收受贿赂，利用职务便利为他人谋利的行为是否造成国有资产损失、是否构成渎职犯罪，依法准确实行数罪并罚，确保精准有力打击受贿犯罪和渎职犯罪，为国家粮食安全提供司法保障。

4. 陈某某等五人非法经营同类营业、贪污、受贿案（最高人民检察院发布粮食购销领域职务犯罪典型案例②之七）

本案中，陈某某实施的非法经营同类营业以及主要受贿犯罪（伙同郭某收受钟某某346万余元）均是通过与他人签订合作协议、按约定比例分取利润的方式来获利。辩护人提出相关事实均应成立非法经营同类营业罪而非受贿罪。检察机关分析认为，非法经营同类营业与贪污、受贿等职务犯罪中，行为人虽然都是利用自身职务上的便利获取利益，但在获利方式和利益来源上均有不同。前者系通过实际开展"竞业经营"活动来获取非法盈利，需要投入一定成

---

① 《粮食购销领域职务犯罪典型案例》，载最高人民检察院网站，https：//www.spp.gov.cn/xwfbh/wsfbt/202312/t20231209_636320.shtml#2，2024 年1 月1 日访问。

② 《粮食购销领域职务犯罪典型案例》，载最高人民检察院网站，https：//www.spp.gov.cn/xwfbh/wsfbt/202312/t20231209_636320.shtml#2，2024 年1 月1 日访问。

本并承担相应经营风险；后者则无实际投入，不负担亏损，行为人直接利用其职务行为获利，利益来源于所任职公司的公共财物或者"权钱交易"的对价，而非经营活动盈利。围绕争议焦点，检察机关重点针对"是否存在经营行为""以何方式参与经营"以及"所获利益来源"等详细梳理事实证据。审查发现，在与敖某某等人合作经营綦江区某粮油公司过程中，陈某某除了帮助该公司获得麦麸和有机小麦供应资质、指标外，还对货源确定、基地更换、基地购买、基地认证、风险分担等重大经营事项负责决策，陈某某还主动支付该粮油公司供货业务中的相关费用，并被纳入经营成本核算，故应认定陈某某有真实投资且实际参与经营管理。而在与钟某某"合作"过程中，陈某某、郭某接受钟某某请托，利用职务上的便利为钟某某经营小麦业务提供资金、仓储等支持，以分红名义获取好处费。陈某某、郭某虽"垫付"部分资金帮助钟某某收购小麦，但并未以此承担盈亏，该"垫付"实为借款；二人利用职权帮助钟某某的小麦供应业务开展一些事务联络，未实质参与业务经营决策或组织管理。综上，二人既未实际出资，也未参与管理活动，系直接以职务行为获取对价回报，本质上属于权钱交易，依法应当认定为受贿。

5. 刘某某等五人受贿、贪污、国有公司人员滥用职权、非法经营同类营业案（最高人民检察院发布粮食购销领域职务犯罪典型案例①之八）

裁判要点：围绕庭审争议的刘某某、赵某某是否构成国有公司人员滥用职权罪和非法经营同类营业罪，检察机关认为，一是公司章程规定国某公司不得进行资金拆借业务，二人明知上述规定，仍采取虚构业务的方式拆借资金，截至立案时无法收回资金本息为2441万余元，其行为构成国有公司人员滥用职权罪；二是刘某某作

---

① 《粮食购销领域职务犯罪典型案例》，载最高人民检察院网站，ht-tps：//www.spp.gov.cn/xwfbh/wsfbt/202312/t20231209_636320.shtml#2，2024年1月1日访问。

为国某公司总经理，利用能够及时掌握中储粮稻谷轮换信息的职务便利，伙同黄某甲等粮商经营本该由国某公司承揽的中储粮稻谷轮换业务，共同获取非法利益43.07万元，其行为构成非法经营同类营业罪。

6. 王某某受贿、国有公司人员失职、国有公司人员滥用职权案
（最高人民检察院发布粮食购销领域职务犯罪典型案例①之九）

裁判要点：在办理国有企业人员渎职类犯罪案件过程中，对不正当履职造成国有资产流失的，应当区分情形，准确定性。行为人明知具有潜在重大风险，仍不听劝阻、违反各项规定，甚至伪造会议记录、审批手续的，应当认定为滥用职权行为；行为人无从得知存在潜在风险，又因事务繁杂、无暇顾及，出现怠于履职或履职不到位情形的，应当认定为失职行为。

第六十六条　种植不符合耕地种植用途管控要求作物的法律责任

> 违反本法规定，种植不符合耕地种植用途管控要求作物的，由县级人民政府农业农村主管部门或者乡镇人民政府给予批评教育；经批评教育仍不改正的，可以不予发放粮食生产相关补贴；对有关农业生产经营组织，可以依法处以罚款。

● 法　律

1.《行政处罚法》（2021年1月22日）

第9条　行政处罚的种类：

（一）警告、通报批评；

（二）罚款、没收违法所得、没收非法财物；

---

① 《粮食购销领域职务犯罪典型案例》，载最高人民检察院网站，https：//www.spp.gov.cn/xwfbh/wsfbt/202312/t20231209_ 636320. shtml#2，2024年1月1日访问。

（三）暂扣许可证件、降低资质等级、吊销许可证件；

（四）限制开展生产经营活动、责令停产停业、责令关闭、限制从业；

（五）行政拘留；

（六）法律、行政法规规定的其他行政处罚。

第13条 国务院部门规章可以在法律、行政法规规定的给予行政处罚的行为、种类和幅度的范围内作出具体规定。

尚未制定法律、行政法规的，国务院部门规章对违反行政管理秩序的行为，可以设定警告、通报批评或者一定数额罚款的行政处罚。罚款的限额由国务院规定。

第14条 地方政府规章可以在法律、法规规定的给予行政处罚的行为、种类和幅度的范围内作出具体规定。

尚未制定法律、法规的，地方政府规章对违反行政管理秩序的行为，可以设定警告、通报批评或者一定数额罚款的行政处罚。罚款的限额由省、自治区、直辖市人民代表大会常务委员会规定。

第15条 国务院部门和省、自治区、直辖市人民政府及其有关部门应当定期组织评估行政处罚的实施情况和必要性，对不适当的行政处罚事项及种类、罚款数额等，应当提出修改或者废止的建议。

● **地方性法规及文件**

2.《广东省粮食安全保障条例》（2021年9月29日）

第7条 县级以上人民政府采取发布信息、调控储备和给予种粮者种粮补贴等方式，引导和鼓励粮食生产。可能发生粮食严重紧缺情形时，经省人民政府批准，县级以上人民政府可以依法将当期生产其他经济作物的基本农田用于恢复粮食生产，并组织落实种子、肥料等生产资料。

第六十七条　承储政府粮食储备的企业或者其他组织的法律责任

违反本法规定，承储政府粮食储备的企业或者其他组织有下列行为之一的，依照有关行政法规的规定处罚：

（一）拒不执行或者违反政府粮食储备的收购、销售、轮换、动用等规定；

（二）未对政府粮食储备的收购、销售、轮换、动用等进行全过程记录；

（三）未按照规定保障政府粮食储备数量、质量安全。

从事粮食收购、储存、加工、销售的经营者以及饲料、工业用粮企业未按照规定建立粮食经营台账，或者报送粮食基本数据和有关情况的，依照前款规定处罚。

● **行政法规及文件**

1.《粮食流通管理条例》（2021 年 2 月 15 日）

第 43 条　粮食收购企业未按照规定备案或者提供虚假备案信息的，由粮食和储备行政管理部门责令改正，给予警告；拒不改正的，处 2 万元以上 5 万元以下罚款。

第 45 条　有下列情形之一的，由粮食和储备行政管理部门责令改正，给予警告，可以并处 20 万元以下罚款；情节严重的，并处 20 万元以上 50 万元以下罚款：

（一）粮食收购者未执行国家粮食质量标准；

（二）粮食收购者未及时向售粮者支付售粮款；

（三）粮食收购者违反本条例规定代扣、代缴税、费和其他款项；

（四）粮食收购者收购粮食，未按照国家有关规定进行质量安全检验，或者对不符合食品安全标准的粮食未作为非食用用途单独储存；

（五）从事粮食收购、销售、储存、加工的粮食经营者以及饲料、工业用粮企业未建立粮食经营台账，或者未按照规定报送粮食基本数据和有关情况；

（六）粮食储存企业未按照规定进行粮食销售出库质量安全检验。

第46条 粮食收购者、粮食储存企业未按照本条例规定使用仓储设施、运输工具的，由粮食和储备行政管理等部门按照职责责令改正，给予警告；被污染的粮食不得非法销售、加工。

第47条 粮食收购者、粮食储存企业将下列粮食作为食用用途销售出库的，由粮食和储备行政管理部门没收违法所得；违法销售出库的粮食货值金额不足1万元的，并处1万元以上5万元以下罚款，货值金额1万元以上的，并处货值金额1倍以上5倍以下罚款：

（一）真菌毒素、农药残留、重金属等污染物质以及其他危害人体健康的物质含量超过食品安全标准限量的；

（二）霉变或者色泽、气味异常的；

（三）储存期间使用储粮药剂未满安全间隔期的；

（四）被包装材料、容器、运输工具等污染的；

（五）其他法律、法规或者国家有关规定明确不得作为食用用途销售的。

● 部门规章及文件

2.《粮食流通行政执法办法》（2022年11月23日）

第一章 总 则

第1条 为全面贯彻落实党的二十大精神，深入贯彻落实习近平新时代中国特色社会主义思想，全方位夯实粮食安全根基，规范粮食和物资储备行政管理部门（以下简称"粮食和储备部门"）粮食流通行政执法行为，根据《中华人民共和国行政处罚法》《中华人民共和国行政强制法》《粮食流通管理条例》等法律法规，制定本办法。

第2条　本办法适用于粮食和储备部门对粮食收购、储存、运输和政策性粮食购销等活动，以及国家粮食流通统计制度执行情况，依法开展的监督检查活动。

第3条　粮食和储备部门应当与相关部门加强配合，建立粮食流通行政执法工作协调机制。

第4条　粮食流通行政执法应当严格落实《国务院办公厅关于全面推行行政执法公示制度执法全过程记录制度重大执法决定法制审核制度的指导意见》相关制度规定。

粮食流通行政执法实行持证上岗。开展行政执法工作，执法人员不得少于两人，不得干扰粮食经营者的正常经营活动。

粮食和储备部门应当加强粮食流通行政执法制度建设和人员队伍建设，并定期对行政执法人员进行培训考核。

第5条　任何单位和个人有权向粮食和储备部门检举违反粮食流通管理规定的行为。粮食和储备部门应当为检举人保密，并依法及时处理。

第6条　粮食流通行政执法过程中，可以行使以下职权：

（一）进入粮食经营者经营场所，查阅有关资料、凭证；

（二）检查粮食数量、质量和储存安全情况；

（三）检查粮食仓储设施、设备是否符合有关标准和技术规范；

（四）向有关单位和人员调查了解相关情况；

（五）查封、扣押非法收购或者不符合国家粮食质量安全标准的粮食，用于违法经营或者被污染的工具、设备以及有关账簿资料；

（六）查封违法从事粮食经营活动的场所；

（七）法律、法规规定的其他职权。

第7条　被检查对象对粮食流通行政执法人员依法履行职

责，应当予以配合。任何单位和个人不得拒绝、阻挠、干涉粮食和储备部门粮食流通行政执法人员依法履行行政执法职责。

<h2>第二章 管 辖</h2>

第8条 粮食和储备部门行政执法实行分级负责制。

国家粮食和物资储备局组织、指导跨省（自治区、直辖市）等重大案件的查办，必要时提级或者指定管辖。省级粮食和储备部门组织、指导跨地（市）等重大案件的查处，必要时提级或者指定管辖。

第9条 粮食和储备部门行政执法涉及政策性粮食的，应当结合粮食权属及性质开展。

国家粮食和物资储备局垂直管理局负责监管辖区内中央政府储备粮管理情况，对中央政府储备粮承储企业开展行政执法，依法对违法违规行为实施行政处罚。

地方粮食和储备部门会同国家粮食和物资储备局垂直管理局，监管辖区内除中央政府储备粮以外的其他中央事权粮食及其相关政策执行情况，开展相关行政执法。

地方粮食和储备部门监管辖区内地方政府储备粮，以及社会粮食流通情况。

国家粮食和物资储备局垂直管理局与省级粮食和储备部门应当建立协同联动工作机制。

第10条 粮食和储备部门实施行政处罚，原则上由违法行为发生地的县级以上粮食和储备部门管辖。两个以上同级部门都有管辖权的，由最先立案的粮食和储备部门管辖；因管辖权发生争议，协商解决不成的，应当报请共同上一级部门指定管辖。

粮食和储备部门发现涉嫌违法违规的行为不属于本部门管辖时，应当及时移送有管辖权的粮食和储备部门。受移送的粮食和储备部门对管辖权有异议的，应当报请共同上一级部门指定管辖；不得擅自移送。

第 11 条　粮食和储备部门在行政执法中发现不属于本部门管辖的涉嫌违法违规的行为，应当及时向有管辖权的相关部门移送违法线索。

第三章　立案调查

第 12 条　粮食和储备部门对属于本部门管辖的涉嫌违法违规的行为，除可以当场作出行政处罚的外，应当立案调查。

第 13 条　粮食经营者存在下列情形之一的，属于第十二条规定的应当立案调查的违法违规行为：

（一）粮食收购企业、仓储单位未按照规定备案，或者提供虚假备案信息；

（二）粮食收购企业未及时向售粮者支付售粮款，时间三十日以上且涉及金额三千元以上，或者其他粮食收购者未及时向售粮者支付售粮款被举报；

（三）粮食收购者违反《粮食流通管理条例》相关规定，代扣、代缴税、费和其他款项；

（四）粮食收购者未执行国家粮食质量标准，涉及粮食数量较大；

（五）粮食收购者收购粮食，未按照国家有关规定进行质量安全检验，涉及粮食数量较大；

（六）粮食收购者收购粮食，对不符合食品安全标准的粮食未作为非食用用途单独储存；

（七）粮食储存企业未按照规定进行粮食销售出库质量安全检验，涉及粮食数量五吨以上；

（八）粮食收购者、粮食储存企业非法销售不得作为食用用途销售的粮食；

（九）从事粮食收购、销售、储存、加工的经营者以及饲料、工业用粮企业，未按要求建立粮食经营台账，或者未按规定报送粮食基本数据和有关情况；

（十）粮食仓储单位经营场地、设施设备、专业技术管理人员不符合粮油仓储管理制度规定；

（十一）粮食仓储单位违反出入库、储存管理规定，或者造成粮油储存事故；

（十二）粮食收购者、粮食储存企业使用被污染的运输工具或者包装材料运输粮食，或者与有毒有害物质混装运输；

（十三）粮食应急预案启动后，粮食经营者未服从国家统一安排和调度；

（十四）其他违反国家粮食经营管理规定的情形。

第 14 条　粮食经营者在政策性粮食业务中，存在下列情形之一的，属于第十二条规定的应当立案调查的违法违规行为：

（一）政策性粮食收购时，未及时向售粮者支付售粮款；

（二）承储企业虚报粮食收储数量达十吨以上；

（三）承储企业通过以陈顶新、以次充好、低收高转、虚假购销、虚假轮换、违规倒卖等方式，套取粮食价差和财政补贴，或者骗取信贷资金；

（四）承储企业挤占、挪用、克扣财政补贴、信贷资金三千元以上；

（五）承储企业擅自动用政策性粮食；

（六）承储企业以政策性粮食为债务作担保或者清偿债务；

（七）承储企业利用政策性粮食进行除政府委托的政策性任务以外的其他商业经营；

（八）承储企业在政策性粮食出库时掺杂使假、以次充好、调换标的物，涉及粮食数量五吨以上；

（九）承储企业在政策性粮食出库时拒不执行出库指令或者阻挠出库，时间三日以上并且涉及粮食数量五十吨以上；

（十）粮食经营者购买国家限定用途的政策性粮食，违规倒卖或者不按照规定用途处置；

（十一）其他违反国家政策性粮食经营管理规定的情形。

第15条　应当立案调查的，立案决定应于发现涉嫌违法违规行为之日起十五个工作日内，经粮食和储备部门负责人批准后作出。

第16条　粮食和储备部门对违法违规行为进行调查取证，应当依照相关法律法规及粮食和储备部门有关工作规程等法定程序开展。

第17条　粮食和储备部门执法人员在调查或者进行检查时，应当主动向当事人或者有关人员出示行政执法证件。当事人或者有关人员有权要求执法人员出示行政执法证件。执法人员不出示行政执法证件的，当事人或者有关人员有权拒绝接受调查或者检查。

当事人或者有关人员应当如实回答询问，并协助调查或者检查，不得拒绝或者阻挠。询问或者检查应当制作笔录。

第18条　粮食和储备部门在收集证据时，可以抽样取证。

在证据可能灭失或者以后难以取得的情况下，经粮食和储备部门负责人批准，可以先行登记保存，并在七个工作日内作出处理决定。

在调查期间，被调查对象及有关人员不得销毁或者转移证据。

第19条　粮食和储备部门可委托具有相应资质的鉴定检测机构，对涉嫌违法违规行为有关的粮食、工具等进行鉴定检测。

第20条　粮食和储备部门应当在立案决定作出之日起三十日内形成案件调查报告，必要时可听取公职律师、法律顾问、专家意见。案情疑难复杂或者委托检验鉴定时间较长的，经粮食和储备部门负责人批准，可以适当延长调查时限。

第四章　查封、扣押

第21条　粮食和储备部门在行政执法过程中，应当依照法定的权限、范围、条件和程序，实施查封、扣押等行政强制措施。采用非强制手段可以达到行政管理目的的，不得实施查封、扣押等行政强制措施。

第 22 条　粮食和储备部门不得查封、扣押与违法行为无关的粮食、工具、设备、账簿资料，不得查封与违法行为无关的场所。粮食经营者的粮食、工具、设备、账簿资料、场所等已被其他国家机关依法查封的，不得重复查封。

第 23 条　粮食和储备部门决定实施查封、扣押的，应当制作并当场交付查封、扣押决定书和清单。

第 24 条　查封、扣押的期限不得超过三十日；情况复杂的，经粮食和储备部门负责人批准，可以延长，但是延长期限不得超过三十日。法律、行政法规另有规定的除外。

延长查封、扣押的决定应当及时书面告知当事人，并说明理由。

对涉案粮食、工具、设备需要进行检测、检验或者技术鉴定的，查封、扣押的期间不包括检测、检验或者技术鉴定的期间。检测、检验或者技术鉴定的期间应当明确，并书面告知当事人。初次检测、检验或者技术鉴定的费用由粮食和储备部门承担。

第 25 条　对查封、扣押的粮食、工具、设备、账簿资料、场所等，粮食和储备部门应当妥善保管，不得使用或者损毁；造成损失的，应当承担赔偿责任。

对查封的粮食、工具、设备、账簿资料、场所等，粮食和储备部门可以委托第三人保管，第三人不得损毁或者擅自转移、处置。因第三人的原因造成的损失，粮食和储备部门先行赔付后，应当及时向第三人追偿。

因查封、扣押发生的保管费用由粮食和储备部门承担。

第 26 条　粮食和储备部门采取查封、扣押措施后，应当及时查清事实，在规定期限内作出处理决定。

第 27 条　有下列情形之一的，粮食和储备部门应当及时作出解除查封、扣押决定：

（一）当事人没有违法行为；

（二）查封、扣押的粮食、工具、设备、账簿资料、场所等与违法行为无关；

（三）对违法行为已经作出处理决定，不再需要查封、扣押；

（四）查封、扣押期限已经届满；

（五）其他不再需要采取查封、扣押措施的情形。

解除查封、扣押应当立即退还粮食、工具、设备、账簿资料。

第28条 粮食和储备部门查封、扣押的粮食、工具、设备、账簿资料、场所等，依法应当没收、销毁的，依照有关法律法规规定，移送有权部门执行。

第五章 行政处罚决定

第一节 简易程序

第29条 违法事实确凿并有法定依据，对公民处以二百元以下、对法人或者其他组织处以三千元以下罚款或者警告的行政处罚的，粮食和储备部门及其执法人员可以当场作出行政处罚决定。法律另有规定的，从其规定。

第30条 执法人员当场作出行政处罚决定的，应当向当事人出示行政执法证件，填写预定格式、编有号码的行政处罚决定书，并当场交付当事人。当事人拒绝签收的，应当在行政处罚决定书上注明。

前款规定的行政处罚决定书应当载明当事人的违法行为，行政处罚的种类和依据、罚款数额、时间、地点，申请行政复议、提起行政诉讼的途径和期限以及行政机关名称，并由执法人员签名或者盖章。

执法人员当场作出的行政处罚决定，应当报所属粮食和储备部门备案。

第31条 对当场作出的行政处罚决定，当事人应当依照《中华人民共和国行政处罚法》的规定履行。

第二节　普通程序

第32条　除本办法规定的可以当场作出的行政处罚外，粮食和储备部门发现公民、法人或者其他组织有依法应当给予行政处罚的行为的，必须全面、客观、公正地调查，收集有关证据。

第33条　调查终结，粮食和储备部门负责人应当对调查结果进行审查，根据不同情况，分别作出如下决定：

（一）确有应受行政处罚的违法行为的，根据情节轻重及具体情况，作出行政处罚决定；

（二）违法行为轻微，依法可以不予行政处罚的，不予行政处罚；

（三）违法事实不能成立的，不予行政处罚；

（四）违法行为涉嫌犯罪的，移送司法机关。

对情节复杂或者重大违法行为给予行政处罚，粮食和储备部门负责人应当集体讨论决定。

第34条　粮食和储备部门在作出行政处罚决定时，应当遵循公正、公开、过罚相当、处罚与教育相结合的原则，正确行使粮食流通行政处罚裁量权。

省级粮食和储备部门、国家粮食和物资储备局垂直管理局应当参照本办法，结合地区实际制定并公开行政处罚裁量权基准，包括违法行为、法定依据、裁量阶次、适用条件和具体标准等内容。

第35条　有下列情形之一，在粮食和储备部门负责人作出行政处罚的决定之前，应当由从事行政处罚决定法制审核的人员按照相关规定进行法制审核；未经法制审核或者审核未通过的，不得作出决定：

（一）涉及重大公共利益的；

（二）直接关系当事人或者第三人重大权益，经过听证程序的；

（三）案件情况疑难复杂、涉及多个法律关系的；

（四）应当进行法制审核的其他情形。

粮食和储备部门初次从事行政处罚决定法制审核的人员，应当通过国家统一法律职业资格考试取得法律职业资格。

第36条　粮食和储备部门及其执法人员在作出行政处罚决定之前，未依照《中华人民共和国行政处罚法》规定向当事人告知拟作出的行政处罚内容及事实、理由、依据，或者拒绝听取当事人的陈述、申辩，不得作出行政处罚决定；当事人明确放弃陈述或者申辩权利的除外。

第37条　粮食和储备部门依照《中华人民共和国行政处罚法》规定给予行政处罚，应当制作行政处罚决定书。行政处罚决定书应当载明下列事项：

（一）当事人的姓名或者名称、地址；

（二）违反法律、法规、规章的事实和证据；

（三）行政处罚的种类和依据；

（四）行政处罚的履行方式和期限；

（五）申请行政复议、提起行政诉讼的途径和期限；

（六）作出行政处罚决定的行政机关名称和作出决定的日期。

行政处罚决定书必须盖有作出行政处罚决定的粮食和储备部门的印章。

第38条　粮食和储备部门应当自行政处罚案件立案之日起九十日内作出行政处罚决定。法律、法规另有规定的，从其规定。

第39条　行政处罚决定书应当在宣告后当场交付当事人；当事人不在场的，粮食和储备部门应当在七个工作日内依照《中华人民共和国民事诉讼法》有关规定，将行政处罚决定书送达当事人。

当事人同意并签订确认书的，粮食和储备部门可以采用传真、电子邮件等方式，将行政处罚决定书等送达当事人。

第40条　粮食和储备部门行政处罚决定信息应当在执法决定作出之日起7个工作日内，通过政府网站及政务新媒体、办事大厅公示栏、服务窗口等平台向社会公开。

第41条　粮食流通行政处罚产生的罚没收入，按照《中华人民共和国行政处罚法》和《财政部关于印发〈罚没财物管理办法〉的通知》（财税〔2020〕54号）相关规定处理。

第三节　听证程序

第42条　粮食和储备部门拟作出下列行政处罚决定，应当告知当事人有要求听证的权利，当事人要求听证的，粮食和储备部门应当组织听证：

（一）较大数额罚款；

（二）没收较大数额违法所得；

（三）法律、法规、规章规定的其他情形。

前款中所称"较大数额"，省、自治区、直辖市人大常委会或者人民政府有规定的，从其规定；没有规定的，其数额为对公民罚款、没收违法所得三千元以上，对法人或者其他组织罚款、没收违法所得五万元以上。

当事人不承担粮食和储备部门组织听证的费用。

第43条　听证应当依照以下程序组织：

（一）当事人要求听证的，应当在粮食和储备部门告知后五个工作日内提出；

（二）粮食和储备部门应当在举行听证的七个工作日前，通知当事人及有关人员听证的时间、地点；

（三）除涉及国家秘密、商业秘密或者个人隐私依法予以保密外，听证公开举行；

（四）听证由粮食和储备部门指定的非本案调查人员主持；当事人认为主持人与本案有直接利害关系的，有权申请回避；

（五）当事人可以亲自参加听证，也可以委托一至二人代理；

（六）当事人及其代理人无正当理由拒不出席听证或者未经许可中途退出听证的，视为放弃听证权利，粮食和储备部门终止听证；

（七）举行听证时，调查人员提出当事人违法的事实、证据和行政处罚建议，当事人进行申辩和质证；

（八）听证应当制作笔录。笔录应当交当事人或者其代理人核对无误后签字或者盖章。当事人或者其代理人拒绝签字或者盖章的，由听证主持人在笔录中注明。

第44条　听证结束后，粮食和储备部门应当根据听证笔录，依照《中华人民共和国行政处罚法》的规定，作出决定。

第六章　责任追究

第45条　粮食和储备部门行政执法人员在粮食流通行政执法中，涉嫌违纪违规、违法犯罪的，依照有关规定移送纪检监察机关、司法机关。

有下列行为之一的，除按前款规定处理外，粮食和储备部门应予以通报，并由相关任免部门按照管理权限进行教育、管理、监督或处分：

（一）包庇、纵容粮食流通违法违规行为；

（二）瞒案不报、压案不查；

（三）未按规定核查、处理粮食流通违法违规举报、案件线索；

（四）未按法定权限、程序和规定开展粮食流通行政执法，造成不良后果；

（五）违反保密规定，泄露举报人或者案情；

（六）滥用职权、徇私舞弊；

（七）其他违法违规行为。

第七章 附 则

第 46 条 本办法中，涉及粮食价值的，已达成交易的按交易价计算，其他按库存成本价或最近一次采购成本计算；涉及数量的，"以上"包括基数。

第 47 条 大豆、油料和食用植物油的收购、销售、储存、运输、加工等经营活动，适用本办法的规定。

第 48 条 本办法由国家发展改革委、国家粮食和物资储备局负责解释。

第 49 条 本办法自 2023 年 1 月 1 日起施行。2004 年 11 月 16 日国家发展和改革委员会、原国家粮食局、财政部、原卫生部、原国家工商行政管理总局、原国家质量监督检验检疫总局印发的《粮食流通监督检查暂行办法》（国粮检〔2004〕230 号），以及 2005 年 3 月 9 日原国家粮食局印发的《粮食监督检查行政处罚程序（试行）》（国粮检〔2005〕31 号）同时废止。

3.《国家粮食和物资储备局行政执法证管理办法》（2021 年 8 月 5 日）

第 1 条 为认真落实行政执法公示制度、执法全过程记录制度、重大执法决定法制审核制度，加强国家粮食和物资储备局行政执法证管理，规范行政执法人员执法行为，保障和监督执法人员依法行使职责，根据《中华人民共和国行政处罚法》《粮食流通管理条例》等有关法律法规规定，制定本办法。

第 2 条 本办法所称的行政执法证，是国家粮食和物资储备局（含所属各垂直管理局）行政执法人员依法开展行政执法活动的有效身份证明。

第 3 条 按照《全国统一行政执法证件标准样式》有关规定，行政执法证由国家粮食和物资储备局统一制发，载明持证人姓名、工作单位、证件编号、监制机关、有效期限，并附有持证人正面免冠照片（样式见附件 1）。

行政执法证不得擅自变动或者涂改，凡擅自变动或者涂改的一律作废，不得使用。

第4条　国家粮食和物资储备局执法督查局（以下简称执法督查局）负责行政执法证核发和管理的具体工作。

第5条　行政执法证限持证人在法定职权范围内使用，不得转借他人使用。各垂直管理局持证人员根据国家粮食和物资储备局授权或者委派，可在本局监管职责范围外使用。

第6条　从事行政执法工作人员应当持有行政执法证，未取得行政执法证的，不得从事行政执法工作。行政执法人员依法开展行政执法活动时，应当主动出示行政执法证。

第7条　行政执法证申领范围：国家粮食和物资储备局（含所属各垂直管理局）行政执法相关工作人员。

第8条　持有行政执法证的人员应当具备以下条件：

（一）公务员或者经局党组批准在机关工作的事业编制人员，以及法律、行政法规、部门规章规定的符合条件的其他人员；

（二）从事或者参与粮食和物资储备执法督查工作；

（三）具有良好的政治、业务素质和道德品行；

（四）具有本科及以上学历，从事或者参与行政执法相关工作1年以上；其他学历的，需从事或者参与行政执法相关工作5年以上；

（五）参加国家粮食和物资储备局行政执法培训并通过行政执法资格考试。

第9条　国家粮食和物资储备局原则上每年组织一次行政执法培训和资格考试。

第10条　行政执法培训和资格考试内容：行政执法相关的法律法规、规章制度，粮食和物资储备行政执法有关的法律法规、规章制度、技术规范，基础业务理论知识。

国家粮食和物资储备局建立并适时更新考试题库，随机抽题确定资格考试试题。

第11条　首次申领行政执法证程序：

（一）国家粮食和物资储备局机关司局、各垂直管理局（以下简称相关单位）行政执法相关工作人员，根据工作需要向所在单位提出申请，填写《国家粮食和物资储备局行政执法证申领表》（见附件2），所在单位审核汇总后报送执法督查局，执法督查局组织复核。相关单位对本单位申领人员申领资格及填报信息真实性负责。

（二）相关单位负责组织本单位复核通过人员参加国家粮食和物资储备局行政执法培训和资格考试。

（三）对考试通过者，国家粮食和物资储备局向其制发行政执法证。

第12条　相关单位应当做好本单位行政执法证日常管理，详实记录证件使用情况，协助执法督查局做好补证、换证、暂扣、作废、注销、吊销等相关工作。

第13条　行政执法人员应当妥善保管行政执法证；丢失或者损毁的，应当及时向所在单位报告，所在单位15个工作日内向执法督查局申请挂失并补办新证。收到新的行政执法证前，相关人员不得执行行政执法任务。

第14条　行政执法人员在国家粮食和物资储备局（含所属各垂直管理局）内部交流、轮岗、调动的，行政执法证应当由原单位收回并办理注销手续；继续从事行政执法相关工作的，由现任职单位向执法督查局申领行政执法证。

第15条　行政执法证有效期5年。有效期届满前3个月内，由持证人员所在单位向执法督查局提出换发新证申请，并出具申请人的行政执法岗位资格能力证明。有效期届满未申请换证的，原证件自动作废。

换发新证人员必须在近3年内参加过国家粮食和物资储备局

组织的行政执法培训。

第16条 行政执法人员有下列情形之一的，由所在单位报执法督查局暂扣行政执法证：

（一）受到开除以外政务处分的；

（二）不当执法、拒绝或者拖延履行行政执法职责等，造成轻微不良后果的；

（三）其他应予暂扣的情形。

行政执法证暂扣期限不少于30天，一般不超过3个月；超过3个月仍需暂扣的，由执法督查局按程序决定延长暂扣时间，每次暂扣时间不超过30天。暂扣由所在单位具体实施，暂扣期满的，所在单位应当及时归还证件。

证件暂扣期间，原持证人不得从事行政执法活动，其所在单位应当责令其改正。

第17条 行政执法人员有下列情形之一的，所在单位应当收回其行政执法证，交执法督查局注销：

（一）调离国家粮食和物资储备局（含所属各垂直管理局）或者调离所在单位行政执法岗位的；

（二）辞职、被辞退的；

（三）长期休假超过六个月（不含孕产假），以及退休、死亡的；

（四）其他不能实际履行粮食和物资储备行政执法职责的情形。

第18条 行政执法人员有下列情形之一的，由所在单位报执法督查局吊销其行政执法证：

（一）受到开除政务处分的；

（二）被刑事处罚的；

（三）行政执法证被暂扣期间屡教不改或者被暂扣2次以上的；

（四）违规执法、拒绝或者拖延履行行政执法职责等，造成严重不良后果的；

（五）利用行政执法证谋取私利、违法违纪的；

（六）其他严重违法违纪需要吊销的情形。

被吊销行政执法证的人员不得再从事粮食和物资储备行政执法工作。

第19条　行政执法人员存在第十三、十四、十五、十六、十七、十八条相关情形，需要补证、换证、暂扣、作废、注销、吊销的，所在单位应当及时填写《国家粮食和物资储备局行政执法证变动审批表》（见附件3），报执法督查局审批。

第20条　任何单位或者个人不得伪造、涂改、买卖、出租、出借行政执法证。

第21条　执法督查局建立国家粮食和物资储备局行政执法证件档案，如实记录培训和证件发放、变更等情况。

第22条　行政执法人员对暂扣、注销、吊销行政执法证等行为有异议的，可以向执法督查局提出书面申诉。执法督查局接到申诉后，应当进行复查。经复查确有错误的，应当及时纠正。

第23条　相关单位有下列情形之一的，由纪检监察机构责令改正；情节严重造成不良后果的，应当追究相关责任人员责任；涉嫌违法的，依法追究法律责任：

（一）不按规定的条件、范围和程序组织申领行政执法证的；

（二）未严格执行第十六、十七、十八、十九、二十条规定的。

第24条　本办法由国家粮食和物资储备局负责解释。

第25条　本办法自印发之日起施行，有效期5年。2005年3月9日原国家粮食局制定的《粮食监督检查证件管理规定》同时废止；原国家粮食局监制的粮食监督检查证失效并停止使用。

附件：（略）

4.《辽宁省地方储备粮管理条例》（2021 年 5 月 27 日）

第 9 条 承储企业应当严格按照政策性职能和经营性职能分开的原则，建立健全储备运营管理制度，实行人员、实物、财务、账务管理分离。

承储企业不得有下列行为：

（一）虚报、瞒报地方储备粮数量、质量和品种；

（二）擅自混存或者串换地方储备粮品种、变更储存地点或者货位；

（三）因延误轮换、管理不善或者其他原因造成严重坏粮事故；

（四）通过以陈顶新、以次充好、虚假购销、虚假轮换、违规倒卖等方式，套取粮食价差和财政补贴，骗取信贷资金；

（五）挤占、挪用财政补贴和信贷资金；

（六）以地方储备粮及其相关设施设备办理抵质押贷款、提供担保或者清偿债务、进行期货实物交割；

（七）利用地方储备粮进行除政府委托的政策性任务以外的其他商业经营；

（八）擅自动用地方储备粮，拒不执行或者擅自改变地方储备粮收储、轮换计划和动用命令；

（九）其他直接或者间接影响地方储备粮安全的行为。

第 18 条 承储企业违反本条例，有下列行为之一的，由粮食和储备行政管理部门责令限期改正，给予警告，逾期未改正的，处五万元以上二十万元以下罚款；情节严重的，并处二十万元以上五十万元以下罚款，取消其承储资格；对直接负责的主管人员和其他直接责任人员依法给予处分；构成犯罪的，依法追究刑事责任：

（一）入库的地方储备粮不符合收储、轮换计划规定的质量要求的；

（二）未定期对地方储备粮进行质量和品质检验的或者未按规定进行粮食出库质量安全检验的；

（三）未建立地方储备粮质量安全档案的；

（四）未定期进行安全检查和隐患整治的；

（五）发现地方储备粮的数量、质量和储存安全等方面的问题不及时处理或者报告的。

第19条　承储企业违反本条例，有下列行为之一的，由粮食和储备行政管理部门或者财政部门责令限期改正，给予警告，没收违法所得，处五十万元以上二百万元以下罚款；情节严重的，处二百万元以上五百万元以下罚款，并取消其承储资格；对直接负责的主管人员和其他直接责任人员依法给予处分；构成犯罪的，依法追究刑事责任：

（一）虚报、瞒报地方储备粮数量、质量和品种；

（二）擅自混存或者串换地方储备粮品种、变更储存地点或者货位；

（三）因延误轮换、管理不善或者其他原因造成严重坏粮事故；

（四）通过以陈顶新、以次充好、虚假购销、虚假轮换、违规倒卖等方式，套取粮食价差和财政补贴，骗取信贷资金；

（五）挤占、挪用财政补贴和信贷资金；

（六）以地方储备粮及其相关设施设备办理抵质押贷款、提供担保或者清偿债务、进行期货实物交割；

（七）利用地方储备粮进行除政府委托的政策性任务以外的其他商业经营；

（八）擅自动用地方储备粮，拒不执行或者擅自改变地方储备粮收储、轮换计划和动用命令；

（九）其他直接或者间接影响地方储备粮安全的行为。

第20条 承储企业有违反本条例规定的违法情形且情节严重的，对其法定代表人、主要负责人、直接负责的主管人员和其他直接责任人员处以其上一年度从本企业取得收入的一倍以上十倍以下罚款；构成犯罪的，依法追究刑事责任。

5.《广东省粮食安全保障条例》（2021年9月29日）

第22条 承储政府储备粮的企业不得有下列行为：

（一）擅自变换政府储备粮品种、变更政府储备粮储存地点；

（二）延误轮换、管理不善或者其他原因造成政府储备粮霉坏、变质；

（三）擅自更改储备粮入库成本；

（四）虚报、瞒报政府储备粮数量；

（五）通过以陈顶新、以次充好、低收高转、虚假购销、虚假轮换、违规倒卖等方式，套取粮食价差和财政补贴，骗取信贷资金；

（六）挤占、挪用、克扣财政补贴、信贷资金；

（七）以政府储备粮对外担保或者清偿债务；

（八）利用政府储备粮及其贷款资金进行除政府委托的政策性任务以外的其他商业经营；

（九）在政府储备粮出库时掺杂使假、以次充好、调换标的物，拒不执行出库指令或者阻挠出库；

（十）购买国家限定用途的政府储备粮，违规倒卖或者不按照规定用途处置；

（十一）擅自动用政府储备粮；

（十二）其他对政府储备粮数量、质量和储存安全造成影响或者违反政府储备粮经营管理规定的行为。

第36条 从事粮食收购的企业未按照规定备案或者提供虚假备案信息的，由粮食主管部门责令改正，给予警告；拒不改正的，处二万元以上五万元以下罚款。

第 37 条 承储政府储备粮的企业违反本条例第二十一条规定，未健全财务制度，或者未按照规定使用财政资金的，由政府储备粮所属人民政府财政部门责令其限期改正；有违法所得的，依法予以没收，并处以五万元以上十万元以下的罚款；构成犯罪的，依法追究刑事责任。

第 38 条 承储政府储备粮的企业违反本条例第二十二条第（一）项至第（三）项规定的，由政府储备粮所属人民政府粮食主管部门责令其限期改正；有违法所得的，依法予以没收，并处以五万元以上十万元以下的罚款；违反第二十二条第（四）项至第（十二）项规定的，由政府储备粮所属人民政府粮食主管部门责令改正，给予警告，并处五十万元以上二百万元以下罚款；情节严重的，并处二百万元以上五百万元以下罚款。

● 案例指引

王某军非法经营再审改判无罪案（最高人民法院指导案例 97 号）

裁判要点： 原判决认定的原审被告人王某军于 2014 年 11 月至 2015 年 1 月期间，没有办理粮食收购许可证及工商营业执照买卖玉米的事实清楚，其行为违反了当时的国家粮食流通管理有关规定，但尚未达到严重扰乱市场秩序的危害程度，不具备与刑法第二百二十五条规定的非法经营罪相当的社会危害性、刑事违法性和刑事处罚必要性，不构成非法经营罪。

第六十八条　破坏粮食流通基础设施的法律责任

违反本法规定，侵占、损毁、擅自拆除或者迁移政府投资建设的粮食流通基础设施，或者擅自改变其用途的，由县级以上地方人民政府有关部门依照职责责令停止违法行为，限期恢复原状或者采取其他补救措施；逾期不恢复原状、不采取其他补救措施的，对单位处五万元以上五十万元以下罚款，对个人处五千元以上五万元以下罚款。

粮食应急状态时不配合工作的法律责任

违反本法规定，粮食应急状态发生时，不服从县级以上人民政府的统一指挥和调度，或者不配合采取应急处置措施的，由县级以上人民政府有关部门依照职责责令改正，给予警告；拒不改正的，对单位处二万元以上二十万元以下罚款，对个人处二千元以上二万元以下罚款；情节严重的，对单位处二十万元以上二百万元以下罚款，对个人处二万元以上二十万元以下罚款。

第七十条 **故意毁坏粮食作物青苗的法律责任**

违反本法规定，故意毁坏在耕地上种植的粮食作物青苗的，由县级以上地方人民政府农业农村主管部门责令停止违法行为；情节严重的，可以处毁坏粮食作物青苗价值五倍以下罚款。

第七十一条 **违反相关法律法规的法律责任**

违反有关土地管理、耕地保护、种子、农产品质量安全、食品安全、反食品浪费、安全生产等法律、行政法规的，依照相关法律、行政法规的规定处理、处罚。

● **法 律**

1. 《农产品质量安全法》（2022年9月2日）

第80条 粮食收购、储存、运输环节的质量安全管理，依照有关粮食管理的法律、行政法规执行。

● **行政法规及文件**

2. 《粮食流通管理条例》（2021年2月15日）

第48条 从事粮食的食品生产，不符合食品安全法律、法规和标准规定的条件和要求的，由市场监督管理部门依照《中华人民共和国食品安全法》、《中华人民共和国食品安全法实施条例》等有关规定予以处罚。

第七十二条　民事责任、行政责任及刑事责任

违反本法规定，给他人造成损失的，依法承担赔偿责任；构成违反治安管理行为的，由公安机关依法给予治安管理处罚；构成犯罪的，依法追究刑事责任。

● 行政法规及文件

《粮食流通管理条例》（2021 年 2 月 15 日）

第 50 条　对粮食经营活动中的扰乱市场秩序、违法交易等行为，由市场监督管理部门依照有关法律、法规的规定予以处罚。

第 51 条　从事粮食经营活动的企业有违反本条例规定的违法情形且情节严重的，对其法定代表人、主要负责人、直接负责的主管人员和其他直接责任人员处以其上一年度从本企业取得收入的 1 倍以上 10 倍以下罚款。

第 52 条　违反本条例规定，阻碍粮食自由流通的，依照《国务院关于禁止在市场经济活动中实行地区封锁的规定》给予处罚。

第 53 条　违反本条例规定，构成违反治安管理行为的，由公安机关依法给予治安管理处罚；构成犯罪的，依法追究刑事责任。

● **案例指引**

胡某某、许某某等人贪污、串通投标案（最高人民检察院发布粮食购销领域职务犯罪典型案例①之三）

裁判要点：检察机关提前介入发现案件定性和事实认定存在分歧的，应主动与办案机关加强沟通，统一办案共识。坚持全案审查，在办理涉粮职务犯罪案件时，同步推进对串通投标罪等其他关联刑事犯罪的审查工作，提升办案质效。贯彻办理案件与追赃挽损并重的司法理念，充分释法说理，高质量适用认罪认罚从宽制度，推动追赃挽损工作有效开展，努力实现办案政治效果、法律效果和社会效果有机统一。

2. 宫某某、杨某某、王某某贪污、挪用公款案（最高人民检察院发布粮食购销领域职务犯罪典型案例②之五）

裁判要点："小金库"是将国家和单位的财产转化为单位账外财产，以供小团体使用，是化"大公"为"小公"，贪污是行为人将国家和单位的财产转化为个人所有，是化"公"为"私"的行为。根据财政部、审计署、中国人民银行《关于清理检查"小金库"的意见》规定，凡违反国家财经法规及其他有关规定，侵占、截留国家和单位收入，未列入本单位财务会计部门账内或未纳入预算管理，私存私放的各项资金，均属"小金库"。本案资金来源于截留的粮食轮换差价和粮食仓储补贴款，涉案单位故意使其逃避和脱离监管，应入账不入账，属于私设"小金库"的行为，"小金库"的钱款系私存私放的公款。辩护人提出小金库钱款不属于公款的辩护意见，检察机关经审查认为，本案被告人贪污、挪用的款项来自于国有单

---

① 《粮食购销领域职务犯罪典型案例》，载最高人民检察院网站，https：//www.spp.gov.cn/xwfbh/wsfbt/202312/t20231209_636320.shtml#2，2024 年 1 月 1 日访问。

② 《粮食购销领域职务犯罪典型案例》，载最高人民检察院网站，https：//www.spp.gov.cn/xwfbh/wsfbt/202312/t20231209_636320.shtml#2，2024 年 1 月 1 日访问。

位账外资金，行为人共同或者单独侵吞、挪用"小金库"资金，应以贪污罪、挪用公款罪定罪处罚。

第十一章　附　　则

第七十三条　专业用语的含义

本法所称粮食，是指小麦、稻谷、玉米、大豆、杂粮及其成品粮。杂粮包括谷子、高粱、大麦、荞麦、燕麦、青稞、绿豆、马铃薯、甘薯等。

油料、食用植物油的安全保障工作参照适用本法。

● 行政法规及文件

1. 《粮食流通管理条例》（2021 年 2 月 15 日）

第 2 条　在中华人民共和国境内从事粮食的收购、销售、储存、运输、加工、进出口等经营活动（以下统称粮食经营活动），应当遵守本条例。

前款所称粮食，是指小麦、稻谷、玉米、杂粮及其成品粮。

● 部门规章及文件

2. 《粮食质量安全监管办法》（2023 年 7 月 28 日）

第 47 条　大豆、油料和食用植物油的收购、储存、运输，政策性大豆、油料和食用植物油的购销等经营活动中的质量安全监管，适用本办法规定。

第七十四条　施行时间

本法自 2024 年 6 月 1 日起施行。

附　录

本书所涉文件目录

法律

行政法规及文件

2016 年 2 月 6 日	中央储备粮管理条例
2020 年 3 月 26 日	农作物病虫害防治条例
2021 年 2 月 15 日	粮食流通管理条例
2021 年 7 月 2 日	土地管理法实施条例

部门规章及文件

2009 年 12 月 29 日	粮油仓储管理办法
2012 年 6 月 1 日	闲置土地处置办法
2015 年 11 月 25 日	粮食收购资金筹集和兑付管理暂行办法
2016 年 6 月 30 日	粮油储存安全责任暂行规定
2016 年 6 月 30 日	国有粮油仓储物流设施保护办法
2016 年 10 月 20 日	粮油安全储存守则
2016 年 10 月 20 日	粮库安全生产守则
2018 年 1 月 31 日	国家粮食电子交易平台交收仓库管理办法（试行）
2018 年 1 月 31 日	国家粮食电子交易平台仓单管理办法（试行）
2020 年 6 月 16 日	全国粮食安全宣传教育基地管理办法
2020 年 9 月 11 日	粮食和物资储备执法督查工作规程
2021 年 1 月 14 日	粮食和物资储备标准化工作管理办法
2021 年 1 月 27 日	政府储备粮食仓储管理办法
2021 年 2 月 6 日	政府储备粮食质量安全管理办法
2021 年 2 月 20 日	粮食和物资储备行业标准化技术委员会管理办法
2021 年 7 月 9 日	粮食储备管理问责办法（试行）
2021 年 8 月 5 日	国家粮食和物资储备局行政执法证管理办法
2021 年 9 月 22 日	粮食应急保障企业管理办法
2021 年 10 月 9 日	全国粮食和物资储备高水平人才选拔培养管理办法
2022 年 1 月 13 日	粮食企业信用监管办法（试行）

2022 年 2 月 14 日	粮食质量安全风险监测管理暂行办法
2022 年 4 月 13 日	国家粮油标准研究验证测试机构管理暂行办法
2022 年 11 月 23 日	粮食流通行政执法办法
2022 年 12 月 23 日	粮食库存检查办法
2023 年 1 月 3 日	中央储备棉仓储管理办法
2023 年 2 月 13 日	中央应急抢险救灾物资储备管理暂行办法
2023 年 3 月 27 日	政府储备粮油质量检查扦样检验管理办法
2023 年 6 月 25 日	粮食仓储企业重大生产安全事故隐患判定标准（试行）
2023 年 7 月 22 日	政策性粮食购销违法违规行为举报奖励办法（试行）
2023 年 7 月 28 日	粮食质量安全监管办法
2023 年 10 月 25 日	粮食仓储企业安全生产作业指南
2023 年 12 月 28 日	中央储备棉糖承储企业信用监管办法（试行）

司法解释及文件

| 2000 年 6 月 19 日 | 最高人民法院关于审理破坏土地资源刑事案件具体应用法律若干问题的解释 |

地方性法规及文件

2021 年 5 月 27 日	辽宁省地方储备粮管理条例
2021 年 9 月 29 日	广东省粮食安全保障条例
2023 年 9 月 27 日	江西省粮食流通条例

图书在版编目（CIP）数据

粮食安全保障法一本通／法规应用研究中心编 . —
北京：中国法制出版社，2024. 2
　（法律一本通；44）
　ISBN 978-7-5216-4190-5

Ⅰ. ①粮… Ⅱ. ①法… Ⅲ. ①粮食安全保障法–基本
知识–中国 Ⅳ. ①D922.4

中国国家版本馆 CIP 数据核字（2024）第 022620 号

责任编辑：谢　雯　　　　　　　　　　　封面设计：杨泽江

粮食安全保障法一本通
LIANGSHI ANQUAN BAOZHANGFA YIBENTONG

编者/法规应用研究中心
经销/新华书店
印刷/三河市紫恒印装有限公司
开本/880 毫米×1230 毫米　32 开　　　　印张/ 10.25　字数/ 245 千
版次/2024 年 2 月第 1 版　　　　　　　　2024 年 2 月第 1 次印刷

中国法制出版社出版
书号 ISBN 978-7-5216-4190-5　　　　　　　　　定价：39.00 元

北京市西城区西便门西里甲 16 号西便门办公区
邮政编码：100053　　　　　　　　　传真：010-63141600
网址：http：//www.zgfzs.com　　　　编辑部电话：010-63141797
市场营销部电话：010-63141612　　　印务部电话：010-63141606

（如有印装质量问题，请与本社印务部联系。）

法律一本通丛书 · 第九版

1. 民法典一本通
2. 刑法一本通
3. 行政法一本通
4. 土地管理法一本通
5. 农村土地承包法一本通
6. 道路交通安全法一本通
7. 劳动法一本通
8. 劳动合同法一本通
9. 公司法一本通
10. 安全生产法一本通
11. 税法一本通
12. 产品质量法、食品安全法、消费者权益保护法一本通
13. 公务员法一本通
14. 商标法、专利法、著作权法一本通
15. 民事诉讼法一本通
16. 刑事诉讼法一本通
17. 行政复议法、行政诉讼法一本通
18. 个人信息保护法一本通
19. 行政处罚法一本通
20. 数据安全法一本通
21. 网络安全法、数据安全法、个人信息保护法一本通
22. 监察法、监察官法、监察法实施条例一本通
23. 法律援助法一本通
24. 家庭教育促进法、未成年人保护法、预防未成年人犯罪法一本通
25. 工会法一本通
26. 科学技术进步法一本通
27. 职业教育法一本通
28. 反垄断法一本通
29. 体育法一本通
30. 反电信网络诈骗法一本通
31. 农产品质量安全法一本通
32. 妇女权益保障法一本通
33. 治安管理处罚法一本通
34. 企业破产法一本通
35. 保险法一本通
36. 证券法一本通
37. 劳动争议调解仲裁法一本通
38. 劳动法、劳动合同法、劳动争议调解仲裁法一本通
39. 未成年人保护法、妇女权益保障法、老年人权益保障法一本通
40. 反间谍法一本通
41. 无障碍环境建设法一本通
42. 无障碍环境建设法、残疾人保障法一本通
43. 爱国主义教育法一本通
44. 粮食安全保障法一本通